国家社会科学基金项目“社区民生监测与社区治理研究”
终期研究成果（项目批准号：17BSH122）

创新　　协调　　绿色　　开放　　共享

社区民生监测与治理研究：“五大发展理念”与社区民生发展指数

顾佳峰　著

经济日报出版社

图书在版编目（CIP）数据

社区民生监测与治理研究：“五大发展理念”与社区民生发展指数 / 顾佳峰著. — 北京：经济日报出版社，2020.11

ISBN 978-7-5196-0734-0

Ⅰ. ①社… Ⅱ. ①顾… Ⅲ. ①社会保障-社区服务-中国 Ⅳ. ①D632.1

中国版本图书馆 CIP 数据核字（2020）第 229721 号

社区民生监测与治理研究——“五大发展理念”与社区民生发展指数

作　　者	顾佳峰
责任编辑	黄芳芳
责任校对	刘　颖
出版发行	经济日报出版社
地　　址	北京市西城区白纸坊东街 2 号 A 座综合楼 710（邮政编码：100054）
电　　话	010-63567684（总编室） 010-63584556（财经编辑部） 010-63567687（企业与企业家史编辑部） 010-63567683（经济与管理学术编辑部） 010-63538621　63567692（发行部）
网　　址	www.edpbook.com.cn
E-mail	edpbook@126.com
经　　销	全国新华书店
印　　刷	北京九州迅驰传媒文化有限公司
开　　本	710×1000 mm　1/16
印　　张	20
字　　数	270 千字
版　　次	2021 年 3 月第 1 版
印　　次	2021 年 3 月第 1 次印刷
书　　号	ISBN 978-7-5196-0734-0
定　　价	60.00 元

序　言

社区是社会的基层组织，对于社会的稳定与发展，具有重要的作用。在整个社会治理体系中，社区治理发挥着基础性作用。党的十九大报告指出，要推动社会治理重心向基层下移，这一论述为新时代社区治理提出了新的课题，也指明了新的方向。随着社会治理重心的不断下沉，社区治理成为增进社会公共服务可及性、保障社会基层民生的重要途径。在新的时代中，要能够及时在基层化解社会矛盾进而增进社区基层的民生状况，就需要持续提升社区治理能力，创新社区治理方法，激活社区活力。

党的十八届五中全会提出了创新、协调、绿色、开放、共享的五大发展理念，是新时代我国经济社会全面发展所坚持的重要发展理念，也为新形势下提高社区治理能力、提升社区民生水平提供了行动指南。社区通过在创新、协调、绿色、开放和共享方面进行持续开拓和实践，可以有效提升基层治理能力和水平，改善基层民生状况。因此，有必要从社区创新、社区协调、社区绿色、社区开放和社区共享方面来设计相关的指数，对于新时代社区治理能力和水平进行监测，作为持续改善社区民生的重要管理工具。在此基础上，建构社区民生发展指数，系统性监测社区民生发展状况及其发展态势。这是社区量化治理的基础，也是提高社区治理决策水平的重要依据。

在内容上，第一章介绍了我国社区治理和基层民生改善的相关背景和大致轮廓。第二章通过实地调查和深度访谈的方式，对于当前具有典型性的社区治理类型进行深入研究，提出社区创新、社区协调、社区绿色、社区开放和社区共享的具体内涵。第三章则是介绍社区民生发展指数体系的建构，这个指数体系由社区创新、社区协调、社区绿色、社区开放和社区共享五个子指数构成，采用的是综合指数法。第四章到第八章分别研究了其所对应的五个子指数的现状、发展态势以及对策。第九章集中研究了社区民生发展指数的总体情况。在对社区民生发展指数进行分析的过程中，用到了笔者之前出版的《时空社会科学：理论与方法》中的一些方法。通过时空分析方法来对社区进行研究，具有一定的前沿性和创新性，这也是本研究的一个重要亮点。第十章就提升社区治理能力、改善社区民生状况提出具体的有针对性的政策建议。

在研究方法上，主要采用了定性研究和定量研究相结合的方法。社区实地调查和社区访谈侧重于定性研究，而通过中国家庭追踪调查（Chinese Family Panel Studies，简称 CFPS）建立社区民生发展指数侧重于定量研究。当然，这两种方法之间其实是互为补充的。理论源自实践，应用到实践。因此，在本研究过程中，强调定性研究和定量研究的融合与补充，强调社区治理理论来自社区治理实践，而社区民生发展指数要能够有效应用到社区治理中去。为了实现这种应用性，在社区民生指数的建构上，强调尽可能简洁，不能过于复杂。

对于社区量化治理，目前，学界还存在着争论。有学者认为，社区根本不可能实现真正意义上的量化治理。对此，笔者持保留意见。社区量化治理，体现的是社区基层治理的科学性。当然，在实施过程中，社区量化治理会遇到各种挑战。但是，这并不能作为否定这种治理方式的依据。本研究希望通过社区民生发展指数的建构以及社区监测体系的研究，在社区量化治理上进行积极的探索，为社区量化治理提供行之有效的治理工具。此外，提倡社区量化治理，并不意味着否定传统的各种非量化的社区治理模式。在现实的社区治理实践中，量化治理和非量化治理需要合理整合起来，社区治理成效才会更显著，社区民生改善也会更明显。

目　录
CONTENTS

表目录

图目录

第一章　社区治理与民生改善

社区作为社会的基层组织，在整个社会治理体系中占据重要的位置。社区治理不力，社会治理就会出现问题。要确保整个社会和谐有序发展，就需要在社区治理上下功夫，充分调动社区治理的积极性，激发社区治理的活力，推动社区的发展。党的十八大以来，社区治理已成为国家的一个重要战略举措。在党的十九大报告中，明确提出：“加强社区治理体系建设，推动社会治理重心向基层下移，发挥社会组织作用，实现政府治理和社会调节、居民自治良性互动。”强化社区治理体系建设，是实现社会治理重心下沉的关键。社会治理重心的下沉，有助于政府近距离倾听社会大众的心声，直接感受到社区居民的诉求，进而更好地服务社会大众，持续改善民生状况，提高百姓的幸福感和获得感。2015 年 2 月 15 日，习近平总书记来到位于西安市雁塔区的 205 所社区慰问社区工作人员和群众。他指出，要结合社区实际，创新工作模式，延伸管理链条，提升服务水平，不断提高社区群众幸福指数。社区治理的目标就是不断提高群众的幸福感，持续改善民生状况。当然，在强化社区治理体系建设的过程中，会遇到各种挑战和阻力，需要进行有效应对，才能提升基层社区治理能力，进而有效推动社区的发展。

第一节　社区治理理论

顾名思义，社区治理（community governance）理论就是研究、分析社区运行规律的理论和学说。社区治理实践，需要有理论的指导。缺乏理论的指导，社区治理往往会呈现一定的盲目性，也很难获得预期的成果。长期以来，社会学家和公共管理专家等，对于各种社区进行了深入的研究与观察，思考其运行规律，提出了不少的理论。德国社会学家滕尼斯（Ferdinand Tönnis）在 1887 年出版了《社区与社会》(Gemeinschaft und Gesellschaft）一书。根据需要，“community”也译作“共同体”。2000 年 12 月，中共中央办公厅、国务院转发了《民政部关于在全国推进城市社区建设的意见》(23 号文件）。该文件指出："社区是指聚居在一定地域范围内的人们所组成的社会生活共同体。"所以，社区其实就是社会基层的某种共同体。基于这种共同体的管理，存在着两种具有极端性质的思路，其一就是完全自治，由共同体进行自我管理；其二就是完全外治，就是由社区之外的力量来进行对社区的控制和治理，社区自身并无自主权。当然，这两种思路都是极端化的社区治理情形，在现实世界中并无不多见。现实世界中的社区治理，大多采取介于两者之间的混合治理模式，即社区外部力量通过鼓励社区内部自治的方式来强化社区治理，推动社区向既定方向发展。要使社区混合治理模式发挥出其应有的作用来，就需要实现社区内部和外部力量的某种平衡与协调，共同驱动社区的建设与发展，这是社区治理理论所探讨的核心议题，也是通过社区治理来改善社区民生的重要研究课题。

一、社区的界定

由于社区具有多样性和复杂性，因此，关于社区的定义和概念，会因为所采用的角度的不同而有很多种。在社区研究中，存在两个主要流派。一个流派就是尽可能识别出不同社区的特性，从而根据不同的社区因地制宜地制定社区发展政策，改善社区的民生状况。例如美国社会学家乔治·希勒里（George A.Jr.Hillery）精心收集了关于"社区"的 95 种定义，通过比较之后发现，"除了人包含于社区这一概念之内以外，有关社区的性质，没有完全相同的解释"（Hillery，1955）。也就是说，不同的学者从各自的角度去研究社区，看到的是社区的不同层面上的特征，因此，给社区进行定义也会有所不同。这个过程，与"盲人摸象"的过程类似。这说明社区本身就是具有多样性，很难简单用少数几种特征来加以界定。当然，这种研究还有一种现实需求。在西方社区重建和改造过程中，需要根据不同的社区采取不同的改建措施，才能有效改善社区民生状况，因此，需要对于特定社区的特定特征进行识别和深入分析，才能有针对性地实施社区重建和改进计划，才能获得预期的成效。所以，这个流派的研究者，都是在尽可能全面地识别出社区的特性，力求精准把握社区的情况。从总体而言，正是因为这些学者在各自领域进行着不同社区的特征识别工作，所以，当各具特性的社区汇总而形成一个整体的社区图谱时，就可以更完整、更客观体现现实世界中的社区景象，也就能够掌握社区民生的基本情况。

但是，社区研究者在分析和识别不同社区的各自特征的同时，也在努力总结和归纳不同社区的共性。孙九霞曾对社区的定义进行过系统的研究，这种研究又被称为关于“社区”知识的考古研究。根据孙九霞的研究，大多数学者概念中的“社区”具有一定的共同特征，比如认为“社区”应包含社会互动、地理区域、共同关系等（孙九霞，2009）。通过归纳不同社区的共性，才可能研究和分析不同社区在现实世界运行过程中的一般性规律，便于从深层次认识和预测社区的发展和演变。当然，不同学者对于社区共性的理解也会存在各自的侧重点。因此，在社区研究的文献中，可以发现社区共性中存在着个性，社区个性中也可能存在着共性。之所以出现这种情况，主要与社区研究者的研究视角以及研究目的有关。随着互联网的普及，还出现了“虚拟社区”。相较于传统意义上的社区，“虚拟社区”中的成员之间也会存在着一定的社会互动，彼此之间也往往会有某种共同关系，但是，其成员的分布可能是天南海北的，因此，这类“虚拟社区”的地理区域特征就不太明显（Yang et al.，2010）。可见，不同社区之间的共性，也会因为研究对象的不同而不同。

不同文化背景下，对于社区的认识和界定也是不同的。在西方社区理论传入中国的过程中，社会学家费孝通发挥了很大的作用。在《二十年来之中国社区研究》中，费孝通谈到了“社区”这个词在中国学术圈逐渐获得重视的过程。其实，费孝通所言的“社区”概念，已经是个具有中国本土的概念，其著名的《江村经济》的研究，其实就是个中国本土社区的研究。在书中，费孝通一开始就阐述研究区域的界定问题，说明了这就是一个社区研究，他指出：“村庄是一个社区，其特征是，农户聚集在一个紧凑的居住区内，与其他相似的单位隔开相当一段距离（在中国有些地区，农户散居，情况并非如此），它是一个由各种形式的社会活动组成的群体，具有其特定的名称，而且是一个为人们所公认的事实上的社会单位。”（费孝通，2002）可见，费孝通一开始就给出了关于当时中国农村社区的定义，包括了如下几个特点：农户聚集、社会互动以及名称识别。这样的社区就是当时社会公认的社会单位。费孝通用社会学和人类学的研究方法，为中国本土化的社区研究，提供了一个经典范例。

作为社会的基层组织，社区在当今社会中发挥着重要的作用。在中国，随着村委会和居委会制度的建立和完善，社区的范围和边界也由此确立，村、居一级的社区成为施政的重要基层力量。当然，除了村、居一级的社区之外，现实社会中存在着各式各样的社区，从有形的社区到无形的虚拟社区。这就要求社区研究者能够准确界定社区的边界，并根据所需研究的问题，有针对性地设计研究方案，因地制宜地采取适宜的研究方法，从事和开展具体的社区研究活动。如果社区边界界定不清楚，那么，很容易使得社区概念模糊化，“社区”研究就会被误用或者被滥用。西方学者就曾指出，由于“社区”这一概念被无节制地“滥用”，使之成为一个边界含混、重叠的“象征性定义”（Rapport and Overing，2000）。可见，对于社区研究者而言，准确界定社区的边界，是开始科学研究的重要起点。

二、社区与民生治理

无论从何种视角去界定社区，社区都是一个人群的聚集之所，这是所有社区的共同特征。一旦有人群聚集，那么，就自然会产生对于社区中人群的管理问题。一旦社区中的人群出现了问题，就需要整治。只有有效解决了这些问题，社区才能平稳发展，才能让社区居民感到满意，使其拥有更多获得感，社区民生才能获得持续改善。可见，社区治理是社区发展和社区民生持续改善的内在需要。社区治理其实就是一种机制，根据这种机制，社区中的成员就可以通过集体协商、共建共治的方式来解决社区中所出现的民生问题，从而确保社区顺畅地运转，确保社区成员的生活、休息等都有良好的外部保障（Kooiman，1999）。对于社区居民而言，能否感受到有效的社区治理，是决定其社区满意度的重要因素之一。社区研究者通过对于社区治理感知（perceptions of community governance）的研究发现，当社区居民或成员感受到有效的社区治理时，就会促进社区内部的团结，就能激发社区的活力，社区就会展现出良好的发展态势（Kayhan，2015）。可见，有效的社区治理对于社区民生发展而言，具有重要的意义和价值。反之，不适当的社区治理方式，就可能激化社区内部矛盾，遏制社区发展的潜力，不利于改善社区民生状况。这对于社区民生发展而言，显然是不利的。

那么，社区治理和社区管理之间存在着何种差别？这是很多社区研究者都会遇到的问题。社区管理强调的是社区内部日常事务的处理。一般而言，有了社区，就会产生相应的管理办法和制度，就会产生社区管理。可见，社区管理更侧重于社区内部的视角，更强调社区内部管理。但是，社区是整个社会的一个重要基层组成部分，因此，社区的运转与社会系统密不可分（Sullivan，2001）。所以，需要从社会整体的视角来引导社区发展，提升社区的管理水平和发展能力。这就是社区治理的现实基础。2014年3月5日，习近平在参加十二届全国人大二次会议上海代表团审议时指出说：“治理和管理一字之差，体现的是系统治理、依法治理、源头治理、综合施策。”可见，社区治理强调的是整体性、系统性，从整个社会发展的大局来引导社区的发展。因此，社区治理具有全局性视角和大局观，强调的是社区内部和外部的协调与整体性发展。与社区管理相比，社区治理因为具有更为宏大的视角，所以更能够及时发现社区运行过程中所存在的问题，在解决这些问题上也有更多的办法。

此外，社区治理和社区管理还有一个很重要的区别，就是基层社会管理上的理念和思路上的调整。社区管理强调社区对于政府相关政策的贯彻执行，是一种自上而下的管理，容易造成官民对立和冲突。社区治理强调的是社区居民的自我管理和自治，是一种自下而上的管理，比较容易协调社区内部的关系和矛盾，解决社区民生中的相关问题，凝聚社区内部的共识，共同促进社区民生的提升和改善。这种社区自治和共建，有助于及时发现社区居民所关心的民生问题，并通过群策群力的方式予以解决，体现了社区居民的共同意志，能够获得社区居民的拥护和支持。可见，社区治理有助于缓和政府和老百姓的关系，有效降低官民对立的可能性，为持续改善社区民生提供了条件。

过去传统的社区管理，就是上面一套方案，各个社区自己去落实。在这个过程中，即便社区内部有很大的矛盾，都得社区自己去解决。社区治理则不同了，上面有一套大方案，具体在社区进行落实时，社区根据自己的情况进行本地化，形成符合本地社区特征的具体执行方案。当然，这个过程是一个不断磨合的过程，但是，社区内部矛盾会越来越少，社区居民的满意度和获得感会越来越高。社区治理的本质就是赋权、授权，把权责授给社区，激发社区自治的积极性和创造力，通过社区自治共建的方式来解决社区民生发展过程中的矛盾和问题，进而达到持续改善社区民生状况的目标。

在现实的世界中，即便是再封闭的社区，其实也是时时刻刻与外部社会和世界在进行着信息等各种方式的交流，是开放世界中的一分子。所以，对于社区的管理就需要从开放系统的角度来进行，这也是社区治理的一个特征。

西方组织管理学家就曾提出过外部控制（External Control）理论，认为组织或者系统需要通过外部世界获得资源，因此就会被外部资源拥有者所控制或者影响（Pfeffer and Salancik，1978）。其实，外部控制并不可怕，关键是如何协调与外部的关系，进而实现内部与外部的协调发展。对于社区而言，要实现社区民生发展就需要不断从外部世界获得各种资源，那么，就需要和外部的资源拥有者协调好关系，在从外部世界获得资源的同时也能够积极给予回馈，那么，社区内外部的协调发展才有可能实现。也就是说，社区要善于从社区之外的视角来看社区的发展，才能真正看清楚社区发展的瓶颈、趋势和需要，才能真正引领社区往正确的方向去发展，才能实现持续改善社区民生的目标。

三、社区民生治理的原则

作为社会基层治理的重要力量，社区治理对于改善基层民生状况会起到重要的作用。治理理论已经遍布全球、国家和地方的不同层次，正在逐步形成一个蔚为壮观的治理理论体系和实践系统，但是，社区治理在整个治理理论中所得到的关注还很小，相应的论述也不多（夏建中，2010）。这说明两层意思：其一，与全球治理、国家治理和社会治理的理论相比，社区民生治理的研究还比较薄弱；其二，在整个治理研究理论图谱中，社区治理还是一块很新的领域。由于社会基层情况复杂而多样，在解决社区民生的问题上，需要有新的思路。在处理社区民生发展过程中的矛盾上，社区要发挥好正确的角色。社区角色发挥不好，有可能会激化社区内部矛盾。根据社区实际情况需要，社区也可以邀请一些合适的社会力量加入社区来协助治理。比如在社区的垃圾分类、停车自治中，社区都发挥着重要的协调作用，也有社会力量进入到社区治理中，为这些社区活动提供重要的外部支持。

在持续改善社区民生上，基层社区治理要有成效，需要遵循一定的基本原则。这些基本原则是开展社区治理工作的基本保障，是长期的社区治理工作的经验总结，体现了基层的治理智慧。2014 年 1 月 7 日，习近平在中央政法工作会议上说："社会治理是一门科学，管得太死，一潭死水不行；管得太松，波涛汹涌也不行。要讲究辩证法，处理好活力和秩序的关系，全面看待社会稳定形势，准确把握维护社会稳定工作，坚持系统治理、依法治理、综合治理、源头治理。在具体工作中，不能简单依靠打压管控、硬性维稳，还要重视疏导化解、柔性维稳，注重动员组织社会力量共同参与，发动全社会一起来做好维护社会稳定工作。”也就是说，社区治理要具有灵活性、辩证性和系统性。基层社区民生的情况，直接涉及老百姓的切身利益。治理不当，就可能引起群体事件，不利于社区的安宁与稳定，因此，社区治理需要遵循相关的原则，因地制宜地实施治理，辨证施治，环环相扣。

其一，灵活性。社区治理不能死板和僵化，而应该根据特定社区及其所处环境，有针对性地进行治理，解决社区所面临的问题，提高居民对社区的满意度和幸福感。对于社区居民而言，社区感是一种心理感受（Mcmillan，1996）。社区治理过程中，不仅要解决社区存在的问题，而且在解决问题的方式方法上，要讲究具体方式和技巧，要考虑到社区居民的具体感受。政府部门在对社区进行治理时，除了外部施加影响之外，很重要的一点就是调动社区内部的力量，用社区自身的力量来实施各项治理活动，解决社区中的问题。如此一来，居民对于社区的凝聚力就会更强，社区居民的获得感就更强。所以，社区治理要有灵活性，不能搞“一刀切”，而是应该因地制宜地实施和推进，确保社区居民有良好的心理感受。也就是说，社区治理的结果很重要，但是，社区治理的过程也同样重要。

其二，辩证性。在实施社区治理的过程中，要强调辨证施治。何为社区治理中的辨证施治？就是要通过辩证的方法来对社区实施治理，切实解决好社区中的问题，提高社区的问题解决能力。比如社区治理都强调社区自治，即通过社区内部自我管理的力量来实施治理，调动社区内部的积极性，从而推动社区有序发展。但是，社区自治也是有局限性的（Murdoch and Abram，1998）。要充分发挥出社区自治的作用和功能，反而需要适当强化来自社区之外力量的引导和干预，比如需要政府提供外部指引和支持等。也就是说，所谓的社区自治，绝不是闭门造车与排除外部干预，而是需要辩证地来处理好内外部关系，需要内外兼顾。此外，在社区治理过程中，很多时候处理的都是些“小事”。但是，这些看起来似乎是不起眼的“小事”，却往往是社区居民很关心的心头事。因此，就需要辩证地看待这些“小事”，因为，治理好“小事”，就是社区治理中的“大事”。这些做法都是社区治理中的辩证思想的体现和应用。从辩证的角度来看，那么，社区中的“小事”，其实也是“大事”。因此，治理好社区中的“小事”，社区治理才能有成效，社区居民才能有获得感和幸福感。

其三，系统性。社区是社会的基层组织，是社会系统的不可分割的一部分。因此，在社区治理过程中，要有系统观，要能够从整体和全局的角度来思考和实施社区治理活动，才能更好地获得治理的成效。在改善社区民生状况的过程中，通过实施社区治理中的系统方法（Systematic Approach），有助于及时找出社区问题产生的根源，从根本上解决问题（Kelly and Patricia, 2013）。出现社区治理不力的原因是多种多样的，其中一个重要原因就是治标不治本。在社区治理过程中，有些问题看似已经解决了，可是，很快就又再次出现了。这说明并没有从根本上解决问题，而仅仅是暂时让问题得到了一定的缓解，甚至是问题被掩盖了。究其原因，与在社区治理中缺乏系统性思维和系统方法大有关系。缺乏系统性思维和方法，社区治理中就容易出现“头痛治头，脚痛治脚”的情形。

在具体实施社区治理的过程中，在遵循上述基本原则的同时，要因地制宜。例如在一些老旧社区中，社区停车自治大多还是处于“雷声大，雨点小”的状态，社区居民因为停车纠纷而产生矛盾的，在这些社区中并不少见。这个问题不解决，社区民生状况就很难获得有效改善。在处理这个问题上，有的社区就治理得很好。在社区停车治理上，会根据停车时间进行精细化治理，比如说白天、晚上采取不同的治理模式。此外，还要根据分本地人、外地人进行有区分的收费。当然，这种停车收费上的差异，既不要差异太大，又要体现差异性。有的社区自己停车位不够，但社区里附近有几个大型单位，这几家大单位晚上停车位都是空着，社区通过和这几家大单位商量，把其停车位在晚上空的时候，租给社区用。在这里社区治理的例子中，其治理方式充分体现了灵活性、辩证性和系统性，因此，获得了很好的成效，社区居民都很满意，社区民生状况因此得到了有效改善。

第二节 我国社区民生政策演进

诺贝尔经济学奖得主道格拉斯·诺斯（Douglass C.North）说过，历史总是重要的。它的重要性不仅仅在于我们可以向过去取经，而且还因为现在和未来是通过一个社会制度的连续性与过去连接起来。今天和明天的选择是由过去决定的。在研究当前我国社区民生治理的同时，需要不断回顾过去，研究和分析新中国成立以来的社区民生政策及其变化，从而全面理解我国社区民生治理的整体脉络。我国近70年来，城市社区经历探索、转型、建设和治理四个阶段的发展，构成富有中国特色的治理道路和发展图景（袁方成 and 王泽，2019）。在社区民生治理上，我国经历了不同的发展阶段。因此，有必要对于不同的阶段进行回顾和梳理。社区作为一定地域内的社会生活共同体，是社会一定时期内的经济基础、政治体制、文化环境和社会结构的反映，社区的形态及治理理论始终存在着与经济社会发展相适应的过程。回顾和梳理新中国成立以来的社区民生治理政策，便可清晰呈现出我国从改革开放前的“政府管控”到改革开放后的社区建设以及进入 21 世纪后的社区治理现代化的转型与发展，社区治理中的“多元共治”的特征也越来越明显。

一、政府管控时期

1949 年新中国成立后，百废待兴，长期的社会动荡使得我国的基层组织处于严重缺失的情形，传统社会的“乡绅治理”“保甲制”基层治理模式已明显不适应新政权的制度建设要求，改变不可避免。新中国成立后，为了加快经济与社会重建的步伐，迅速改善社区民生状况，建立了各种生产以及服务单位，形成了“单位制”。单位内的人员，一般都是住在一起，形成单位专属的社区。从现在的视角去看，“单位制”具有一定的局限性，其负面效应也是很明显的（晋源军，2003）。但是，在当时的社会、经济背景下，这种“单位制”社区具有一定的积极意义，在一定程度上解放了生产力，也促进了社会的稳定以及有限社会资源的合理配置，尤其是有效提高了社区居民的民生状况，实现了社区居民的民生保障。这在当时，无疑是一个很大的进步。

在“单位制”的组织模式下，政府以每个具体单位为中介对人们的社会生活进行比较全面的管理，将所有劳动者纳入各类劳动组织，由这些劳动组织根据国家的总体计划对劳动者进行劳动分工，支付各种生活必需品。也就是说，当时这些社区居民的民生供给都是单位分配的，由其所属单位统一提供。在商品和物质都很有限的情况下，这种统一分配的方法有助于确保社区居民拥有基本的生活保障，满足社区居民基本的民生需求。这是计划经济体制下的必然结果，也是社会分工的产物。单位制拥有相对封闭和稳定的社区结构，政府在单位制中处于社区治理的主导地位和核心位置，直接管理着社区的具体运营（Xiaobo and Elizabeth，1997）。这种封闭性对于当时的社会稳定，起到了一定的积极作用。

在计划体制下，老百姓的民生需求比较单一，主要集中在满足基本的温饱上。当时国民经济还不发达，对于大多数老百姓而言，能满足基本生活保障已经很不错了。在社区民生治理上，社区治理模式相对单一，社区治理一般都是自上而下的，社区居民需要根据既定的规则生活与工作。在计划体制下，社区治理具有明显的政府管控的色彩，因此，往往采取的是以应急性、运动式治理等为重点的手段与机制，结果，社区治理成本比较高，而社区治理效率反而比较低。在漫长的计划经济时期，我国实行单位制和街区制并行的政策。单位制社区的普及，使得整个社会呈现出很强的同质性，就连所穿衣服的颜色和样式都高度一致。行走在大街小巷的人们所穿衣服的颜色都很单调，服装样式也是千篇一律，没有什么变化。这从一个侧面体现了当时对于单位制社区进行严格而全面管控下的社会生活。当然，老百姓在民生上的需求，不仅体现在物质上，还体现在精神上。当时虽然物质条件比较差，老百姓在衣食住行上的选择余地比较小，但是，在精神上，也是有满足感的，而且获得感并不低。

基层老百姓的民生状况，与社区治理模式直接相关。表 1–1 梳理了计划经济时期我国社区治理政策及其情况，可以看到这个阶段社区治理的一些特征以及发展与演变。在计划经济体制下，单位制社区和街区制社区并存，但主体部分还是单位制社区。单位制社区从新中国成立初期的政府推动建设到后来的城市街区建设，始终与当时的经济、社会建设总体部署保持一致的步调，是当时经济与社会建设的一部分。当社会资源很有限的情况下，单位制社区有助于比较平均地分配有限的社会资源，从而确保社会经济能够获得更多的投入，工业才能够有发展的基础。因此，当时城市地区流行的单位制社区，其实在一定程度上反映了当时以工业发展为主的经济发展战略。根据生产来安排生活，根据生产单位来建立社区，这是当时城市地区在治理上的一种普遍思路。这种社区治理的模式，在一定程度上，推动了城市地区工业的发展，为当时的社会经济发展作出了贡献。对物资的统一分配制，也有助于在物资紧缺的情况下有效保障广大老百姓的基本民生需求能够得到满足。

由于市场分配机制的缺失，当时的社区民生治理，显然还包含着社会物质分配的内容。单位所属的社区，其居民大院内部要根据不同的行政级别，供应生活所需的物质。这类居民大院的院内和院外的物资配给方式往往有很多的不同。因此，当时，社会上很多年轻人向往能够住进这类社区，因为基本的民生需求可以获得有效保障。有些大的单位，不仅有居民区，为居民盖了房子，而且还有医院、学校、食堂、图书馆娱乐设施等等，俨然是个小社会。生活在这类社区的居民，一般都在基本民生上有比较好的保障。当然，这些单位社区之外的老百姓，相对而言，在基本民生保障上要差一些。

表 1-1：计划经济时期我国社区治理政策及状况

制度	时期	发展状况
单位制	新中国成立初期	形成并实施
街区制	新中国成立初期	部分城市建立，未形成正式制度
	1950 年	天津市按照居民居住状况建立居民委员会
	1953 年	彭真向党中央提交了《关于城市街道办事处、居民委员会组织和经费问题的报告》，建议建立街区制
	1954 年	第一届人大四次会议上，制定并通过了《城市街道办事处组织条例》和《城市居民委员会组织条例》，街区制合法化、制度化
	“大跃进和人民公社化运动”时期	街道办事处被人民公社代替，城市基层自治难以实现，由政府集中控制基层的政治活动、经济生产和社会生活
	“文化大革命”时期	街区“军事化”，基层组织自治功能丧失

国际著名中国问题研究专家、斯坦福大学社会学系魏昂德（Andrew G.Walder）教授提出单位和单位依附理论，为单位制社区的产生提供了重要的理论解释。该理论认为，社会主义国家的公有制体系属于再分配体制，所有的资源都由国家来统一分配，单位的资源来源于国家，但国家再分配的功能也必须依赖于具体的单位来实现，单位和国家之间因此就形成了依附与庇护、彼此依赖的关系；在短缺经济以及单位占有和使用资源的条件下，职工所需的生活必需品是通过单位来分配的，职工与单位之间也因此而形成了依附与庇护的关系（Walder，1986）。可见，在国家、单位和职工之间形成了彼此不可分割的分配链，使得有限的社会资源能够较为顺畅地分配到具体的职工身上，完成了社会资源再分配的社会功能。为了确保这个再分配功能的顺畅与有效，单位制社区就需要被全面管控，个人的意志必须服从集体的意志。这决定了单位制社区的治理模式必定是政府全面主导下的治理模式。

二、社区建设时期

1978 年开始，我国进入了改革开放的新时期，拉开了大力发展社会主义市场经济的序幕。改革开放一个特点，就是简政放权。公共管理的权力不断下放，公共管理的模式与方法也日趋多元和灵活。在民生需求上，随着经济改革的深入，老百姓的收入来源多样化，平均收入水平在持续提高，对于民生需求也日益多样化，不仅要能够在物质上得到一定的满足，而且还要有娱乐、旅游、教育、医疗健康等的需求。在民生供给上，随着经济体制的改革，一些国有企业开始转型或者转制，逐渐把社会性服务功能进行剥离，予以社会化。这种民生需求和供给的变化，也进一步推动了社区民生治理的变革。

在社区治理层面，我国开始陆续恢复了街区制，不断提升社区服务质量，进入创新治理模式的社区建设时期。当然，当社区陆续与单位脱钩之后，进入了所谓的“后单位”时代的社区建设阶段时，也面临了一系列的挑战。在社区重建过程中，不仅要面临新社区规划和建设的压力，而且还要对来自单位制社区的老社区进行改造。在一些城市，部分单位制社区并没有随单位体制的瓦解而骤然消解，而是在发生了结构性变化之后仍然继续作为城市微观生活组织的社会空间基本单位，因此，这些正在蜕变中的单位制社区也不应被简单地排除在社区建设的规划之外，而是应从其发展的现实和社区居民的生活需求出发，实现对这一社区的改造和重建（王美琴，2011）。在社区治理模式的转型过程中，新、老社区的再造和重建，需要同时推进，其中容易产生很多的矛盾和问题。

伴随着计划经济体制的解体，“单位制”开始逐渐走向历史，人们由单位回归社区，这就要求社区提供更多的服务满足人们的生活需求。其次，改革开放后，我国计划经济时代对于人口流动的严格限制逐步瓦解，流动人口增加。随着外来人口的增多，传统的社区边界开始松动，社区内部居民与迁入的居民之间的矛盾开始显现（高春凤，2011）。这对于社区治理而言，提出了新的课题：如何才能在人口流动较快的社会环境中确保社区的稳定与发展？为了应对出现的新问题，政府出台了相应的社区治理的新政策。不破不立，1979 年，街道革命委员会被撤销。破而后立，1980 年全国人大常委会重新公布了《城市街道办事处条例》《居民委员会组织条例》，街区制得以恢复。通过这种大破大立，社区重建开始进入了启动期。

对于基层民生发展而言，1982 年是个重要的年份。1982 年，党的十二大首次提出“发展基层社会生活的群众自治”，同年全国人大五届五次会议通过新宪法，规定城市居民委员会和农村村民委员会是基层群众自治性组织。这是从法律的层面明确了社区自治的功能。社区是居民的自治组织，服务于社区居民的民生改善，帮助社区居民更好地改善生活。这样的定位，为实施有效的社区民生治理提供了重要的法律基础。社区居民不只是被管理的对象，也是被服务的对象。社区治理就是社区居民通过自治共建的方式来解决社区民生发展过程中的问题。如此一来，就极大地激发了社区居民参与社区治理的积极性和创造力。随着法制建设的不断完善，我国社区建设呈现出蓬勃发展的势头。

与社区自治相关的一个重要概念就是社区服务。在推行社区自治的过程中，社区治理的一个重要功能就是向社区居民提供各种所需的社区服务，提高社区居民的满意度和获得感，进而持续改善社区民生状况。1986 年初，民政部从探索建立社会保障制度的高度，明确提出了开展社区服务、完善社区服务体系的要求，随之社区服务在全国范围内展开。1989 年 12 月，第七届全国人大第十一次会议通过《中华人民共和国城市居民委员会组织法》，明确规定了“居民委员会应当开展便民利民的社区服务活动”，从而确定了居民委员会社区服务的职能。这种社区职能上的转变，是老百姓基层民生需求转变的必然结果，也是社区自治的客观需要，是社区民生治理的大势所趋。

随着社区自治的深入，社区居民在决定居委会成员上会有更大的发言权。在 1990 年正式实施以来，全国普遍建立起健全的社区居委会，有的社区居委会还试点进行了直接选举。当时的学者对于社区服务展开了深入的研究，发现以城市基层社区（主要是城市街道办事处和居民委员会）为依托的城市社区服务将有新的更迅猛的发展，并将在我国城市生活中产生越来越重要的影响和作用（唐钧，1992）。在这种气氛下，提升社区服务能力建设成为社区治理的重要目标。1993 年 8 月，党中央、国务院 14 个部委联合下发了《关于加快发展社区服务业的意见》，提出要“加快建立健全社会保障体系和社会化服务体系，推动社区服务业全面、快速地发展”。1995 年 12 月，民政部制定了《全国社区服务示范城区标准》，随后在全国范围内推行。这一系列新政策的出台和实施，为“后单位”时代的社区建设与服务提供了重要的制度保障。

与此同时，很多西方社区重建的做法开始传进来，成为当时我国社区建设的参考（姜芃，2001）。大国治理需从小社区做起。要理解社区治理，既要注重本土经验的积累，又要关照国外的理论进展（吴晓林和郝丽娜，2015）。20 世纪 90 年代初，学术界和政府有关部门借鉴国外“社区发展”的概念，提出了“社区建设”的概念。20 世纪 90 年代初期，民政部确立天津市河北区、杭州市下城区为全国社区建设试点单位，创新社区建设模式，开展社区建设试点工作。1998 年，第九届全国人大一次会议通过国务院机构改革方案，批准在民政部组建基层政权和社区建设司，具体负责“指导社区服务管理工作，推进社区建设”。1999 年，民政部选择北京、上海、天津、沈阳、武汉、青岛等 26 个城区作为城市社区建设试验区，遍布全国 19 个省（自治区、直辖市）。同时，全国还有 20 多个省（自治区、直辖市）确定了近 100 个省（市）级社区建设试验区，形成了“上海模式”“沈阳模式”“汉江模式”“盐田模式”等典型的具有中国特色的社区治理模式。这些试点和创新，积累起非常宝贵的经验。

大量涌现的新型社区，也带来了一系列的问题和挑战。2000 年，费孝通撰文指出：“新型社区在较短时期内大量兴起，不仅对我国城市行政系统的改革提出进一步的要求，也向我国人文社会科学原有的相关理论和研究方法提出了挑战。认识和管理传统社区的知识和手段已经不足以使人们理解和解决新型社区碰到的种种实际问题了。”（费孝通，2000）无论是学界还是政府部门，都密切关注着社区建设和社区治理的改革。理论来自实践，实践是检验理论的标准。当时，无论是城市社区还是农村社区，都在发生着重大的变化。这些变化如何转化为社区居民的满意度和获得感，就是政府和学者都在思考的问题。从某种意义上来说，改革就是一项试错的过程。通过大胆的试点，符合我国国情的社区治理模式也逐渐浮现出来，政府也不失时机地出台政策，对于社区治理和建设加以引导，使其在正确的方向上前进。

在对我国的社区建设进行深入研究基础上，民政部于 2000 年 10 月向党中央上报了《关于推进城市社区建设的意见》（下称《意见》），为推动城市社区建设提供了重要的政策依据。2000 年 11 月《中共中央办公厅、国务院办公厅关于转发〈民政部关于在全国推进城市社区建设的意见〉的通知》下发，我国城市社区建设和治理因此而迈上了一个新的台阶。《意见》阐述了推进城市社区建设是改革开放和社会主义现代化建设的迫切要求，是繁荣基层文化生活，加强社会主义精神文明建设的有效措施，巩固城市基层政权和加强社会主义民主政治建设的重要途径。《意见》明确了社区建设的指导思想、基本原则和主要目标，提出了促进社区建设各项工作展开、加强城市社区组织和队伍建设、形成推进城市社区建设的整体合力的具体要求。《意见》的提出是对我国改革开放以来社区建设工作成果和经验的总结，为我国提高社区建设成效性，把社区建设推向更高水平指明了道路和方向。这些研究结果，汇总在表 1–2。

表 1–2：改革开放后至 21 世纪初我国社区治理政策及状况

内容	时间	政策 / 条列 / 措施
恢复街区制	1979 年	撤销街道革命委员会
发展社区服务	1980 年	全国人大常委会重新公布《城市街道办事处条例》《居民委员会组织条例》
	1982 年	十二大首次提出“发展基层社会生活的群众自治”
	1986 年	民政部明确提出了开展社区服务、完善社区服务体系的要求
	1989 年	《中华人民共和国城市居民委员会组织法》确定了居民委员会社区服务的职能
	1993 年	党中央、国务院 14 个部委联合下发了《关于加快发展社区服务业的意见》
	1995 年	民政部制定《全国社区服务示范城区标准》
加强社区建设，探索治理模式	20 世纪 90 年代初	“社区建设”概念的提出；开展社区建设试点工作
	1998 年	组建民政部基层政权和社区建设司，具体负责“指导社区服务管理工作，推进社区建设”
	1999 年	全国多个省市开展社区建设试点工作
	2000 年	民政部于 2000 年 10 月向党中央上报了《关于推进城市社区建设的意见》，明确社区建设的意义、指导思想、基本原则、主要目标和要求

三、社区治理时期

进入 21 世纪，随着改革开放的深入发展，我国的国情发生了更深层次的变化，社区民生治理也进入到新的发展阶段。一方面，改革开放四十年来，人们的收入水平、生活质量得到显著改善，对于社区治理和服务工作提出了更高要求。另一方面，经济发展带来的贫富差距拉大、城市治安、养老、残障人士救济、利益主体的多元化需要等问题凸显并影响着社会的和谐稳定。如何协调社区多元主体间的关系，重构社会良性秩序，激发民众活力就逐渐成为现代社区治理的重点。在这个阶段，对于社区治理的反思也越来越深入，社区服务的概念日趋深入人心，成为社区治理的重要内容。在社区服务方面，开始意识到专业化是社会服务生存的依据和发展的护身符、建立多元化的投资体制是社区服务健康发展的重要保证、广泛的群众参与是开展社区服务的基础，越来越多的社区服务模式被创新出来，社区治理的现代化程度有了显著的提升（徐道稳，2001）。

社区治理迈向现代化是我国社会建设与社会治理理念在基层治理层面的反映。21 世纪以来，党和国家在社会建设和社会治理上的认识不断成熟深化。2002 年，党的十六大报告明确经济调节、市场监管、社会管理、公共服务是政府的四大职能，将社会管理纳入政府职责范围。社区治理现代化的另一个重要标志就是社区工作的专业化。2003 年 1 月，民政部下发《关于加强社会工作队伍专业化建设的通知》，指出当前亟待解决的问题是明确社会工作的职业范围等，并明确提出要搞好社会工作者的职业资格认证，这为后来在社区开展的社工师评定等形式的社工资格认证等活动创造了前提条件，对社工的培养与发展提供了重要的制度保障。

2004 年，党的十六届四中全会提出“建立健全党委领导、政府负责、社会协同、公众参与的社会管理格局。更新管理理念，创新管理方式”。2012 年，党的十八大提出了经济建设、政治建设、文化建设、社会建设、生态文明建设“五位一体”的战略布局，完善“党委领导、政府负责、社会协同、公众参与、法制保障”的社会管理体制。2013 年，十八届三中全会作出的《中共中央关于全面深化改革若干重大问题的决定》中，提出要推进社会领域制度创新，加快形成科学有效的社会治理体制，将社会治理体制置于国家治理体系和国家治理能力现代化建设的重要位置。2017 年，习近平在十九大报告中强调要打造共建共治共享的社会治理格局，加强社区治理体系建设，推动社会治理重心向基层下移。由此可见，21 世纪以来党和政府对社会治理的认识不断科学化、清晰化、现代化，开始从战略高度来思考社区基层治理问题，在此引导下的社区治理实践也呈现多元参与、横向协同、激发基层群众活力等新特征。

从政府层面，关于社区的规划也陆续出台，对于社区治理勾画出基本的发展蓝图。2007 年，民政部发布《“十一五”社区服务体系发展规划》，分析了社区服务体系发展规划和面临的形势，阐述了指导思想、发展目标、重点任务和建设工程以及政策保障措施，从中可以看出我国的社区服务在整合社区资源、健全服务网络、拓宽服务领域、优化服务机构、创新服务方式、强化服务功能、提高服务质量等方面的进步。2011 年，我国出台《“十二五”

社区服务体系建设规划（2011—2015）》，在完善社区服务体制机制、优化社区服务内容、健全社区组织等方面提出了更高要求，加大了社区服务体系建设投入力度。2016年，民政部发布《“十三五”城乡社区建设规划（2016—2020）》，规划依旧将提高社区服务水平，扩大社区服务有效供给作为核心目标，并强调了构建社区公共服务综合信息平台、推动智慧社区建设、完善社区自我服务机制、建立政府购买城乡社区服务机制、健全“三社联动”机制等内容。2007年以来，我国相继出台的十一五、十二五、十三五社区服务发展规划反映了社区治理从政府管控到鼓励多元参与、协商治理的转变，并且始终把加强城乡社区服务机构建设、扩大社区服务有效供给、健全社区服务设施网络、推进城乡社区服务人才队伍建设作为重点任务，突出为民服务的工作宗旨。这些重要的社区规划的出台，为社区治理提供了明确的发展方向。

十八大以来，党和政府高度重视建立健全民主协商机制，实现社区治理的民主、透明、有序，社区治理成为顶层设计中的一个重要组成部分。2012年，党的十八大报告要求“完善基层民主制度。在城乡社区治理、基层公共事务和公益事业中实行群众自我管理、自我服务、自我教育、自我监督”“发挥基层各类组织协同作用，实现政府管理和基层民主有机结合”。2013年，党的十八届三中全会报告中要求“发展基层民主。畅通民主渠道，健全基层选举、议事、公开、述职、问责等机制。开展形式多样的基层民主协商，推进基层协商制度化”。2015年，中共中央办公厅、国务院办公厅印发了《关于加强城乡社区协商的意见》（下称《意见》），《意见》指出在基层协商中要加强党的领导，建立健全工作机制，加强对协商工作的支持和保障，提升城乡居民参与协商的能力。

2015年10月，习近平在党的十八届五中全会上的讲话鲜明提出了创新、协调、绿色、开放、共享的发展理念。新发展对破解社区民生发展难题、增强社区发展动力、提升社区治理能力具有重大指导意义。在社区层面，要解决社区民生发展上的难题，就需要从社区创新、社区协调、社区绿色、社区开放和社区共享这些方面入手，在推动社区发展的过程中不断解决社区居民所面临的民生问题，持续改善社区民生状况。社区通过践行新发展理念，开创社区民生发展的新境界。对于社区治理和社区民生改善而言，新发展理念的提出，不仅具有重要的指导意义，而且还具有重要的价值，为持续改善社区民生状况指明了方向。社区也在积极探索把新发展理念融入社区的日常治理活动中，积极探索和试点基于量化信息的社区精准治理模式，取得了一定的成效，为持续改善社区民生状况积累了难得的经验。

在新发展理念的指导下，顶层设计和基层治理的联系在加强，社会治理体系呈现出新时代的特征，持续改善老百姓民生状况成为政府施政和基层社区治理的首要目标。2017 年，党的十九大报告中要求“发挥社会协商民主的重要作用。加强协商民主制度建设，形成完整的制度程序，保证人民在日常政治生活中有广泛持续深入参与的权利。”可见，社区治理已经不是基层治理的事情了，而是国家治理体系中的一个重要组成部分。这是国家治理重心下沉的体现，说明了基层社区民生的改善在整个社会治理中的地位和分量在提升。在社区层面，鼓励社区居民通过协商共建等方式来积极参与社区治理，激发了社区治理的活力，也有助于持续改善社区民生状况。

21 世纪以来，在新的发展形势下，我国结合自身发展经验并借鉴国内外社区治理的有益成果，积极转变社区的治理理念，实现了由传统型政府管控向现代化多元参与的治理理念的转变。十八大以来，由社区管理向社区治理转变已经成为一种新常态（张艳国和刘小钧，2015），社区治理在法制建设上也越来越完善（颜慧娟，2016）。与此同时，农村社区治理创新也积累了丰富经验，推进治理主体“融合发展”、治理手段“提档升级”、治理过程“规范提升”、治理规划“高位推进”等创新维度，不断体现着“共建共享”的治理理念（陈荣卓和刘亚楠，2016）。社区治理也越来越精细化、精准化，社区治理的成效显著（左莉，2018）。伴随着经济与社会的发展，民主制度的完善，人民思想素质的提高，我国的社区治理理念更加先进，服务内容极大丰富，服务质量显著提升，治理的法制化、民主化迈向更高水平，新时代的社区治理特色也越来越展现出来了。

第三节　社区民生治理的挑战

新中国成立以来，随着经济社会的发展和行政体制改革的深入，我国的社区制度经历了由“单位制”到“街区制”“社区制”的转变历程。经过不懈探索，我国在社区民生治理方面积累了丰富的经验，取得了丰硕的成果。尤其是改革开放以来，随着建设和谐社区实践的广泛开展，我国多地探索出了具有中国特色的社区治理模式，切实提升了社区服务质量和居民生活满意度，对于改善社区民生状况起到了积极作用。21 世纪以来，社会治理体系不断科学化、完善化、民主化，在此背景下，作为社会治理重要内容之一的社区治理也不断向治理方式现代化转型。虽然我国在社区民生治理方面已经取得了长足的进步，社区民生水平得到了有效的提升，但在实践过程中仍然面临新的挑战。社区治理长期以来存在的自治能力低下，居民参与积极性不高，社区公务人员受教育程度较低，创新能力不强，社区工作繁杂等问题依然存在。目前，我国各地已经在因地制宜进行积极试点，在创新城市社区基层管理体制方面做出了积极探索，积累了一系列宝贵经验。但是，在提高社区资源的使用效率方面还有待进一步提高。这就需要我们加强在社区层面的民生状况的监测工作，及时了解居民需求和社区短板，有的放矢地提出解决对策，克服各种阻力与挑战，提升社区民生项目质量，以社区居民的民生需求为导向提升社区服务品质，进而深化基层管理体制改革，创新社区民生治理模式。

一、协调能力不足

在改善社区民生状况上，随着社区治理理念的现代化转型和治理能力的增强，我国社区层面多元主体共治的局面逐渐形成。也就是说，现在的社区会有很多利益相关方（Stakeholder）。这就要求社区管理者能够协调好多元的利益相关方，处理好彼此的关系，使其能够为社区发展和建设提供支持和资源，但又要防止其对于社区发展的不当干预（Aarons et al.，2009）。社区党组织和街道办事处是社区治理的核心力量。社区居委会与业主委员会作为社区自治组织是社区居民自治组织，发挥着“上传下达”、沟通协调、民主监督、自我服务的功能，发挥着社区内部的重要功能。社区非营利组织和物业管理公司作为社区服务组织发挥着为居民提供服务，进行基础设施管理等作用。社区中的志愿服务组织、居民及邻里组织近年来也逐渐兴起，在提供便民服务、丰富居民生活方面发挥重要作用。此外，在社区服务需求多样化和市场化的社会背景下，企业也逐渐进入社区提供便民服务。作为社会的基层组织，社区越来越成为各方利益相关者的载体。在这种情况下，社区治理就需要梳理好各方面的关系，既要发挥各方面的优势和资源，又要坚持社区治理、共治共营的正确方向，确保为社区居民提供高质量的社区服务的同时，为社会发展提供重要的微观基础。

从某种意义上说，当今的社区是多元主体共存、多方力量博弈的场域。根据博弈论（Game Theory），多方博弈往往会让局面变得更为复杂。在多方博弈中，社区还要尽可能确保博弈的公平性（Rabin，1993）。因此，社区会面临多重压力。一方面，社区治理主体的多元化必然带来利益诉求的冲突。社区党组织和街道办事处是国家力量在基层的延伸，对上负责，以维持社区稳定和完成行政指令为主要目标，这是社区民生治理的中坚力量。社区居委会和业委会则主要代表居民呼声，体现社区居民的具体诉求，要求切实维护居民利益。非营利组织作为第三方组织处于居民和政府组织之间，其工作目标受到二者的共同影响，但是，这些非营利机构进入社区，也是带着其各自的目的和使命，为其机构的利益而来。为社区提供服务的企业和公司是以营利为目的的主体。因此，社区中的治理主体的利益诉求不同，并且时常会因为利益冲突引发纠纷。有时候，多方利益交织在一起，会使得整个局面变得更加错综复杂，问题更难解决。这种利益纠葛，对于社区治理而言，往往是一种实实在在的考验。

另一方面，社区主体间的职责划分不明、关系不顺也是我国社区民生治理所面临的主要挑战之一。以罗纳德·哈里·科斯（Ronald H Coase）为代表的新制度经济学派认为，制度设计不完整，容易产生交易成本，使得参与交易的主体之间产生博弈行为，最终导致社会成本的提升和社会资源的浪费（Coase，1990）。从制度设计和法理上讲，社区各主体间的职责应该说是比较清晰，但是社区治理是一个需要多方合力共融处理事务的过程，需要各主体相互配合。也就是说，现实中的社区治理，是多元利益相关者互相博弈的结果。社区治理权力的实际分配，就取决于多方博弈的某种平衡。当前，在我国的社区中，各主体间的有效沟通机制尚未建立，这将会导致社区管理层次多、管理效率低下，组织反应速度迟缓等问题，从而降低社区运行效率和凝聚力，阻碍社区共同体功能的发挥，在改善社区民生状况上无法发挥出其应有的作用。此外，由于社区治理多元参与主体之间的关系较为复杂，相关制度并没有清楚界定这些关系，导致现实中很多事情的处理需要多方协商。一旦这种协商机制不够完善，或者交流沟通不够充分，就会出现矛盾，就会削弱社区治理的成效。

为了提高社区协调能力，国家大力培养社会工作专业人才，提高社区治理的专业化。2012 年，民政部、财政部联合出台《关于政府购买社会工作服务的指导意见》，首次对政府购买社会工作服务进行顶层制度设计。同年，中央政府首次通过建立公共财政资助机制加强对社会工作服务组织的培育和扶持。2013 年，民政部、财政部下发《关于加快推进社区社会工作服务的意见》，将社区社会工作服务纳入政府购买服务范围，逐步加大财政投入力度，同时鼓励社会资金支持购买社区社会工作服务。这些政策和举措，有力地推动了我国社区工作人员的培养，对于提升社区民生治理能力具有重大的意义，为改善社区协调能力提供了历史性契机。但是，这个任务可谓是任重而道远，要普遍提升社区的协调和治理能力，还需要一个较为长远的过程。尤其是在新的形势下，社区中旧的关系还没有协调好，新的问题又产生了。在这种情况下，尤其考验社区的协调和治理能力。

二、服务能力有限

社区工作直接面向群众，为社区居民提供各种所需服务，持续改善社区民生状况，是社区民生治理的重要目标。随着经济、社会的发展，社区居民对于社区服务的需求也越来越多，不仅仅需要服务，而且还要求一定水准的服务质量。2017 年 10 月，习近平总书记在十九大报告上强调，中国特色社会主义进入新时代，我国社会主要矛盾已经转化为人民日益增长的美好生活需要和不平衡不充分的发展之间的矛盾。在社区层面，这一矛盾则主要体现为居民日益增长的对社区各项服务的需求与社区提供公共产品能力有限的矛盾。与私人产品不同，社区提供的公共服务，一般是不向居民收费的。因此，对于社区居民而言，消费这类公共服务是免费的，或者是费用很低的。社区居民对于这类服务的需求会越来越多，对于服务质量的要求也会越来越高。在这种情况下，社区服务就自然会出现供不应求的局面。

虽然当前我国的社区治理呈现出多元共治的趋势，越来越多的社会机构或者企业也参与到社区服务提供的队伍中，但政府仍然处于主导地位，是社区资源的提供者和决策的制定者，这就导致居民对政府的过高期望和过度依赖。根据服务缺口模型（Service Gap Model），消费者对于服务质量的感知取决于认知的服务与期望的服务之间的差距（Chenet et al.，2000）。若这个差距越大，那么，消费者会认为服务质量越差。若这个差距越小，那么，消费者就会认为服务质量越好。伴随着城市居民工作时间的增加，流动人口规模的扩大和老龄化趋势的加快，个人和家庭的育幼、教育、养老、社会保障、医疗、福利救助等需求日益增长，那么，社区居民对于社区服务的期望就会越高，而社区服务部门人员数量较少，负担较重，难以满足居民的多样化需求。结果，就会导致社区服务的缺口比较大，社区居民就会认为社区服务质量不够高，因此，社区居民的生活获得感较低。由于我国居民比较缺乏自治理念和公民社会基础，社区内的自我服务和公益组织发展比较缓慢，这就导致了居民自我服务的能力偏低，需要进一步提高。

此外，社区存在提供服务种类与居民需求不匹配的问题。也就是说，社区所提供的有些服务，并非居民真正所需要的服务。政府是社区层面资源分配者和政策制定者，但是我国在社区层面的社会调查尚未展开，无法准确获得社区居民的真正需求数据，这就导致政府在制定社区服务政策时缺乏必要的信息，无法做出科学的决策，进而导致资源分配不合理和资源浪费。美国社区发展过程中，也曾出现类似的情况和问题。后来，就开始在全国范围内组织和实施了美国社区调查（American Community Survey），定期收集关于社区的一手资料，为政府决策提供了重要的依据。现在，美国社区调查数据已经是美国普查数据的重要补充，是美国政府制定社区政策的重要依据之一（Mather et al.，2005）。这启示我们应该注重社区层面的社区调查，掌握社区发展动态，根据调查结果有针对性地提出发展社区的方案，从而提高社区资源的有效性，提高社区投入的效益。

三、评估机制不健全

要确保社区治理的效果，提高社区管理能力，就需要健全评估机制。著名管理专家、哈佛大学商学院教授罗伯·卡普兰（Robert Kaplan）认为，没有评估就无法有效实施治理（Kaplan and Norton，1996）。对于社区而言，缺乏有效的评估机制，就无法及时掌握社区建设和管理的情况，就无法有效实施社区治理。此外，及时而有效的社区评估，有助于及时发现存在的问题，并且能够第一时间进行应对和解决，避免这类问题因为长时间得不到解决而成为棘手的问题。对于社区建设的评估，也是确保社区管理人员积极性和动力的重要手段。社区管理人员做得好，就要及时通过评估而给予奖励；做得不好的，就需要及时给予提醒、警告甚至是惩罚。奖罚分明，才能激发社区管理人员的士气，才能把社区建设得更好。这是社区治理的重要基础，也是社区制度建设的重要环节。

但是，在社区治理上，由于不同社区具体情况存在着差异，要建立起一套统一的评估体系也比较困难。2017 年，政府印发的《“十三五”城乡社区建设规划（2016—2020）》中明确强调“引导社区居民参与政策制定、项目设计、服务供给和绩效评估，促进社区服务与居民需求精准对接，……，最大限度集中人力、物力、财力，整合资金、资产和资源，防止重复投资、重复建设、重复供给；丰富项目，优化流程，提升品质，努力形成多层次、立体化的服务格局”的原则。这是社区建设的一个基本原则，强调社区治理过程中的节约以及资源的效用最大化，也就是节约型社区的建设。但是，在现实中，由于缺乏有效的评估和监督机制，会存在社区资源的浪费现象。社区资源的投入，并没有有效用在改善居民满意度和获得感之上，而是用于其他方面，使得有限的社区资源的使用效率无法实现最优化和最大化。

社区建设项目的重复性、无效性也是我国未来社区治理面临的主要挑战之一。一些社区在外部利益相关者的推动下，重复建设类似的项目，导致社区资源的浪费与无谓耗损。这样的情况，在一些基层社区也时有发生。要杜绝这类事情的发生，相关的绩效评估机制亟待建立。尤其是近年来，随着政府购买服务、社区项目数量不断增加的情况下，加强对社区活动实施效果评估和监测已是大势所趋的事情，因为只有通过及时有效的评估，才可以通过第三方监督来提高服务质量，并为政府分配资源提供依据。此外，政府也可以据此了解在社区服务上的公共投入的效果，进而评估投入社区建设公共资金的使用效益，为进一步优化社区公共资金投入机制提供重要的参考。对于社区而言，加强社区治理应切实提高资源使用效率，提升社区项目的质量，最终目的就是提升居民满意度和幸福感，就是持续改善社区民生状况。

在社区评估机制的设计上，不仅要考虑到社区普遍的特征，还需要考虑到社区的独特性。对于政府而言，需要有一套社区治理成效的评估和监测系统，能够及时掌握社区基层的具体情况，并根据需要及时有针对性地调整相关政策，使得社区民生治理更有成效，社会更加稳定。具体而言，若能够建立起一套基于社区的指数，那么，就可以根据指数得分的高低情况来了解社区情况，进行社区管理。这是数字化管理的重要体现，有助于提高公共管理的效率，减少公共管理的环节和成本。当然，这样的社区指数，需要建立在科学的基础上，才能客观真实的反映社区实情，才能作为政府决策的重要依据。在大数据的时代，政府还可以结合大数据技术，了解和掌握基层社区情况。但是，大数据也存在着局限性。因此，一般都是把大数据和调查数据（即所谓的“小数据”）结合来进行综合研判。这种思维和决策模式，就是全数据（Whole Data）（顾佳峰，2016）。

第二章　社区治理与基层民生监测

社区治理是一项系统工程。社区治理的重要任务之一，就是利用国家资源和社会资源来为基层老百姓服务，进而持续改善基层民生状况。在社区治理上，要尽可能做到精准。粗放式社区治理通过“大水漫灌”的方式来改善社区民生状况，一方面会存在资源的很大浪费，在资源利用上往往会存在“跑冒滴漏”的现象；另一方面，基层社区民生的状况并未因此而获得显著改善。因此，要调整社区治理模式，从粗放式治理向精准治理转型。当然，社区治理模式的转型，需要实事求是，做好各项调查工作。社区治理是为了改善社区民生状况，就需要对于社区民生的内涵、特征等进行深入分析和界定，抓住社区民生的主要矛盾，实施有针对性的治理。社区民生不是一个人的民生问题，而是一群人的民生问题，因此，具有复杂性。为了让社区老百姓满意，在社区治理上，需要定位清楚、角色明确、分工合作、各司其职。社区精准治理的一个重要特征是量化治理，而量化治理的一个决策基础就是基于社区监测的一手数据。因此，设计和实施有效的社区监测，建立社区民生发展指数，就成为社区精准治理的内在需要。

第一节　社区访谈

为了掌握社区治理和基层民生的现状，本研究选取了若干个社区进行了访谈。访谈的重点是社区在解决问题上的基本思路。所谓的思路，就是思考的条理脉络。在社区治理过程中，分析问题和解决问题，都需要有正确的思路。在解决社区问题时，好的思路是符合社区实际情况的思路，体现了一种社区层面上的集体智慧，是社区治理过程中长期积累起来的宝贵经验的结晶。在社区治理的过程中，总会遇到各种各样棘手的问题。因此，为了达到改善社区民生的目标，社区就需要通过开通思路来提高解决问题的能力。思路决定出路。要持续改善社区民生状况，就需要在思路上获得突破。对社区进行实地调查和深入访谈，进而归纳出社区在解决问题上的基本思路，以及对于社区治理的启示，就是本节的内容。这里主要采用了归纳法，就是从社区治理实践中来，再回到社区治理实践中去，这体现了理论与实践的结合。

一、访谈设计、实施和分析

为了解社区在治理过程中面临的问题，课题组对六个社区进行了实地调研，对于社区的主任或主要干部进行了访谈。在社区选取上，主要是根据社区的特征进行有针对性选取。六个社区中，有四个是位于北京的社区，一个社区在四川，另一个社区在山西。当然，选择这些社区还有一个考虑，就是社区的可接触性。由于在联系过程中，发现这些社区对于接受访谈和进行实地调研比较配合，愿意参与这项研究。因此，最终就选择了这些社区。在访谈之前，根据现状、问题和解决方法这三大要素，课题组事先设计和拟定了对应的访谈提纲。为了确保访谈提纲尽可能简单、通俗、易懂，在做正式访谈之前，还做了预调查。根据预调查的反馈结果，对于访谈提纲进行了反复精炼，尤其是对问题的提法和措辞进行了完善和修改，使其更加符合社区的访谈。在预调查的基础上，听取了多位社区研究方面的专家意见，最终确定了访谈提纲：社区的背景和主要特征是什么？社区面临着哪些问题？社区如何解决问题？需要哪些方面的帮助？

本研究资料收集方式采用一对一的半结构式深度访谈方法。每位访谈时间约半个小时到一个小时之间，访谈者鼓励受访者在访谈整个过程中能够始终保持开放的状态，按照其所处社区的真实情况，如实、客观、准确地回答相关问题。在访谈过程中，一般情况是根据提纲的题目顺序来提问和回答。但是，由于受访者的回答情况会有所不同，因此，在访谈过程中，有时会根据具体情况相继调整问题顺序进行提问。在正式访谈开始之前，会向受访者解释本项研究的目的、主要方法以及资料和个人信息保密的原则。知情同意后，在征求受访者的同意，进行全程录音。应受访者的要求，不公布社区的名称。因此，在本研究中，采用字母从 A 到 F 来分别代表所调研的五个社区。访谈结束后，在 24 小时之内将音频上传至专业的语音转译平台，进行机器自动转译，形成访谈文字稿。由于机器转译存在着比较多的错误，因此，在机器转译的基础上，再根据录音逐句逐字进行人工核对，从而保证音频资料与文字资料完全一致。在第一轮人工核对后，再换另一个人进行第二轮人工核对。在人工核对过程中，若发现歧义或者听不清楚的地方，都会第一时间与受访者联系，反复确认其真实想法并对相应文字内容进行修改和完善。最终共搜集社区访谈的音频资料共 6 份，全部转换成文字资料以后，总共是 3.1 万字左右。

社区访谈资料收集之后，对这些实质性访谈文本进行分析时，采用的是专业的定性和混合数据分析软件，来对于社区访谈文本进行编码分析。这里主要采用的是开放式编码和轴心编码。开放式编码（Open Coding）是对社区访谈文本进行内容分析的第一步，就是将收集到的社区访谈内容仔细阅读、赋予概念，然后再进行归纳总结的过程。这一过程通过识别文本中每句话或者一段话的主题思想，用文本中的原生代码进行命名，实现概念的初始化。通过对所收集的社区访谈内容逐字阅读、详细分析，先形成开放式编码，再将编码归类整理完成概念化。当然，为了确保尽可能中立和客观，排除人为喜好因素的影响，这个过程也是可以在相关的软件中来实现的。具体而言，比如访谈文本中有如语句“需要采用集体创新的方式，来找出破解社区难题的途径”，就可以使用文本中原生代码“集体创新”来命名，再将这一编码完善，形成“促进社区创新举动”的范畴。

经过对社区访谈资料多次编码，共产生 361 个意义单元，共形成 83 个开放编码。对社区访谈文本完成开放式编码之后，还需要对于这些开放式编码进行进一步精炼，意义相近的开放式编码可以合并。这种合并过程，可以是分层合并。每次合并之后，编码总数都会明显减少。最终，就可以形成数量较少的核心编码。例如，在社区访谈的开放式编码中提到解决社区问题需要用新思维、新方法、新途径、新材料、新政策、新生力量、新尝试、新样板、新式设备、新系统等 28 种与创新有关的社区活动，则将其进一步核心编码为社区创新；根据社区访谈的开放式编码的资料，社区问题处理的方式中需要协调资源、协调关系、协调矛盾、协调人事、协调纷争、协调冲突等与协调有关的 21 种社区活动，则将这部分内容的核心编码归纳为社区协调。如此，最终，在社区访谈的研究资料中形成了 5 个核心编码，分别是：社区创新、社区协调、社区绿色、社区开放、社区共享。

根据表 2–1 所示，社区层面在解决问题时，创新是一个重要的途径。社区通过创新的办法，想出一些新的想法，一方面能够解决一些老的问题，同时，也通过提供新的服务，让社区基层民生状况获得明显改善。其次是协调，在社区层面是工作的一个重要内容和解决矛盾的途径。此外，社区也注重通过开放的方式来加强与外界交流，从外界活动必要的信息、资金和资源来提升社区基层民生水平。还有，就是通过社区内部的共享机制来加强社区内部的资源利用效率，提升内部的团结与互助。当然，社区也会注重绿色建设，通过绿色可持续的方式来改善社区居民的生活环境，提升基层民生的水平。

表 2–1：社区治理频数

开放式编码	提及次数	百分比
社区创新	28	33.73
社区协调	21	25.30
社区绿色	8	9.64
社区开放	14	16.87
社区共享	12	14.46

二、社区治理的基本思路

根据社区访谈资料的分析，进一步分析社区在解决基层民生问题上的基本思路，对于提升社区治理能力而言，具有重要的价值和意义。在社区层面，遇到的基层民生问题都是具体的，是多种多样的，对这些问题的处理方法和途径也是不同的，需要有针对性的，还要根据社区自身所处的内外部情况而进行相继处理。但是，从解决社区问题的思路上，基本上是大同小异的，通过创新、协调、绿色、开放和共享来进行社区层面的综合治理，改善社区基层的民生状况，提高社区居民的生活满意度。接下来，根据社区访谈的内容来阐述社区创新、社区协调、社区绿色、社区开放和社区共享的具体含义，以及在社区治理中的具体应用。这些社区实践，体现了群众的智慧。

（一）社区创新是关键

社区层面不仅会面临着一系列老问题，随着社会的发展，还会面临新的问题。这就要求社区层面上的治理要与时俱进，通过创新来处理新老问题，提高解决社区问题的水准。对于社区治理而言，创新既是解决问题的方法，也是手段。在本次社区访谈的过程中，几乎所有社区都在强调创新的重要性。因此，在社区治理中，创新具有一定程度上的普遍性。下面就是访谈中的一个社区，在面临外来人口管理难的问题时，通过创新的方法，邀请专业社工专家进入社区，成功改变了社区由于大量外来人口的涌入而形成了脏乱差的局面，社区秩序得到了恢复。

A社区是北京的一个社区，总面积略大于2平方公里。社区中的本地户籍人口2000来户，约4000多人。但在这个社区中，外来人口很多，超过了一万人。所以，这是一个比较开放的社区，外来人口大概是本地户籍人口的三倍。社区开放也带来了一系列问题，这个社区呈现无业人员多、出租房屋多和外来人口多的特点。这是一个即将拆迁的社区，又没有明确的拆迁日期，本地人大多已搬出去了，随着大量外来人口的涌入，这个社区成为所谓的蚁族聚居棚户区。社区内部，大多是临时建起来的砖房或者一些简易房，社区内部的路都是十分窄小，而且崎岖蜿蜒，路上还可以经常看到一些堆积的杂物，使得路面更显狭窄。此外，还有一系列的安全问题。由于附近就有大马路，车辆来往繁忙，常可以看到外来人口的小孩子，在马路上跑来跑去，很危险。社区内卫生差，很多污水，缺乏有效管理。社区内部，还有无证的黑诊所。由此可见，大量外来人口的涌入而让社区被动成为一个比较开放的社区。这类社区，在北京的城乡接合部，并非少数。一些城中村也具有相似的特征。

在这个社区中，社区居委会仅有三个人，人力很有限。所以，如何面对开放带来社区的一系列问题，这是社区居委会很头疼的事情。后来，社区居委会主任利用到高校进修的机会，结识了专业从事社会工作的教师和专家。于是，通过集体创新的方式，社区采用了一种新的方法来提升自身的治理能力，就是邀请专业社工专家到社区建立工作站，帮助社区去处理社区开放所带来的一系列问题。社区工作站建立起来后，专业社会工作者就定期进入社区，提供各项服务学习项目。比如通过对外来人口子弟开课外学习班的方式，使得这些外来人员的孩子刚放学后可以在社区又集中学习的机会，避免了出现无人看管的局面。此外，通过协助处理社区内的电线杆倾倒、电线外露等问题，提高了社区居民的安全意识。专业社会工作者的介入，避免了社区居委会与外来人口之间可能的冲突与隔阂。这些外来人员逐渐对专业社工产生了信任，也开始意识到安全的重要性，比较能够配合社工的活动。有些外来人员甚至主动和专业社工进行接触，反映一些问题，也希望获得一些帮助和建议。后来，在这些专业社工的引导下，社区中外来人员中的一些积极分子，自发组织起来，形成一个类似外来人员自我管理的团队，成为社区与外来人员之间重要的沟通和协调桥梁。

可见，对于社区而言，在有限的人力的情况下，要有效解决社区的问题，就需要在创新上下功夫，通过思想上的创新、制度上的创新以及方法上的创新，来找出破解社区老大难问题的办法。在社区治理上，安于现状、因循守旧，往往是社区问题不能根治的重要原因。其实，并不是这些社区问题无解，而是传统旧的解决方法有些失效了。在新的情况下，需要用创新的思维和行动来提升社区治理的效率，破解社区治理与发展过程中的难题。在A社区中，这种创新思维来自与社区干部与外部专业社区组织之间的交流、思想碰撞和互相启发，并最终付诸实际行动，进而有效解决社区长期以来的顽疾。A社区从无序到有序的转变，主要是通过社区创新来实现的。对于社区而言，面对一些社区民生难题时，要善于在创新上下功夫，谋取突破。

（二）社区协调是核心

在社区中，会存在各种各样的矛盾。矛盾若得不到有效化解，就可能形成冲突与对立，就会在社区内部产生各种问题，削弱社区的内部凝聚力。对于社区治理而言，日常的一项重要工作内容就是协调各方面的关系，使得矛盾能够有效化解。这既是社区治理的日常工作内容，其实也是社区治理的一个重要核心内容。很多社区都是把减少社区矛盾作为核心工作内容，尽可能协调冲突，尽量减少冲突与矛盾。这也是社区维稳的重要工作内容。社区内部的矛盾是多方面的，矛盾产生的原因也是多方面的，可能是利益上的因素引起的，也可能是其他因素引发的。社区协调是社区治理的重要功能，是提高社区和谐程度的重要途径。

B社区属于灾后重建的社区，但是，在进行灾后重建的过程中，却存在着各式各样的矛盾，社区内部需要通过不断的协调，才能平息各种纷争。通过访谈发现，社区重建的过程中，之前被掩盖的矛盾，仿佛一夜之间都出现了。因为受灾严重，国家下拨专门的款项，帮助当地居民重建家园。但是，其中就出现了很多利益冲突。比如说补偿款，家里有人在地震中没有了，社区内部纷纷传言说政府给多少钱，这个过程中就会产生一系列的问题和矛盾。当地政府跟社区居民说，打比方说一人补偿一部分钱，当地老百姓说不行，因为这些老百姓之中有人听闻上级政府给的是一个数，而与当地政府给这些老百姓说的数不一样。于是，社区居民群情激愤。再加上环境的渲染和有些人的道听途说，使得当地居民和当地政府之间产生了某种程度上的对立，这就是一种官民矛盾。当地老百姓纷纷表示要上访，有的已经开始上访了。这说明，社区内部的矛盾已经外部化和公开化，若不及时加以协调和化解，那么，后果就会越来越严重。

通过访谈还发现，B社区不是单纯的社区重建而形成的，还包括了对灾前若干个社区的重组，因此，是个重建和重组并行的结果。因此，B社区中的内部矛盾既有因为重建而产生的矛盾，也有因为重组而形成的矛盾。例如，在重建之间，原本是五个彼此独立的社区，分别在不同的山头，属于不同的村，因为彼此之间有距离，所以，那时的矛盾并不明显。现在，重建了社区，这五个社区的居民突然都站在一个平地上，现在都在一个社区之中了，大家在一起就会有矛盾。在重建之前，有的社区之间因为一个在山上，一个在山下，反而形成了一种互补的关系，无论是在经济上，还是在情感上，这种互补关系促进了这些社区之间的合作与交流。但是，重建后，山上和山下的社区居民现在都要住在了一起，彼此的矛盾就凸显出来了。

针对这些矛盾和问题，在B社区重建的过程中，以当地政府支持、当地社区出面的方式，在社区内部，启动从心理与情绪、物质利益等进行多层次、全方位的协调工作。社区干部和从广州等地过来援助的专业社会工作人士，以调研、走家串户的方式，挨家挨户地进行关怀，倾听老百姓的心声，现场协调，获得了社区居民的肯定。这些社区层面上的协调工作的主要目的，就是在于帮助社区重建过程中人与人或人与环境的适应遭遇困难的个人及家庭，恢复、加强或改造其社会功能，减少人与人或人与环境的矛盾、冲突和不适应，进而有效提升社区的和谐程度。由于B社区是灾后若干个社区重组而成的，因此，就面临着社区融合的问题。为此，在专业社工的指导下，社区有意识地组织居民集中观看电影，通过这种社区集体活动的方式，在潜移默化之中，建立起社区共识和社区认同。结果表明，这种协调方式很有成效。

随着社会快速的发展，社区中传统封闭的社会关系逐渐被开放的新的社会关系所取代，各种新的思潮、信息和新事物，打破了传统封闭社区的平静，社区中各类矛盾纠纷日益呈现出多样化和复杂化的特征。社区内部的矛盾逐渐从隐性变成了显性，表现为社区中的干群矛盾、民间纠纷、治安案件、上访问题、群体性事件等形式。这些矛盾若无法在社区层面有效加以化解，就会成为社会问题，增加了化解这类矛盾的社会成本。社区治理是社会治理的基础和重要组成部分。在社区层面，通过社区协调机制来有效化解社区矛盾，是减轻社会治理负担、提高社会治理成效的重要途径之一。对于社区治理而言，社区协调不仅是社区干部例行的工作职能，更是社区治理的核心功能。归根结底，社区协调的目的就是在社区层面化解矛盾于无形之中。正如B社区干部在接受访谈时反复所强调的那样，“社区重建以来一直都在协调各方面的关系”，社区协调始终是社区治理工作的核心内容。

（三）社区绿色建设是方向

社区是社会关系在社会中的基层载体，是老百姓生活休息的场所。所以，社区不仅仅是个社会概念，也是个物理上的概念，是个具体的生活场所。那么，社区的环境就会对居民的居住满意度产生直接的影响。随着生活水平的不断提升和居民的生态、环保意思的增强，追求绿色社区越来越成为广大居民的共识。这也成为社会治理的重要方向和内容。党的十九大报告就明确提出：“开展创建节约型机关、绿色家庭、绿色学校、绿色社区和绿色出行等行动。”在社区层面加强绿化程度，提倡绿色环保的人居环境，不仅是社会发展的必然趋势，更是广大居民的客观需要。追求社区绿色，是社区生态文明建设的重要内容。社区绿色建设范围比较广泛，比如“生态社区”“绿色生态宜居社区”“绿色住区”“绿色生态社区”“绿色智能社区”“绿色低碳住区”等，这些都是属于社区绿色建设的范畴。在具体实施上，不同的社区所采取的途径会不同，社区绿色建设的内容和重点也会有所差异。比如，在中部地区的C社区进行访谈时发现，尽管这个社区的经济并不发达，但是，在社区绿色建设上却很有成效。

在实地调查中发现，C社区是一个国家级贫困县下的一个非常贫困的村子。虽然经济比较落后，但是这个社区这些年一直都在向绿色生态方向进行持续的转型。在农业生产上，这个社区和附近的社区一样，主要是种植小米。但是，这个社区在农业生产中实现转型，不用化肥，不用农药，强调的是绿色生产，建设的是绿色社区。在这个转型过程中，这个社区采取了多步骤、逐层推进的模式。比如，社区和当地老百姓签约，若这家老百姓家有10亩地，社区先和这家签约三亩，这三亩就是社区集体管理，不用化肥，不用农药，全部是有机绿色生态的。对于这家村民而言，先看看这三亩情况，觉得这种绿色生产是赚钱的，就会主动向社区提出要求对剩下的7亩进行签约。通过这种方式，现在这个社区基本上已经实现了整村都不用化肥农药，整个村打造成一个绿色生态旅游村。

据这位村干部介绍，这个C社区之所以能够比较成功地转型到绿色生态社区上来，一个很重要的原因是他本人的坚持。这位社区干部特别看好绿色生态社区，内心中有坚定的信念，认为这是社区发展的必然方向。当然，在这个转型过程中，他也遇到了各种阻力和挑战。一开始，村民都不相信这种绿色生态模式能够赚钱，因此，都不愿意参加进来。后来，实践证明是可以赚钱的，逐渐就有村民愿意加入转型的队伍。后来，大多数村民都开始了这种绿色生态生产。C社区的成功，对于周围其他社区产生了示范作用。据这个村干部介绍，现在附近的不少社区都会派人来C社区进行实地考察，有些社区也开始效仿C社区进行社区绿色建设，向绿色生态社区转型。

这种社区绿色建设，不仅适合在农村地区，而且在城市地区，也可以进行实施。访谈中的D社区，是位于北京市内的一个社区，近些年一直在推动社区绿色化。这个社区做的是在室内和室外推广各种有机绿色种植，比如在屋顶、阳台上进行有机绿色种植，居家太太在家进行室内种植蔬菜等。除了这些举措之外，这个社区还在社区家庭中推广对于青少年的绿色教育。这是一种对青少年的绿色生态教育，像北京雾霾这么厉害，社区就会鼓励家长带着子女进行参加各种社区推动或组织的绿色生态教育活动。这些绿色生态教育活动一般都是与社区之外的专业社会组织合作，通过项目课等方式，为社区中的青少年提供有针对性的绿色生态教育。在这些活动中，D社区主要提供场地以及社区宣传，而合作的机构会提供一些活动经费。

在社区绿色建设过程中，D社区不仅会在社区内部举办相关的绿色生态教育活动，还会组织社区中的青少年定期到社区之外的场所开展绿色教育活动和实践。例如，D社区经常会选择京郊的一些农场，在周末时组织社区内的青少年与家长一起去玩。对此类活动，家长也会觉得小孩周末去玩也挺好，因此，都愿意交一点点费用。其实，这是一种体验式绿色生态教育，贯穿活动之中的就是绿色生态教育，让社区中的家长和青少年去了解大自然，了解农业绿色生产、了解土地，了解一年四季的生长过程。D社区组织这种体验式绿色生态教育，对于社区中青少年的绿色生态意识的培养，具有积极的成效。通过对D社区这些项目的评估研究发现，对于小孩子来说，发现越在越小的时候，对其进行这种绿色生态的教育，实际上对其后期行为改变的可能性就越大。

无论是在农村的C社区还是在城市的D社区，尽管社区所处的环境以及自身的经济、社会条件彼此不同，但是，都在朝向绿色社区的方向进行转型和发展，都在加强社区绿色建设来提高社区的人居环境和条件，提高居民的生活满意度。这体现了社区发展治理的一个重要方向。党的十九大报告指出："我们要建设的现代化是人与自然和谐共生的现代化。"随着老百姓生活条件的改善和提高，对于优美人居绿色生态环境的需求也越来越强烈，这种需求尤其会在其所居住的社区中体现出来，要求社区提供绿色宜居的生活居住条件。因此，在社区治理上，持续推进社区绿色建设，不断提升社区宜居程度，是重要的社区工作内容，也是社区治理的重要的发展方向。当然，通过对C社区和D社区的访谈发现，在推进社区绿色建设的过程中，都会遇到各种挑战和阻力，甚至会产生一系列新的矛盾，这对社区治理提出了新的课题和挑战，要求社区在推进绿色建设上有相应的治理能力和具有针对性的治理方法，完善社区治理的体系，提高社区治理的效率。

（四）社区开放是手段

社区是社会系统的基本组成部分，是社区居民生活和作息的主要场所。因此，任何社区都不可能是绝对意义上的封闭社区。在社区的运行过程中，其实都无时无刻不与社区之外的机构、组织、系统等进行各式各样的交流，从信息、资源、人口、能量等等层面进行着多元化的交流。也就是说，社区与外界的交流是客观存在的，是绝对的。但是，社区对外开放的程度、方式和途径，则会存在着明显的差异性。比如在面对一些突发性流行病爆发时期，社区则会采取各种封闭措施，尽可能降低社区开放的程度，以减少疾病传播的可能性。此外，一些特殊的社区，比如高收入阶层居住的社区，往往采取了比较严格的封闭措施，以避免社区之外的人员进入社区而影响了社区居民的生活。当然，有的社区因为所在街区的商业开发等因素，主动拆除社区的围墙，尽可能减少社区与外界的各种物理隔离，提高社区的开放程度，进而促进社区的发展。可见，社区开放是社区治理的一种重要的手段。社区可以根据自身所需，因地制宜地设计和实施相关的开放举措和途径，给社区居民提供舒适的居住环境的同时，可以有效吸纳社会多元化资源，进而活跃社区的经济，推动社区的发展。在社区治理过程中，对于社区而言，并不是社区开放程度越高越好，而是要适合社区自身情况。

从人口结构上来看，访谈中的A社区就是一个开放型社区，因为在这个社区中，外来人口占了超过七成。外来人口占绝对多数，这些城市中的外来人口，往往并没有获得城市中关于教育、安全等方面的保障，社区层面也很难解决这些问题。A社区在对外来流动人口的监管和治理，存在很大难度。比如说流动人口的时间不固定，社区居委会上班，流动人口一般也去上班。社区居委会下班，社区中流动人口也下班，彼此见面的机会就很少。此外，外来人口的流动性很大。而且这个社区还有个很大的问题，它一直是处于要拆迁的，就说要拆，然后又不是马上要拆。就是因为这样，所以很多本地人口都已经走了，流动人口在等拆迁。对于社区而言，如果想监管居民，意味着有个长期关系，社区才会有动力去管理。如果明知道过一阵子社区就得拆了，社区就更不知道如何去管理外来流动人口了。

有些社区，尽管外来人口居多，但是在治理过程中，则采取了封闭化的做法。访谈中的E社区，是位于北京商业区的一个高档社区。根据这个社区的住户资料显示，这个社区绝大多数居民都是外来户，但是，是外来户中的高端人士，比如一些影视明星、央视主播等。在社区管理上，E社区采取的是全封闭式管理，一般的人连社区的门都进不去。而且，这个社区的管理相当完善，引进了国外的现代化管家系统，技术也很先进，住户隐私保护得也很到位。在实地调查中发现，E社区的这套治理系统，是建立在强大的经济基础上的。世界一流的物业管理，让整个小区治理非常高效。E社区的干部认为，社区不一定越开放越好，社区开放程度应该跟它的经济水平有关。社区开放有个度，而且根据社区的具体情况，有选择性地开放，比如E社区是高收入社区，它是对高收入阶层开放，欢迎这个阶层的人士入住。

无路是A社区还是E社区，从居民人口结构上来看，都是外来人口占主体。若单纯从居民人口角度来看，这些社区的开放程度都比较高。但是，社区治理的方式却截然不同。A社区对于外来人口的管理，可以说是力不从心，无论从人力还是财力上来看，都无法有效对外来人口进行管理，结果，导致了外来人口失控的局面。社区治理上有漏洞，那么，反而吸引越来越多的外来人口纷纷迁入，使得社区治理的挑战越来越大。最终，A社区就成为一个外来人口聚集的“城中村”。E社区同样是外来人口聚集的社区，是高档社区，采用了封闭式管理的方式来进行社区治理。这是两种社区治理思路和模式，与社区的自身特点有关。很多因素会影响社区的开放程度，比如经济因素。一般而言，社区开放的程度要跟社会服务保障的程度相匹配。在高经济收入社区，社区的开放程度跟社区的服务保障是匹配的。但是在低经济收入社区，社区的开放程度跟社区服务保障程度可能会不匹配。比如A社区，其实是超开放，但它是低保障，所以它必然会衍生出问题。

（五）社区共享是归宿

社区是社会关系的一种载体。在社区中，不同身份、背景、职业等的居民共同居住在这块空间中，彼此之间会发生直接或间接的联系，形成了各式各样的邻居关系。一个社区发展得好，一般邻里关系比较和谐，社区内部有一种凝聚力，社区具有一种友好合作的氛围，能够进行一定程度的共享。这种共享可以是物质上的，也可以是精神上和情感上的。社区共享的对象也是可以有多种多样的，可以是共同去完成一件事情，即共享合作过程中的心智，也可以是共享具体的成果或者事物。前者是过程共享，后者是结果共享。在社区治理过程中，促进和强化社区居民的过程共享，有助于调动社区居民的积极性，集思广益去共同解决社区所面临的一些问题，改善社区的生活条件。社区居住条件改善了，自然可以让全体社区成员都受益，共享社区治理的成果。可见，社区治理中的过程共享与结果共享可以是互相联结的。当然，这两者也可能是彼此独立的。

F社区是位于北京中轴线上的一个社区，周边风景秀丽，商户云集，也有不少政府办事机构。由于地处城市的优越位置，因此，F社区因地制宜地实施了一系列共享的项目。比如说口袋公园项目，F社区邀请社区居民、外部专业设计机构等来共同参与设计。这种设计就是共享式设计，参与者就可以从各个角度来提出自己的观点和设计，这不仅打破了专业设计与非专业设计之间的壁垒，而且可以有效调动社区居民的创造力和积极性，有助于设计出符合社区特点的口袋公园。F社区所处的位置，可谓是寸土寸金，因此，任何一小块空地都具有非常大的价值。通过这种共享式设计的方法，F社区完成了口袋公园的设计和建设，受到了社区居民的广泛好评。除此之外，F社区还鼓励社区居民积极参与诸如桥地下通道设计、学校门口的家长的等候区、楼盘房设计等。在整个过程中，不仅社区内部进行了广泛的宣传和动员，确保社区居民都能够共享这些项目的信息、资源，而且还积极整合社区外的资源，实现社区内和社区外的有效共享。当然，最后受益的还是社区全体居民，因为这些社区建设项目都获得了很好的成效，进一步提升了社区的居住条件，社区居民得以共享这些治理成果。

这种共享式治理强调的是社区成员的广泛参与，有助于调动社区成员的积极性，集思广益，共同把社区建设好。这种共享式治理发展到一定程度，就是社区居民自治。例如F社区处于北京核心区，寸土寸金，但是，社区内部建筑历史比较久远，在当时并没有规划停车的空间。随着居民私家车的不断增加，社区停车就成为一个很大的问题。根据F社区的访谈来看，曾经这个社区每一天都有为停车而吵架的事情。比如有的人就用弹弓打别人家的车，因为占了自己的停车位。实际上，那时候，F社区停车位都是无序管理的。但是，这种居民的矛盾就这样延伸出来，社区因为停车纷争而闹得不得安宁。这个时候社区通过各种各样的方法，比如说点对点地去住户家中开领导小组会议，组织推选居民小组长，调动社区党员的作用，通过各种社区会议，去协调这些事情。此外，社区还引进第三方，通过引进社会力量的方式，更加有效地去解决社区停车的这个老大难的问题。最终，通过社区自治和多方共治的方式，有效解决了这个问题。

在调查中发展，F社区之前曾因为低保问题，长期存在着内部矛盾。社区内一些未能达到低保条件的低收入家庭，认为自己应该享受低保政策。这些低保边缘户，就出来到社区里闹，影响了社区的秩序。这些低保边缘户，现有低保政策是兜不住的。后来，社区在共享上进行大胆探索，找到了解决问题的方法，就是做了一个爱心资源平台。社区通过盘点社区资源，比如说有哪些学校、企业、饭店等等，形成个资源库。然后，再把社区中的低保边缘人的具体需求给罗列出来，形成个体需求库。在此基础上，就可以把资源库和需求库进行一个匹配，形成互帮互助机制，所以叫爱心资源平台。本质上，这种爱心资源平台是社区层面的一种资源共享平台，通过共享资源的方式来帮助社区中的低保边缘户，解决其生活上的一些困难，进而实现共同发展与进步。社区层面上的这种探索，后来政府觉得挺好，现在政府就把爱心资源平台直接纳入相关政策设计中，就变成了一个常规性的针对低保边缘户的服务。

可见，社区共享既是解决社区问题的重要途径，也是社区治理的归宿，就是让社区成员都能够享受美好社区的居住条件，提高社区生活的满意度。

社区共享既包括过程共享，也包括结果共享。所以，对于社区治理而言，既要在治理过程中通过广泛鼓励社区成员参与治理过程的方式来提升社区共享程度，也要全体社区成员能够平等分享社区治理的各项成果，共享美好的社区生活。社区共享是提升社区治理的重要途径，共享共治是确保社区治理成效的重要基础。因为有社区共享，才有可能出现社区共治的局面。社区共治的目的，就是为了实现社区共享。所以，这两者是相辅相成的关系。

三、对社区治理的启示

社区治理主要是为了有效解决社区所面临的各式各样问题，确保社区的安定与和谐。通过上述对社区的实地调查和深入访谈，发现社区在解决问题上所遵循的基本思路可以分成社区创新、社区协调、社区绿色、社区开放和社区共享这五个方面。但是，在现实中，由于社区所面临的问题的复杂性和动态性，因此，社区治理并非单独割裂地应用这些基本原则和思路，而是综合治理。也就是说，这五个思路都会同时应用在解决特定的具体社区问题上，从而确保社区问题能够得到有效解决。因此，在理解社区治理上，不能割裂地去看待这五个思路和指导原则，而是应该综合起来进行分析。当然，在社区解决具体的问题时，这五个方面可能会有所侧重。

举例来说，比如F社区的口袋公园设计项目，就是社区综合治理的体现。口袋公园也称袖珍公园，一般是指规模很小的城市社区中的某个开放空间，常呈斑块状散落或隐藏在城市结构中，为当地社区居民提供绿地和休息等服务。城市中的各种小型绿地、小公园、街心花园、社区小型运动场所等都是身边常见的口袋公园。F社区的口袋公园，就是对社区内部一块很小地块进行绿化种植，再配置座椅等便民服务设施。所以，这个项目是社区绿色建设的一部分。但是，要建设这样的口袋公园，社区居民一开始并没有共识，有的赞成，有的反对，社区内部就出现了矛盾，就需要协调。这时候，社区协调机制就启动了起来。为了设计和建设口袋公园，F社区还邀请社区之外的专业设计机构参与进来，并接受社区之外的资金的支持，这是社区开放的体现。在设计和建设过程中，采用了各种创新性设计，体现了社区创新。当然，社区共享则贯穿整个过程。可见，在社区治理过程中，一般都是要综合应用这五个方面的思路来提升社区治理的成效。

可见，在社区治理上，一般都会采用综合施治的办法，综合运用社区创新、社区协调、社区绿色、社区开放和社区共享这些思路来解决社区所面临的问题，提升社区基层的民生状况，改善社区的居住和生活条件，为广大居民提供一个良好的生活作息的场所。从理论上来说，那么就需要辩证地看待社区创新、社区协调、社区绿色、社区开放和社区共享这五方面的关系，不能予以人为加以割裂。在社区治理实践中，这五个治理思路彼此之间都是互相关联的，存在着内在的联系。若用统计学术语来描述的话，就是这五个方面彼此并不是独立的，而是存在着互相依赖性。因此，在研究这五方面的社区治理上，要有整体系统观，从系统的角度来分析这五个方面的社区治理情况，才能科学地揭示社区治理的内在规律和外在特点，才能有效指导社区治理的发展，提升社区治理的成效，才能持续改善社区民生状况。

社区治理的这五个方面，是通过对社区进行实地调查和深入访谈归纳总结出来的，体现了广大人民群众的集体智慧，这是个归纳的过程。这个过程，是从具体到一般的过程，是从社区治理实践中提炼总结出一般性的社区治理的基本指导思想。这种归纳法，有助于透过社会现象看本质，抓住社区治理的重要特征和内在规律。这种研究思路，符合人们认识社会现象的基本规律。无论是自然界，还是现实社会中，一般性的东西都是存在于个别、特殊之中，并通过这些个别、特殊的存在而存在。也就是说，一般都存在于具体的对象和现象之中，因此，只有通过认识个别，才能认识一般。对社区进行实地调查和深入访谈，就是认识个别的、特殊的存在的重要途径。根据这些实地调查和访谈的结果，从个别、特殊的社区治理实践中总结、概括出社区创新、社区协调、社区绿色、社区开放和社区共享这些带有一般性的原则，有助于揭示社区治理的本质，进而可以为提升社区治理成效提供理论上的支撑。

第二节　社区民生

从广义上来说，民生就是与老百姓生计相关的所有事项，可以是直接相关的事项，也可以是间接相关的事项。这种广义上的民生，概念范畴广，民生内涵复杂，除了与老百姓息息相关的衣、食、住、行之外，与老百姓生计有间接的联系的一些事项，也可以视为民生工程。这种广义上的民生定义，具有一定的模糊性，一般适用于政治领域，比如各种关于民生的口号以及发展民生的诸多理念等。与此相对的是狭义上的民生定义，主要是从社会层面上来界定民生的范畴。从这个角度来定义，那么所谓的民生，主要是指与广大老百姓直接息息相关的基本生存和生活状态，以及基本的发展机会、发展能力和基本权益保护的状况等等。由此可见，狭义的民生更加侧重于民众的基本权益。

由于所研究的对象不同，侧重点也有所差异，因此，狭义的民生又可以分成不同的层次，比如个人层次、社群层次、单位层次、社会层次等。社区民生是属于狭义民生的范畴，是社区这个特定范围上的特定人群的民生。每个人都有衣、食、住、行以及向上发展的需求，当这些人居住在某个特定的社区空间中，又会产生属于这个社区空间的民生需求，这就是社区民生。可见，社区民生不是个人层面上的民生，而是不同个体汇集在一起的一种具有综合性的民生。这些个体共享一个共同的生活居住的社区空间，因此，在民生需求上既有个性上的差异，又有共性上的趋同。一般而言，社区民生是指聚居在一定地域范围内的人们所组成的社会生活共同体的综合民生状况，是这个社会生活共同体在民生上的综合发展程度。

一、社区民生的基本特征

与一般的民生概念不同的是，社区民生强调的是特定空间上的特定人群的民生状态。每一个社区，都有其物理上的界定，这是物理空间上的社区。但是，社区也是社会关系的载体，因此，社区空间还是一种社会空间。从社会空间的视角来看，法国思想家列斐伏尔提出了著名的社会空间理论，把社会空间结构区分为三个要素，分别是：空间实践（spatial practices）、空间再现（representation of space）与再现空间（representational space），即空间的实在（lived）、构想（conceived）和认知（perceived）的三个层面（顾佳峰，2020）。这就是列斐伏尔著名的“历史性－社会性－空间性”这三位一体的“三重空间辩证法”，又称“空间－社会辩证法”。社区民生就具有这种“空间－社会辩证法”的特征。当特定的人群选择居住在一个共同的社区中，就意味着这个社区空间就成为社区居民共同的约束条件，会对每个社区居民的衣、食、住、行等产生直接或间接的影响。而且，在这个社区空间之中，社区居民彼此之间在民生上也会产生某种直接或间接的联系。因此，社区民生具有基层性、多元性和动态性的基本特征。

社区民生的基层性，体现在社区处理的是都是广大老百姓基本生计议题。

社区民生工作做得好不好，直接影响到老百姓最基本的生存状态，甚至会决定了社区成员是不是都能够有尊严地生活。老百姓生活中的社会救济、生活基本保障、基础性公共卫生、基础性住房保障，等等，这些，都是通过社区来实现的。因此，社区居住环境的好坏、社区发放社会救济和基本生活保障是否公平与及时、社区卫生条件是否合格、社区住房条件是否达标，等等，这些社区层面上的因素，都会直接影响社区居民的民生与福祉，都是处于社会基层的广大老百姓每天都能感受到的民生状态。也就是说，社区民生的一举一动，往往直接牵扯到基层老百姓的切身利益和生活福祉。从马斯洛的需求层次理论来说，生理需求和安全需要是人们最基层的需要。社区民生首先要确保满足居民这些最基层的民生需求。在确保满足这些基层的民生需求基础上，通过有效的社区治理，可以逐步满足包括社交、尊重和自我实现这些更高层次的民生需求。比如在对社区进行实地调查和深入访谈的过程中发现，社区居民所提及的民生需求，大多数是生活相关的具体小事，但是，这些小事若无法在社区层面获得有效解决，就会对老百姓的民生状况产生负面影响。

社区民生的多元性，体现在社区居民的多元民生需求，包括衣、食、住、行、婚、丧、嫁、娶、就业、娱乐、家庭、社团、教育、购物、创业、旅游等等，这些往往都与社区有关系，有的直接在社区中发生和发展，有的则与社区存在着间接的关系。这么多元的民生需求，有一个环节出了问题，社区中的老百姓就可能会有意见，就会产生矛盾。此外，社区中的居民具有异质性，不同年龄、教育背景、收入状况、健康状况、心理状态等的人们，往往居住在同一个社区中，导致社区居民的多样化。比如在对社区进行实地调查和深入访谈的过程中发现，社区中的外来人口和本地常住人口的民生需求往往存在着很大的差异。外来人口往往缺乏基本的民生保障，因此，强烈希望在社区中能够获得基本民生保障。本地常住人口则希望在所居住的社区中不仅要有基本保障，而且还需要有一定水准的生活质量。也就是说，即便在同一个社区空间之中，居民的民生需求是多元的，往往是多个层次的需求都会同时存在。这就要求社区具有足够的协调能力，尽可能满足不同层次上的民生需求，并尽可能避免和化解社区内部矛盾。

社区民生的动态性，体现在社区居民对于居住满意度的感知是时刻都在变化着的，不是一成不变的。从居住满意度的角度来看，那么，社区民生其实是社区居民对于民生状况的主观感知程度。这种主观感知程度不仅受到社区居民个体因素的影响，还会受到社区其他居民因素的影响以及社区环境的影响。因此，社区内部或者外部一旦发生了一些变化，哪怕是比较小的变化，也可能打破社区居民业已形成的平衡，引起社区民生的剧烈变动。比如在对社区进行实地调查和深入访谈的过程中发现，社区中居民一般都习以为常地把老人车或者婴儿车放在自家门口这个空地。这是这些年来通常的做法，社区居民也都默认了，形成了一种约定俗成的力量。但是，随着私家车的增加，停车问题越来越紧迫，社区内乱停车现象也越来越严峻。于是，有的居民就开始建议实施停车自治，要把各家门前的那块空地都画成停车位，进行统一规范管理。于是，旧的均衡就被打破了，新的问题就产生了，社区居民对于停车的民生需求就开始发生了变化，甚至是产生了冲突。类似的例子，在社区民生中比比皆是。社区民生的动态性，意味着需要用动态发展的眼光来进行社区治理，才可能在发生过程中不断改善社区民生状况。

二、社区民生的重要性

俗话说："小社区，大民生。"社区虽小，五脏俱全。在整个社会系统中，社区属于社会的基层组织，一般规模也大多比较小。但是，基层社区却是政府联系广大老百姓的一个重要渠道、重要桥梁。习近平总书记多次强调指出，"社区虽小，但连着千家万户，做好社区工作十分重要""社区是基层基础，只有基础坚固，国家大厦才能稳固"。社区民生是贴近老百姓衣食住行的民生，因此，如果社区民生搞得好，那么就可以让广大老百姓直接感受到政府的施政能力，让广大老百姓拥有获得感，感受到社会的和谐。反之，如果社区民生搞不好，那么，老百姓就会直接体会到，就会有失落感，就会产生各种负作用，结果导致社会的不稳定，产生各种矛盾和冲突。在社区中，只要是老百姓关心的事情，都是社区民生的大事。社区治理的重点就是帮助老百姓解决其关心的事情，让社区居民的生活满意度能够得到持续提升。

社区民生是社会稳定的基石。基层社区民生与老百姓的日常生活息息相关。社区民生搞不好，轻者社区居民有抱怨，产生负面情绪，缺乏生活满意度；重者产生社区矛盾和冲突，甚至会不断升级，超出社区的范畴，成为影响社会稳定的不利因素。一旦出现这种局面，社区唯有把主要精力放在维稳之上，这样一来，反而会削弱社区的治理能力，消耗社区本就有限的资源，不利于改善和提升社区民生状况。近些年来，社区不断推进和谐关系建设，通过建立和谐社区的方式来持续提升社区民生水平，让社区居民获得实实在在的好处，取得了一定的成效。随着社区和谐程度的普遍提升，整个社会的和谐稳定的良好局面也得到了进一步强化。社区稳，则社会稳。社区民生搞得好，那么，整个社区的民生状况就自然好。当广大老百姓在社区中都能安居乐业，那么，社会就能稳步向前发展，社会和谐程度也会比较高。

社区民生是社会民生保障和社会安全的基础防线。政府的很多惠民政策，最终都是要通过社区来实施和落实。因此，社区民生是民生建设的主战场，处于整个社会民生建设的一线。唯有不断提升社区民生状况，才能确保社会整体上的民生水平获得持续提升。若社区民生搞不好，那么，民生建设的一线就会失守，老百姓就会有意见，群众福祉就无法获得保障。要想守住社会民生保障的基础防线，就必须充分发动社区基层中的各方面力量，群策群力，共同建设好社区民生。作为自治组织，社区服务的对象是社区居民，社区的力量也是来自社区居民。因此，在社区民生建设上，需要充分动员社区居民的力量，鼓励多层次、多渠道的社区居民自治，利用群众的智慧来解决社区民生中遇到的难题，突破社区民生建设中的阻力，推动社区民生的持续改善。如此一来，社会民生保障和社会安全的基础防线就会越来越牢固，广大老百姓的获得感才会越来越强。

社区民生是凝聚发展新活力的重要助推器。从社区的角度，如何满足社区居民对于美好生活向往的需求，就是社区民生发展的重点。在社区中，老百姓有衣、食、住、行等方方面面的需要，从社区层面上来满足这些需要，这是社区经济的重要内容。为了更好满足这些需要，就需要把社区经济搞好、搞活。社区经济越活跃，一般意味着可以在社区层面更好地提供社区居民所需的产品和服务，满足社区居民的消费。因此，在建设社区民生的过程中，一般需要把社区经济搞好、搞活。对于社区经济而言，社区居民的需求本身就是推动社区经济发展的重要因素。因为有社区层面上的需求，对于企业而言，就会有获得利润的可能性，就可以通过向社区居民提供其所需的产品和服务来获利。因此，针对社区需求的各项服务就会被开发出来，形成基于社区的商业模式。社区中商业的繁荣，可以为社区居民的消费提供各种便捷服务，让社区居民的生活与消费更加方便，从而提高在社区中的生活质量。

三、社区民生与治理

社区民生是指在一个社区中全体居民在民生上的总体状况，是属于特定空间上的特定人群的民生状况。由于是在特定的社区空间之中，因此，社区民生与社区治理密不可分。社区治理的理念、方式、途径和结果，会直接对社区民生产生影响。这种影响，可能是正面的，也可能是负面的。在社区层面，社区治理的具体举措，本身实际上涉及社区中老百姓的切身利益，直接面对的都是跟社区中居民每天都要遇到的这些事情，是社区居民每天都在关心和关注的事项。比如社区中的垃圾分类、停车管理等等，这些都是牵动全体社区成员、会对全体社区居民产生普遍影响的民生大事。社区在处理这些事情上，若出现不恰当的做法，不但无法获得预期成效，而且还会加剧社区内部矛盾，对于社区民生产生负面影响。当然，若是社区治理得当，则可以有效改善社区民生状况，提升社区居民的生活满意度和获得感，增进社区老百姓的福祉。可见，社区居民与社区治理是直接挂钩的，彼此之间是不可分割的关系。

改善社区民生状况是实施社区治理的目标。根据目标管理理论，社区治理的具体目标是多种多样的，是个目标体系。在这个目标体系中，社区治理的具体目标，可能是短期的，也可能是长期的；可能是应急的，也可能是例行的。但是，无论具体目标为何，社区治理的最终目标就是持续改善社区民生状况，让社区居民生活得更有尊严、更幸福，具有更大的获得感。这是社区治理的最终目标，也是检验社区治理是否有成效的关键标准。在这个目标的指引下，政府、社区组织、社区居民及辖区单位、营利组织、非营利组织等通过多层次、多方位的协调合作机制，来向社区提供各种社区居民所需的公共物品与服务，满足社区需求，优化社区秩序和居住环境。在社区治理上，改善社区民生状况除了体现在具体的社区治理的任务目标之外，还体现在社区治理的过程目标之上，具体而言，社区治理要解决社区存在的问题，并且在解决过程中也要尽可能协调好社区发展与社区民生之间的关系，尽量避免给社区居民的生活带来负面影响。

实施社区治理是改善社区民生的手段。物理学中有个熵定律，也就是著名的热力学第二定律。在组织管理学中，也存在这种熵定律。熵的增加表示宇宙物质的日益混乱和无序，是无效能量的总和。根据熵定律，孤立系统的熵永不自动减少，熵在可逆过程中不变，在不可逆过程中增加。社区本身就是一个基层组织，一个社会的基层系统。在这个系统中，若不进行治理，那么，社区系统中的熵会呈现增加的态势，即社区的混乱和无序状态会不断恶化，社区民生也就无法获得保障，甚至出现持续恶化的趋势。比如社区中往往会出现所谓的“破窗效应（Broken windows）”，容易造成社区民生状况的恶化。例如，当社区中出现无序停车而无人管理时，社区中会有更多居民效仿这种行为，结果导致社区中任意停放私家车的现象，会严重影响社区居民的生活环境。又如，当社区中有人不遵守垃圾分类时，很快社区中就有其他人不再遵守垃圾分类管理了。诸如此类的做法，都会对社区民生产生负面影响。因此，需要及时通过有效的社区治理来处理这些事情，纠正错误的做法，推广正确的做法，持续改善社区民生状况。可见，有效的社区治理是不断为社区赋能的重要途径，从而可以持续减少社区运行过程的熵，形成社区安定和谐的良好局面。

在社区层面，改善社区民生和实施社区治理既是彼此区分的，又是辩证统一的。改善社区民生是目的，是人们在社区治理活动中对自己行为的意义和结果的一种自觉意识。实施社区治理是手段，是在社区层面为实现改善社区民生目的而采取的工具和方法。在改善社区民生和实施社区治理的相互关系中，改善社区民生处于支配地位，起着主导作用。实施社区治理服务于改善社区民生，实施社区治理对于改善社区民生具有依附的、从属的性质，但是，这并不意味着实施社区治理就是被动的。在现实中，社区治理手段具有多样性，这是由社区关系的复杂性，尤其是由社区条件的复杂性所决定的。为了实现改善社区民生的目的，在社区层面，总要从不同的角度采取多种社区治理手段，才能奏效。在不同的具体条件下，为了实现改善社区民生的目的，要根据实际的民生需要和可能，采取不同的社区治理手段，而且要善于随着情况的变化而不断变换社区治理手段。从多种治理手段中选择最适合改善社区民生这一目的要求的最佳手段，这是高效社区治理的关键所在，充分体现了社区治理的主动性。

第三节　社区治理

社区是社会治理的基本单元，社区治理是社会治理体系中的基础部分。

2018 年 10 月 24 日，习近平来到深圳市龙华区民治街道北站社区考察时指出，社区情况复杂多样，群众需求多种多样，要把更多资源、服务、管理放到社区。这一方面说明来社区治理的难度和复杂性，另一方面也说明了政府对于社区治理的高度重视，要把整个社会治理的重心下沉，加强对社区治理的资源的投入，提高社区治理能力和成效，进而持续改善基层民生状况。这是社会治理发展的必然趋势。在这个大势中，社区治理的作用会越来越大，在整个社会治理中的地位会越来越重要。随着现代信息和通信技术的快速发展和普及，可以通过数据共享的方式克服基层社区治理和顶层设计之间的信息鸿沟，使得社会治理体系的扁平化和在地化成为可能。因为具备了这种条件，那么，社区就可以通过实施量化治理的方法为居民提供精准化、精细化服务。

一、社区治理的角色

在改善社区民生的过程中，社区治理发挥着重要的作用。以前，处理社区事务就是社区管理，现在，转变成社区治理。从社区管理到社区治理，区别就一个字，但是，意义和内涵却相差很大。社区管理把社区居民当作被管理对象，往往容易采用一些强制性手段来处理社区问题，结果，反而激起社区居民的反抗。采用这种思路来处理社区事务，往往存在着官民对立和冲突的情形，结果，社区越管理，矛盾和纠纷越多。社区治理则强调社区居民的自治与自我管理，即社区居民是实施社区治理的主要力量，不只是社区治理的对象。如此一来，在处理社区事务上，强调的不是管理，而是服务。实施社区治理者，也是社区服务提供者。这种从社区管理者向社区服务者的转型，不仅仅是身份的变化，实际上是引入了一个力量，这个力量在某种程度上能有效缓和政府和居民的对立，在政府和老百姓之间建立了一道有效的缓冲地带，因此，可以比较有效地处理因官民对立而引发的各种矛盾。这是社区治理的一个特色，也是比较能够有效解决社区矛盾的一个方式。

社区治理的这种缓冲作用和角色，可以通过有效调动社区居民积极性的方式，群策群力地来共同建设好社区，改善社区民生状况。政府出面，往往具有强制性。比如《中共中央国务院关于进一步加强城市规划建设管理工作的若干意见》发布后，迅速引发热议，尤其是其中的“原则上不再建设封闭住宅小区”与“已建成的住宅小区和单位大院要逐步打开”两条意见，争议颇多，落实起来也很有难度。把社区围墙拆掉，但这是属于一个物理阻隔的破除的范畴，实际上，社区之中还存在一种心理层面的区隔。如何才能把这种心理层面上的阻隔给打破，让社区居民能够更和谐地相处，既而达成一个美好的社会愿望，这才是社区开放的根本目的所在。事实上，在实施这个政策的过程中，社区治理发挥着重要的缓冲作用。若社区不顾居民的意见，采取一刀切的强硬做法，强行把社区围墙都拆除的话，那么，势必会引发大规模的官民对立和社会冲突，社区将不得安宁，社区民生就会受到严重损害。

社区治理的缓冲角色，有助于实现基层治理中的政策在地化。在政府民生政策的实施上，因为不同社区的情况是不同的，因此，在社区层面的实施时，要因地制宜，不能生硬地去强制实施。有些政策若政府硬推的话，由于与社区的社情不符合，不仅不会提升社区民生情况，反而可能会损害社区居民的利益和福祉，因此，会受到社区居民的抵制和反弹。在这种情况下，就需要社区出面，通过社区自治的力量，从各方面对社区居民做好思想等工作，鼓励社区居民参与到社区自治中来，找出广大社区居民都能接受的方案，才能有效落实相关政策，进而改善社区民生状况。可见，社区治理具有一定的柔性，能够通过社区共营共治的方式把一些政策上的刚性约束转化为符合社区特征的、更容易为广大社区居民所接受的柔性治理。

二、社区治理的难点

社区治理是社会基层治理的重要力量，是确保社区民生的重要途径。但是，在整个社会治理体系中，基层治理和顶层设计之间往往存在着一道信息鸿沟。中央政府为了持续改善民生状况，出台了一系列惠民政策，投入了大量的财力。但是，在这些政策的实施过程中，由于顶层设计和基层治理之间存在着距离，当相关政策在社区层面实施时，就可能会出现一些问题。比如国家对低收入家庭实施低保政策。但是，社区在实施低保政策时，往往引起社区内部的矛盾。一些低收入家庭借机在社区里面闹，甚至去上访，等等，严重影响了社区的安宁和稳定。其实，这些对低保政策不满的居民往往不是低保户，而是那些没有拿到低保但也是比较穷的家庭，即所谓的低保边缘人。因为这些居民确实有现实困难，可能只是因为这个月多拿 10 元，就拿不到低保。那些已经纳入低保的家庭，享受了教育、医疗、住房各个方面的福利，但低保边缘人因现有政策兜不住，往往成为影响社区民生改善的负面因素。

出现这种状况的一个重要原因是顶层设计和基层治理之间存在着差距，

甚至是鸿沟。在顶层设计层面，很多惠民政策都设计得很好，有助于改善广大老百姓的民生状况。但是，在基层的社区层面，由于社区一般都没有经费，经费一般都在街道一级，这就牵涉到一个财政的问题。在社区层面，社区治理所能动用的财政经费是极其有限的。在这种情况下，社区肩负着双重保障任务，一方面要动员社区居民的力量通过共建共治的方式保障社区居民的民生，另一方面要积极配合和贯彻政府的政策，在社区层面落实相关政策。在经费有限的情况下，社区治理往往就会出现捉襟见肘的尴尬局面。尤其是，当顶层设计的政策和基层社区的实情存在着差距时，社区层面要贯彻落实这类政策，势必会受到社区居民的抵制和反对。在这种情况下，社区治理如何才能有效走出矛盾的漩涡，在落实政策的同时确保社区居民的民生状况获得持续改善，就是社区治理在当前现实世界中所面临的重要难点和挑战。若无法有效破解这个难题，社区治理很可能成为激化社区矛盾的重要导火索。

造成基层治理和顶层设计之间这种鸿沟的一个重要原因是信息不对称。无论是顶层设计还是社区治理，都有一个共同的目标，就是改善民生状况。但是，由于在顶层设计过程中，基层民生状况的相关信息不能及时准确传递到顶层设计处，导致一些政策与基层情况存在着距离，使得在基层进行落实时阻力重重。这种非对称信息的存在，会削弱相关惠民政策的效力，提高社区治理的成本。作为基层民生的重要载体，社区具有天然的“接地气”的特点，能够有效掌握社区居民的具体民生需求。但是，如果基层治理和顶层设计之间存在着数据鸿沟，那么，基层社区的信息不能及时有效传递到顶层设计处，导致顶层设计的相关惠民政策脱离基层情况，很难在基层社区层面进行落实和推广。由于存在着信息不对称，因此，在社区治理过程中，若遇到阻力和困难，社区也往往很难及时获得政府的有效支持。

三、社区量化治理

要破解上述难题，一个重要的办法就是在基层社区治理与顶层设计之间建立一个有效通畅的数据桥梁，能够及时共享数据和信息，便于做出正确的决策，及时应对社区民生的各种突发问题，并予以有效解决。因为在基层社区与顶层设计之间建立了共享的数据链，那么，就可以实施社区治理，进而有效改善和提升社区民生状况。所谓的社区量化管理，是指以数字为基础，用量化的方法来考察和研究社区民生的运动状态，以求对基层民生的现状和发展的情况、程度等做出精确的数字描述和科学控制，进而实行精准治理。精准数据是社区量化治理的基础。在社区层面，各种社区民生相关的问题，往往是非结构化或半结构化的问题。所谓非结构化的问题，就是社区民生议题或问题表现出来的是复杂多变，但是，看似杂乱无章的问题，其实背后也是有某种结构化的因素在起作用。而那些半结构化的社区民生议题，则本身就具有一定的结构性，只不过这种结构性因素比较隐蔽。但是，随着大数据等现代数据挖掘技术的不断成熟和发展，即便是这些非结构化和半结构化的社区民生问题，现在都可以通过数据挖掘的方式予以数据化和结构化。一旦予以数据化和结构化，那么，基层社区民生问题就可以通过数据分享的方式实现基层社区和顶层设计之间的共享，从而实现对社区的精准治理。

在基层治理上，尤其是在应对突发性公共事件时，社区量化治理的优势和威力就会显露无遗。2020 年 1 月份突然暴发的新型冠状病毒肺炎疫情，迅速在全国蔓延，引起社会的恐慌。在对抗疫情的过程中，社区量化治理发挥着重要的作用。全国所有社区都在清查其居民的情况，及时采集疑似病患的信息和数据，并采取隔离等措施。这些基层社区数据及时汇总到上一级，如此层层汇总，直达顶层设计部门。根据这些实时数据和信息，政府统筹指挥资源配置和应对，而社区则配合政府实施有针对性的治理举措。在社区创新上，新型的无人机都被投入到社区上空进行侦查、喊话与劝阻。在社区协调上，社区居民不能自由离开社区，因此，居民的衣、食、住、行等很多方面都需要协调，确保社区的安定与居民的健康。在社区绿色上，全面禁止食用野生动物、社区全面进行消毒等措施，在社区层面进行全面落实与施行。在社区开放上，所有社区都采取了降低开放度、实施封闭化管理的措施，严控社区进出，避免病毒和疾病在社区内传播。在社区共享上，社区做好接受和发放捐赠工作，推动居民互助和自治管理，获得了很好的成效。因为有精准的数据支撑，所以，社区治理相当精准而高效，为及时遏制疫情发挥了重要作用。

可见，社区量化治理，是一种从目标出发，使用科学、量化的手段进行精准治理的基层治理模式。社区量化治理的目标是改善社区民生状况。在具体的情况下，这个目标可以进行细分。比如，在疫情蔓延时，社区量化治理的当务之急的目标就是在社区内有效控制疫情而确保居民的安全。在目标的指导下，采用科学、量化的手段和途径，对社区实施精准而高效的治理。由于社区数据可以向上及时传递到各级政府部门乃至顶层设计部门，因此，社区量化治理可以及时获得各级政府的有效支持，进而可以显著提升社区治理的能力。在整个量化治理体系中，政府的主要职能是从全局角度来配置资源，并不直接插手社区治理，因此，可以有效避免官民对立和冲突。由于能够及时获得基层社区的相关数据和信息，因此，政府在配置资源的过程中会更加精准，能够及时把社会资源配置到最需要的社区中去，为社区治理提供外部支撑。在社区内部，社区量化治理的主要职能是精准化和精细化地处理和解决社区中存在的民生问题，排除损害社区民生的各种障碍，进而持续改善和提升社区民生状况。因此，社区量化治理可以有效整合社区和政府的力量，来有针对性地解决社区的问题，确保社区居民的福祉。

第四节　社区监测

社区量化治理的基础和前提是建立共享的数据链。唯有建立起多元共治共享的数据链，才能实现共治资源与社区和居民的需求精准对接，才能精准地为社区居民提供精细化服务，才能持续改善和提升社区民生状况。要建立起这种数据链，就需要建立起社区监测系统。所谓的社区监测，就是指通过在社区层次对特定民生问题或居住环境，使用固定或不固定的方法定期持续地收集社区民生相关的一手数据，来了解研究社区民生现状及其变化趋势的活动。社区监测能够帮助参与社区治理或者为社区治理提供资源的利益相关者及时获取社区民生的动态信息，是社区民生保障体系中极为重要的部分，是社区量化治理的基础。系统的社区民生监测是社区民生保障的重要一环。随着“社区共治共管”“社区参与治理”“社区共营”等概念在我国逐渐普及，越来越多的“社区监测”项目在各个社区开展起来，使得社区量化治理成为社区治理的一种重要方法。

一、社区监测的类型

社区监测的类型，主要取决于具体的分类标准。比如，根据监测对象的范围可以分成普遍监测和抽样监测。前者是对全国所有社区进行监测，比如社区新冠肺炎疫情监测网络就是对全国所有社区进行的普遍监测，而后者是对样本社区进行监测。根据监测对象的代表性可以分成全国性社区监测和地区性社区监测。前者监测的社区样本要求具有全国代表性，后者监测的社区样本具有地方代表性，比如某个省市的社区监测。此外，还可以根据社区内部与外部在监测设计与执行上的关系来分类，分成如下四种类型：外部设计、外部执行；外部设计、社区执行；社区主导、外部设计；社区主导、社区设计。这四种类型，体现了社区内部和社区外部的分工与合作，适用于不同的社区监测场景和目的，还与社区监测项目的经费来源有重要的关系。

外部设计、外部执行的社区监测项目，主要是相关领域的专家根据研究需要，设计出特定的社区监测项目，并组织专业监测人员来到当地样本社区实施监测和收集数据，并由专家自己完成数据的解读与分析。这样的社区监测项目完全由专家来主导，社区在其中只尽地主之谊，扮演专家协助者的角色。这样的社区监测项目主要服务于外部专家和相关研究机构的需要，它的出发点主要来自外部机构的研究兴趣。比如北京大学所组织实施的中国家庭追踪调查（Chinese Family Panel Studies，CFPS）以及中国健康与养老追踪调查（China Health and Retirement Longitudinal Study，CHARLS）中都包括了对全国数百个社区进行调查和监测的设计，这些都是由来自海内外的相关领域中的专家、教授所组成的团队所设计的。整个社区监测的执行，也是由北京大学组织的专业队伍来进入社区执行的。在执行过程中，社区仅仅是提供进入社区和配合监测的工作，而北京大学需要为社区的这些辅助性工作提供一定的经费和酬劳。社区监测所采集的数据，主要供学术界研究之用。

外部设计、社区执行的社区监测项目，主要是专家设计好监测项目，寻找当地社区中的干部或者社区居民，予以专业的培训使其成为“社区监测员”，收集其所在社区的民生数据。这些社区监测数据的分析主要还是由外部机构来进行。这类社区监测项目主要是由外部机构来主导，获得的信息也主要服务于外部的研究兴趣，但本地社区的参与度也很重要。比如国家民政部“社区治理及贫困家庭”等项目，都属于这类社区监测。这些项目的社区监测设计都是由民政部邀请的外部专家来完成的，而社区监测的实施主要是通过招募和培训目标社区干部或者社区居民来完成的。

社区主导、外部设计的社区监测项目，主要是社区产生了通过科学观测来更好地实施量化治理进而持续改善社区民生状况的愿望，但是，由于社区自身在这方面的能力不足，因此，会邀请外部专家来帮忙设计监测项目和分析、解读监测所得的数据。这类社区监测项目是由社区主导，直接服务于社区量化治理、满足持续改善社区民生状况的需要，但借用了外部专家的力量。例如成都某区为了在本区中实施社区量化治理，就邀请来自高校的十多位专家帮忙设计了社区监测，并在本区所辖的十多个街道一百多个社区建立起监测体系，采集一手数据，并及时发布监测报告，为实施社区量化治理提供了重要的数据基础。

社区主导、社区设计的社区监测项目，主要是由社区居民自己产生社区自治共营、改善社区民生的愿望，并自己设计监测项目、分析利用监测数据，用自己的方式形成一套当地社区居民可以认可、容易理解的监测体系。这类社区监测项目完全由社区主导，服务于社区量化治理的需要，直接作用于社区内部矛盾或问题的决策。这类社区监测项目一般规模都比较小，具有明确的问题导向和针对性，数据分析报告简单而实用，直接服务于社区的量化治理。比如社区为了解决停车难、停车乱的问题而建立起来的社区停车二十四小时监测，就可以为解决社区居民停车纠纷提供重要的数据支持。

二、社区监测的功能

通过及时了解和掌握社区民生的现状及其变化趋势进而促进社区治理，是所有社区监测项目的核心目标。社区民生监测不是为了监测而监测，是为了提升社区治理能力并进而改善社区民生状况而监测。社区监测是一种手段，主要的功能还是为了及时采集社区民生的相关数据，作为提升社区治理能力的基础保障。如果通过社区监测所得的结果不能有效地应用于社区治理的相关决策，那么，社区监测项目存在的意义便失去了大半。在社区监测数据的利用上，不同的决策层次，侧重点有所不同。在社区层面上，社区监测结果中的一些基础性、主观性的结果，可以直接为社区治理的相关决策提供支持。在社区之外，对于各级政府而言，通过分析社区监测结果可以有效掌握其所辖社区民生的基本情况及其特征，有助于制定有针对性的惠民政策，同时，也可以对社区层面上的治理提供有效的支持和协助。对于第三方科研机构而言，可以利用社区监测数据进行量化研究，对于社区民生问题进行深入的研究，形成具有分量的研究报告，供相关决策部门参考。

作为社区治理决策的重要依据，社区监测数据就需要客观，能够真实反映社区民生的客观情况。也就是说，社区监测数据的质量要高。要是社区监测不科学或者不合理，那么，得到的一手监测数据的质量就存在问题。在这种情况下，社区监测结果不仅无助于提升社区治理的决策能力，反而会误导决策者做出错误的决策，对于社区治理而言，是一种伤害。著名的管理学家赫伯特·西蒙有句名言：管理即决策。其实，从社区治理的视角来看，治理即决策。社区治理的决策质量低，那么，社区治理的效果就差，甚至会出现劳民伤财的情形，不仅没能有效改善社区民生状况，反而可能制造新的矛盾，导致民怨沸腾，社区不得安宁。可见，要想充分发挥出社区监测对于决策的支撑作用和功能，就需要确保社区监测结果的科学性和客观性。为了尽可能确保社区监测数据的准确性，除了问卷调查之外，现在还通过拍照片、录视频等方式来采集图片信息和视频信息。社区的监控摄像头也被常用来进行社区监测。如此，就可以全方位实施对于社区的监测，采集到了数据也会更准确。

有了社区监测数据，还需要对这些数据进行科学的分析，才能作为决策的依据。对于社区监测结果的分析与解读是社区监测项目指导政策和引导科学决策的基础。这要求民生政策的制定者对于社区监测的执行者和分析者在知识上的权威性具有足够的认可。目前，对于数据进行量化分析的软件和方法很多，分析模型也是多种多样。但是，无论采用何种分析方法，关键是要透过现象看本质，找出数据背后的规律。随着大数据挖掘技术的发展和成熟，对于图片和视频的挖掘，也越来越容易。这些都有助于提升社区监测数据分析的效率和质量。除了对社区监测数据进行量化分析之外，还需要来合理解读分析的结果是否符合客观现实。当社区监测项目由本地社区成员而非专业的专家来执行或解读，而决策者并非来自社区内部的时候，社区监测结果的政策转化往往面临着很大的障碍。这是社区监测需要尽量避免的。

三、社区监测的经费

在社区层面建立起社区监测来作为持续提升社区民生状况的基础设施，是一项必须长期、持续开展的活动。这就意味着社区监测需要有长期可持续的经费支持。一般而言，社区监测会产生设备成本，比如计算机、录音笔等设备的购买和维护；人力成本，比如项目设计专家的人力费用，社区参与者的人力费用以及其他人力的相关费用；数据传递、清理、分析等费用。这三项费用是建立和维持社区监测项目成本的主要组成部分。除了这三项费用之外，还可能有其他杂项费用。这些杂项的费用，因不同的社区监测项目而有所不同。社区监测是一项费时且费力的基础性工作，因此，需要有足够的经费作为保障。一旦出现经费不足的情形，那么，要么就是压缩社区监测的范围和内容，降低社区监测的成本，从而勉强维持必要的社区监测，要么就是停止社区监测项目。可见，社区监测项目的经费保障是非常重要的，是长期、持续开展社区监测的前提条件。

社区监测项目的经费来源是多方面的，根据项目类型的不同而有所不同。外部设计、外部执行的社区监测项目，其经费一般都是来自外部研究机构。事实上，由于这类研究项目对于政府决策也很有用，因此，这类外部研究机构的经费除了自身提供一部分之外，还有相当一部分是来自中央政府。外部设计、社区执行的社区监测项目，一般其经费主要来自政府。社区主导、外部设计的社区监测项目，一般其经费主要来自街道或者本地政府。社区主导、社区设计的社区监测项目，一般其经费主要来自本社区居民的筹集或者一些 NGO 组织。可见，不同类型的社区监测项目，其经费来源是多元的。一般而言，让社区、政府和第三方组织三方各自承担了自己愿意接受的成本，这就可以有效确保社区监测项目经费的长期可持续性，进而可以保障监测项目的持续运行。

由于存在着社区外部的经费，因此，在设计和实施社区监测项目时，一般还要同时设计和实施对社区监测项目的监测，用来评估社区监测项目的运行和实施情况，进而评估经费使用的效果。这类社区监测评估项目，在国外很常见，因为国外很多社区监测项目都是由第三方 NGO 机构提供经费的，而这些 NGO 机构需要定期获得关于这些经费的使用情况的评估报告，用于进一步去获得经费。此外，国外政府提供资金来实施社区监测项目，也需要对项目进展和成效进行定期评估，进而确保这些来自纳税人的经费被合理有效的使用，符合公共财政管理的要求。经费的不可持续性，是导致社区监测项目无法长期持续的重要因素。为了确保经费可以持续投入，向经费提供方定期及时地提供社区监测项目的评估报告，是持续获得经费的必不可少的环节。现在，国内对社区监测项目的监测与评估也日益重视了起来，一个很重要的原因就是为了持续获得经费支持。

四、社区指数化监测

社区民生监测需要具有长期性和持续性，是一项系统性的基层民生监测工程。为了确保监测的可持续性和可操作性，一般通过设计相关的社区民生指数的方式来进行社区层面上的指数化监测活动。在社区层面，通过对相关指数的测度和发布，可以比较准确地、及时地反应社区民生的基本现状，为社区精准量化治理提供重要的决策依据。由于指数化监测具系统性、科学性、易操作性和长期可持续性，因此，越来越多地应用在社区监测中，成为社区民生监测的重要方法，是目前社区监测中的主流方法。指数化监测是一种结构性监测，通过对设计科学合理的指标体系进行系统性监测，从而及时发现社区民生方面所存在的问题及其发展趋势，便于采取有针对性的应对措施，实施高效率的社区治理。这种指数化的指标体系，本身就具有比较严谨的内部结构，是一种综合性指标体系，能够测量社区民生上的结构性变化。

对于社区实施指数化监测，一般会包括四个部分：指数设计、数据采集、指数分析和指数应用。指数设计就是根据社区的民生情况以及相关的理论，进行面向社区的指数的建构和设计，形成科学的、切实可行的指数体系。这项工作主要是由相关领域的专家来完成。数据采集其实就是实施监测获取一手监测数据的过程，这部分工作可以由社区之外的专业人员来完成，也可以由社区内部的、受过一定培训的人士来完成。指数分析就是通过分析指数的具体数值以及发展趋势来判断社区民生的现况以及发展趋势，揭示社区层面在民生发展上所出现的矛盾和问题，并有针对性地分析问题根源，为社区治理和政府决策提供重要的参考依据，便于社区进行有效的精准治理，从而有效改善社区民生状况。在指数的具体应用上，有了社区民生相关的监测指数，社区量化治理工作便看得见、摸得着。这种社区监测指数不仅真实、形象地反映出社区民生工作情况，也及时、客观地分析出社区可能存在的隐患及突出问题。一旦发出预警，社区就可以实施精准治理，有利于问题的快速化解。

本研究从社区民生发展的角度出发，设计和建构社区民生发展指数，作为社区精准治理的重要基础。在新发展理念的主导下，社区民生发展指数的意义主要是为社区精准治理决策提供一种新的思路，为建构和谐社区、持续改善社区民生状况提供富于建设性的实践方案。通过社区民生发展指数的具体情况，可以清晰地看到不同社区的基层民生发展状况。在此基础上，有针对性地实施社区治理，可以有效防止社区发展偏离百姓福祉情形的发生，根据社区居民生活质量的状况和变化趋势，实施有效的治理举措，持续改善社区民生状况，把社区建设成为安居乐业的宜居和谐社区，进而推动社会的全面进步和良性运转。可见，一旦所有社区都建立了社区监测体系，就可以定期公布社区民生发展指数，及时而精准地掌握社区民生的基本情况，就可以绘制出全部社区在基层民生发展上的全景图，就可以在全局范围上进行社会资源的优化配置，有助于实现社会资源在民生发展上的最优效益。

第三章　社区民生发展指数

民生发展问题，是社区的重要大事。作为社会的基层组织，社区在基层民生发展上，发挥着重要的作用。要建构社区民生发展指数，就需要系统性了解和掌握社区相关的指数的建构与应用情况。在此基础上，予以完善与发展，形成新的研究思路，选择科学合理的方法建构社区民生发展指数。除了参考和借鉴已有的社区相关指数的方法之外，还需要根据社区民生发展的具体情况，进行创新，采用有针对性和创新性的方法来建构社区民生发展指数。这是一项很有挑战性的研究工作，但是，也很有意义和价值。从理论价值上来看，社区民生发展指数的建构是项跨学科的研究，需要从环境、社区、经济、人文等多个层面进行系统性研究，形成一套整合性理论，有助于产生新的理论。从实践价值上来看，社区民生发展指数的建构可以客观及时获得基层民生发展情况的数据和信息，作为社区治理的重要支撑，有助于提高社区治理的效率和质量。

第一节　社区指数总览

任何一项研究，都不是凭空而生的，一般都是在前人的基础上继续前行的结果。要建构科学合理的社区民生发展指数，就需要对于前人在社区指数建构上的研究情况进行了解和系统性梳理，吸收其中的合理之处，对于其局限性加以完善与发展，才能更好地完成社区指数的建构，才能在继承的基础上有所发展与创新。因此，在着手开始建构社区民生发展指数之前，有必要系统性地梳理国内外相关的研究。由于国情不同，中国社区指数与国外的社区指数在建构理念、建构目的以及具体内涵等方面，存在着较大的不同。相对而言，在社区指数建构的具体方法上，倒是大同小异，因为相关的方法都是彼此借鉴的。

一、美国社区指数情况

社区指数的建构及其发展与变化，在一定程度上，体现了一个国家的社区治理理念的变化。一个国家在经济与社会发展的不同阶段，社区治理的理念和重点有所不同，因此，会从不同的角度来设计和建构社区指数，强调不同的发展重点。这种变化其实体现的是一个国家在不同发展阶段的社会治理重点的不同，因为社区是社会的基层组织，社区治理就是社会治理的重要组成部分。从一定意义上来说，社区治理是整个社会治理的一个缩影和体现，社区指数的建构，同样体现了整个社会治理在不同时期和不同阶段的需要。因此，在分析社区指数的内涵及其演变的过程中，就需要采取发展的眼光，动态辩证地来研究社区指数的具体内容以及不同时期的侧重点，才能更为完整地掌握社区指数发展的态势，便于分析社区治理的发展轨迹。美国在社区指数发展上，具有典型性，因此，以美国为例，介绍社区指数发展的不同阶段及其重点。

美国是世界上最早进行社会调查的国家之一，其政府机构、调查公司、社会团体、研究人员所构建的个人、社区、城市等各个层次的指标体系和相关指数，无论从质量和数量上看，都位居世界前列。社会与社区指标是反映社会、经济或环境系统随着时间推移的状态的评估手段（米兰·德鲁西和尼古拉斯·斯沃兹，2012）。在美国，推动社区治理的经费，除了公共财政经费之外，还有不少是来自基金等社会组织。为了评估社区项目的具体成果，需要定期及时对社区情况进行评估和监测，从而为是否进一步提供经费支持提供决策依据。因此，在社区指数建构上，存在着很大的社会需求，相关的指标与指数就比较多。随着美国社会与经济的发展和政府治理理念的现代化，从 20 世纪 60 世纪以来，美国的社会指标以及社区指数在内容和构建主体上也发生了历史性转变。

19 世纪早期，美国从社区层面建立相关的指标体系收集数据并作为政策制定的依据，当时主要的重点在于社会和健康问题上。在这个阶段，私人基金会等社会组织对于推动社区调查和指数建构起到了重要的作用。1907 年，美国拉塞尔·塞奇基金会（Russell Sage Foundation）基金会成立。这是美国 20 世纪最早的私人基金会，其宗旨就是为解决贫困、老年问题、改善医院和监狱条件，因此，需要客观掌握当时美国在这些问题上的具体情况。1914 年，该基金会基于工业发展条件调查而构建的社会与社区指标体系，在美国产生了巨大的影响力，掀起了全美范围内通过构建社会指标方法来收集信息从而作为社会变革和政策制定依据的浪潮，在教育、公众健康、犯罪率、大众生活状况等方面的相关调查和指数不断涌现（Singh，2010）。1920年，美国成立了国家经济调查局，致力于收集经济发展的时间序列数据。1933年，由芝加哥大学发布的社会发展报告涵盖了人口、教育、健康等方面的指标。随着经济危机和二战的爆发，美国政府逐渐重视构建反映社会经济发展状况的宏观指标的重要性。

在社区指数建设上，需要提到美国密歇根大学的社会研究所（Institute for Social Research）。该研究所成立于1949年，其中的调查研究中心是专业的学术性调查机构，承接了不少美国社会调查项目，包括了社区调查和监测项目。在社会调查项目中，一般都有社区调查模块，设计相应的社区调查问卷，系统性搜集社区治理与建设的数据，成为政府决策重要的依据。2006年，北京大学成立中国社会科学调查中心（Institute of Social Science Survey，简称ISSS），就专门派人前往美国密歇根大学学习社会研究所的经验，在参考社会研究所的基础上，根据我国的特点，建设和完善了中国社会科学调查中心的组织架构和运作模式。2010年，中国社会科学调查中心正式实施中国家庭追逐调查（Chinese Family Panel Studies，简称CFPS），其中就有针对社区的调查问卷。这些关于社区的调查，为掌握当前社区情况，提供了重要的一手数据。

20世纪60年代，公众对于贫困、失业、住房等社会问题的关注激发了人们通过收集量化数据来帮助理解和解决社会问题的兴趣，研究人员构建了一系列社会层面的指标体系，城市社会指标体系运动进入全盛时期。1968年，美国收支动态长期追踪调查（Panel Study of Income Dynamics，PSID）的启动，标志着大型社会追踪调查已经成为社会治理的重要工具。此后，PSID项目的影响力越来越大，成为世界各国类似项目的模板。有了调查数据，基于调查数据的指标就可以开发出来，就可以建立指标体现，社会指标化治理就成为可能。在这种背景下，就出现了社会指标运动。在社区治理上，1978年，经济合作和发展组织（OECD）发布的城市环境指标体系成为测量住房和环境状况的重要参考内容。社会指标运动旨在引导人们关注经济以外的事物上，当时研究人员强调的指标包括了健康与疾病、收入与贫穷、生态环境、公共秩序和安全、社区参与等。然而，由于20世纪70年代财政预算缩减，社会指标运动发展艰难，相关的研究数量、规模以及出版物的数量缩减。尽管当时社会指标运动逐渐式微，但美国仍然青睐于通过指标作为了解社会发展状况的工具并据此提高社区居民生活质量。

20 世纪 70 年代到 80 年代，美国经济发展所带来的环境问题引发了社会各界的广泛关注，“唯 GDP 论”遭到批判。其实，早在 1968 年，就出现了罗马俱乐部（Club of Rome）这样一个民间组织，提醒世人注意经济发展对于环境的负面影响。1972 年，该组织发表了《增长的极限》的报告，引起了世界的关注。后来，美国也开始跟进。1981 年，美国环境保护署发布了监管州环境质量的指标体系。国际政策组织开始发行记录环境动态变化情况的出版物。此外，联合国以及经合组织等都在这一时期关注环境保护问题并致力于构建反映社会环境质量的指标体系。随着社会的发展和经济结构的优化，可持续发展成为社会关注议题，到了 80、90 年代，一系列旨在构建可持续发展指数的方案被提了出来。1996 年，美国发展改革委倡议联邦政府和社会组织合作，构建社会可持续发展指数并定期向公众发布。1998 年，美国可持续发展指数跨部门工作小组（SDI group）发表了第一篇描述可持续发展指数构建框架和具体指标内容的报告。

20 世纪 90 年代以后，随着国家治理重心的下移，地理信息技术的进步和政府购买服务潮流的兴起，针对特定项目的评价指标体系逐渐发展起来，美国的指标体系类型向基准管理和绩效评估转型。由于政府的众多项目在社区层面展开，因此这一时期的指标体系也旨在反映社区的发展状况，并根据评估结果有针对性地提出社区的分阶段发展目标，指导社区治理的发展。例如，20 世纪 80 年代早期的美国佛罗里达州杰克逊维尔市发起的生活质量项目是最早的、最成功的由社区发起的指标项目之一。社区委员会、商会以及志愿者们设计了 74 项指标来监测教育、经济、公共安全、自然环境等 9 个方面的发展趋势，并根据数据结果采取改善社区情况的特定措施，以此形成了在社区层面的长期指标监测项目。对于美国社区指标项目的类型及其发展阶段，米兰・德鲁西等人已经总结成表，具体见表 3–1（米兰・德鲁西和尼古拉斯・斯沃兹，2012）。其实，这种发展阶段，具有普遍性。各国在发展本国的社区指数时，一般都会经历类似的发展阶段。

根据表 3–1 所示的不同阶段，社区指数在发展过程中，一开始一般都是注重经济指标，强调经济发展的重要性，突出经济增长对民生发展的作用。但是，经济系统是社会系统的一部分。在经济发展过程中，往往会产生各种社会问题，因此，需要整个社会协调平衡发展，所以，社会指标的重要性逐渐提升。这个阶段，往往是经济指标和社会指标都被重视，强调的是社会的平衡稳定发展。当经济社会发展到一定程度，健康问题就成为社会普遍关心的议题，于是，关于健康的指标就成为社区民生指标的重要组成部分。这些经济、社会、健康等方面的因素，都是会对社区居民的生活质量产生直接或者间接的影响，因此，生活质量的概念就成为社区指数设计和建构的一个重要思路。若这些社区指数无法与社区治理有机结合在一起，那么，就很难真正对社区发展产生实质性的影响。于是，基于社区民生发展的社区绩效评估指数也纷纷出现，使得社区指数真正成为社区治理的重要决策依据。

表 3–1：美国 20 世纪 60 年代至今的社区指标项目类型

项目类型	历史时期	突出特点
经济指标	20 世纪	集中关注于 GDP，GNP，物质生活等经济福利的客观指标（自上而下的方法）
社会指标	1960—1970 年盛行，1980 年开始衰退，目前在欧洲和世界仍然流行。	以国家 / 社会的状况和社会福利为主要内容的客观指标，指标关注诸如健康和疾病，贫穷，环境，公共秩序和安全，社会流动率和参与度等规范性的领域
健康社区和健康城市	20 世纪 80 至 90 年代	社会指标运动衰退后，伴随着医疗保健分配不均的加剧，采取综合的基于社区的方法来创造和衡量健康社区
生活质量	20 世纪 80 至 90 年代	集中关注社区、区域、国家的繁荣程度。包括客观和主观的指标。个人的福利包括生活中的很多方面（自下而上的方法）
基准管理和绩效评估	20 世纪 90 年代	指标与社会、经济政策直接联系起来考虑。指标被纳入于政策广泛相关的公共统计系统中。以关注输出与结果变量为特征，这些变量可以随公共政策和项目的改变而改变。

二、国内社区指数的研究情况

基于社区的指数建构和研究，往往与政府推动的社区政策结合在一起，理论能够与实践相结合，研究可以为具体政策服务。在具体研究上，有的是从社区管理的实务出发，强调社区指数的工具性作用。这类研究一般是直接服务于相关部门实施社区治理，一般是针对特定的社区或者地区，具有明显的指向性，建构的具体指数是当地社区治理的重要工具之一。有的则从学术研究的角度入手，探讨社区指数的相关纬度和内涵。这类研究更强调学术性，一般是基于特定的研究课题，一般并不针对特定的社区，而是更具有普遍意义。这两类研究，各具特色，可以互补。从我国社区发展的情况来看，近些年有两个比较典型的社区指数，分别是和谐社区指数和社区服务公众满意度指数。这两个社区指数，比较成熟，在社区治理的具体实践中，应用得也相对比较广泛。

（一）和谐社区指标体系

2004年，开始构建社会主义和谐社会。社区作为和谐社会建设的重要基础，和谐社区的建设也就成为当时一个重要课题。在政府的推动和支持下，包括街道在内的基层单位开始进行各种尝试和试点，从基层推动和谐社区指数的建设工作。这项工作首先还是在北京开始的。2004年底，北京市广外街道提出的指标体系包括群众服务、社区治安、社区文化、居民自治、社区党政领导及建设，5个一级指标。这种街道层面的探索和试点，总结出宝贵的经验，获得了北京市政府的重视和肯定。2006年6月，在此基础上，北京市提出的指标体系涵盖文明向上、生活便利、生活健康、环境整洁、民主自治、特色创新以及评估机制，共8个一级指标，28个二级指标，48个三级指标。如此一来，来自街道的实践就上升为市一级的政策。在进行了将近五年的探索和实践，2011年4月，北京市提出的新的和谐社区指标体系，包括了文明祥和、安全稳定、服务完善、环境整洁、管理规范、健康幸福、特色标准共9个一级指标，从而使得和谐社区指数更加完善和贴近实际情况。

在北京积极探索和谐社区指数建设的过程中，其他地方也开始跟进。2005年6月，南京市玄武区提出的指标体系涵盖民主法治、诚信友爱、公平正义、安定有序、人与自然和谐相处6个一级指标，30个二级指标，96个三级指标。2006年9月，青岛市提出的指标体系包括党政推动、党建有力、居民自治、管理有序、服务完善、治安良好、环境优美、文明祥和8个一级指标。2006年11月，成都市提出的指标体系包括社区环境、社区文化、社区治安、社区自治、社区组织、社区服务、社区道德等9个一级指标。2006年12月，广东省提出的指标体系包括社区自治、社区管理、社区服务、社区治安、社区环境、社区风尚，6个一级指标。2013年，杭州市下城区提出的指标体系包括社会基础保障、社区公共服务、群众评议、附加分四个一级指标。从这些指标的一级指标中更可以看出，指标大都围绕居民自治、管理有序、服务完善、治安良好、环境优美、文明祥和，六个方面展开，并且随着时间的推进，政府出台的指标体系也渐趋完善并将民众评分加入指标体系中，其中

2011 年北京市提出的指标体系最全面和具有代表性。

此外，在和谐社区建设的基础上，2013 年开始，天津实施美丽社区建设活动，美丽社区建设指标共分 6 个大项目，81 个子项目，总分值 100 分。这套指标体系内容主要包括：每半年至少召开 1 次居民代表大会，每年至少进行 1 次居民民主评议，居民满意率不低于 80%；300–500 户配有 1 名专职社工；社区设有面向居民群众的“一站式”服务窗口或代理代办服务点；社区有为老年人、未成年人、残疾人、优抚对象、计划生育特别扶助对象等群体服务的特色项目等。可见，这套社区指标体现涵盖的范围比较广，包括了社区居民普遍感兴趣的问题，以及社区服务质量评估等。这套社区指标因为接地气，所以具有极强的操作性。天津市各区以美丽社区建设指标为参考对象，根据这些指标去落实和提高社区治理能力和水准，使得社区治理有了显著提升。这就是社区指标化治理的成果，也是社区现代化的特征之一。

在各地纷纷探索和谐社区指数的过程中，中央部委也开始行动起来。2008 年，民政部在考察和研究各地建构的和谐社区指数的基础上，提出的一套综合性的和谐社区指标体系，包含社区组织机构规范性、社区队伍建设情况、社区规章制度健全程度、社区设施完备程度、社区工作成效在内的 5 个一级指标。这套综合性的和谐社区指数，具有很强的指导性，也是各级政府长期探索和研究的结果。其实，关于和谐社区指数的探索，是中央和地方共同努力的结果，既体现了地方的经验与实践，又体现了中央的高度，是两方面综合与交互的结果。这些年中，各级政府在不同时间上的探索历程，汇总在表 3–2。

表 3–2：各级政府关于和谐社区指数的探索

机构	时间	指标体系
北京市广外街道	2004 年底	群众服务、社区治安、社区文化、居民自治、社区党政领导及建设，5 个一级指标
南京市玄武区	2005 年 6 月	民主法治、诚信友爱、公平正义、安定有序、人与自然和谐相处 6 个一级指标，30 个二级指标，96 个三级指标
北京市	2006 年 6 月	文明向上、生活便利、生活健康、环境整洁、民主自治、特色创新以及评估机制，共 8 个一级指标，28 个二级指标，48 个三级指标
青岛市	2006 年 9 月	党政推动、党建有力、居民自治、管理有序、服务完善、治安良好、环境优美、文明祥和 8 个一级指标

续表

机构	时间	指标体系
成都市	2006年11月	社区环境、社区文化、社区治安、社区自治、社区组织、社区服务、社区道德等9个一级指标，总分为1000分
广东省	2006年12月	社区自治、社区管理、社区服务、社区治安、社区环境、社区风尚，6个一级指标
民政部	2008年	社区组织机构规范性、社区队伍建设情况、社区规章制度健全程度、社区设施完备程度、社区工作成效，5个一级指标
北京市	2011年4月	文明祥和、安全稳定、服务完善、环境整洁、管理规范、健康幸福、特色标准共9个一级指标，35个二级指标，48个三级指标
杭州市下城区	2013年5月	社会基础保障、社区公共服务、群众评议、附加分四个一级指标
天津市	2013年	社区自治规范化、管理手段科学化、办事服务便捷化、人文环境宜居化、生活方式文明化、群众参与广泛化

在各级政府积极探索和谐社区指数建设的同时，学界也开始行动起来，尤其是2007年以后，陆续有学者提出了各自的方案。谢颖基于社区建设的基本理念，从社会发展水平、基础设施水平，经济发展水平、环境和社区参与和认同五个方面来构建和谐社区建设的基本理念（谢颖，2007）。杨涛和吴国清提出从社区自治组织和管理、社区参与和认同、服务完善、文明祥和、治安良好和环境优美六个方面来构建和谐社区指标体系，共17个类别，73项测评内容（杨涛和吴国清，2007）。张再云基于和谐社区的概念，从静态构成的角度，认为指标体系可从物质层面的社区经济、环境层面的社区环境与治安、生活层面的社区服务、心理层面的社区归属感、社会层面的社区归属感、制度层面的社区自治和文化层面的社会文化等七个层面来构建（张再云，2008）。赫扬扬和李红勋针对社区党建与保障、社区文化、社区服务、社区民主自治、社区安全与环境及社区创新六个方面，进行研究调查遴选出和谐社区绩效评估的子指标，然后基于AHP（层次分析法）设置各项指标权重，拟定了“和谐社区绩效评估指标体系”（赫扬扬和李红勋，2009）。

从以上学界构建的和谐社区指数的内容来看，基本上是大同小异，主要是围绕社区环境、社区服务、社区管理、社区安全、社区文明、社区参与六个方面展开，还有的学者增加了社区资本、社区文化、社区创新、社区经济等指标。从这些具体指标来看，总体而言，学界关于和谐社区指标体系的内容构建已经相对比较完善，但是这些指标中也存在一些局限性，比如存在重复性、代表性不佳、计算过于复杂、数据不易获取的弊端，因此对社区发展状况进行评估的难度较大。此外，尽管有这些研究，但是，并没有一个研究的指数成为主流，成为被广泛采纳和实施的社区治理工具。这说明，学术研究与社区治理实践之间还是存在一定的距离，这种脱节说明理论与实践结合的不够紧密，还需要进行更接地气的研究。

（二）社区服务公众满意度指数

社区是社会的基层组织，直接面向社会大众，因此，社区服务就显得尤为重要。一般对于社区服务的定义与测量，大都采用服务差距理论（Brown and Swartz，1989）。服务差距理论，就是从期望的服务与实际感知到的服务之间的差距，来测量服务质量。社区服务公众满意度是公众对社区服务使用后的总体感知与使用前的期望值进行比较后产生的“差距”，即公众对社区服务的总体感受与主观评价。随着居民对社区服务质量要求的提高和社区治理的多元化和社区活动的丰富化、多样化的深入发展，社区服务公众满意度指数的建构和测量，就越来越成为社区治理的一种重要工具，有助于社区及时了解和掌握居民对于社区服务以及相关方面的评价，便于精准掌握社区服务的品质。

关于社区服务公众满意度指数的研究始于20世纪90年代，主要的研究大多都是在地方上的社区进行的，以服务于地方上的社区治理。1992年孙金富等人以上海市的社区为研究对象，提出了系统的社区服务评价指标体系，包括对社区老年人服务、残疾人服务、优抚服务、便民利民服务、文化教育服务、公共卫生服务、治安和民事调解服务、劳动就业服务的评估指标设计（孙金富；冯贵山，1992）。耿金花等人则以青岛社区满意度调查的信息为样本，将居委会工作、建筑质量、物业管理、便民服务、配套设施等作为因子，对各项指标进行因子分析，发现潜在外生变量对社区管理和建设对于社区居民满意度的影响最大（耿金花和高齐圣，2007）。邹凯等人将公众期望、感知质量、感知价值、公众满意、社区形象、公众信任作为变量来测量社区服务公众满意度（邹凯等，2008）。陈渊博和冯娴慧则在广东选取社区空间、社区环境、社区服务、社区安全、文化生活、社区管理五个一级指标设计问卷，调查居民对广东省宜居社区的评价（陈渊博和冯娴慧，2018）。这些研究的结果，汇总在表3-3。

表 3–3：学术界关于社区服务公众满意度指数的探索

作者	时间	指标体系
孙金富	1992 年	老年人服务、残疾人服务、优抚服务、便民利民服务、文化教育服务、公共卫生服务、治安和民事调解服务、劳动就业服务
耿金花	2007 年	居委会工作、建筑质量、物业管理、便民服务、配套设施等
邹凯	2008 年	公众期望、感知质量、感知价值、公众满意、社区形象、公众信任作为变量来测量社区服务公众满意度
陈渊博和冯娴慧	2018 年	社区空间、社区环境、社区服务、社区安全、文化生活、社区管理

20 世纪 90 年代至今，关于社区服务公众满意度测评的指标体系已经渐趋成熟并在北京、上海、广东、青岛等城市付诸实践，但是这些指标体系的指标选取和权重存在差异，缺乏统一性，导致各个指标体系得出的数据无法进行横向比较。也就是说，为了让社区评价指标体系能够助力社区发展，应该构建一套可操作性更强、评价标准更加统一、统计所得数据更加简明有效的社区指标体系。通过建构这样简明、易懂的社区指数，那么，应用于社区治理实务中，可操作性就会更强，也有助于横向和纵向的比较，便于及时发现问题，从而加以完善和改进。

三、国外社区指数的研究情况

社区指数的建构与研究，是随着社会治理的层次越来越细而出现的。社会治理可以从国家层面、地区层面、城市层面等不同的层面来进行。不同层面的社会治理，发挥着功能不尽相同，所采取的方法也是有所差别。当社会治理日趋精准化时，就需要从更细的层面进行，那么，社区层面上的社会治理就成为大势所趋了。社区是社会的基层组织，直接面对居民和社会大众。在社区层面进行各项治理，有助于让社区居民有更为直接的获得感。在社会治理的相关指数发展上，基本上遵循从宏观到微观的发展路径，比如从人类发展的层次就有人类发展指数以及社会进步指数，此外还有从国家的层次、地方的层次、城市的层次等等。城市治理指数的发展，为社区治理提供了重要的基础和依据。当社会治理从城市延伸到社区时，城市治理的相关指数也随之延伸到社区。因此，城市治理指数可谓是社区治理指数的先驱。城市评价体系是以城市作为单位构建的指标体系，对于构建社区层次上的指标体系具有借鉴意义（Guo and Cheng，2012）。

（一）人类发展指数

从1990年开始，联合国开发计划署开始发布《人类发展报告》，并在其中给出人类发展指数（Human Development Index）。1990年版本的人类发展指数（HDI）包含三个变量，即期望寿命、识字率和人均GDP。在计算指数时，UNDP将变量的绝对值进行了标准化。对于这套指数，也存在一定的争议，因此，各种修正版本的指数也纷纷出现（Noorbakhsh，1998）。这种争论，推动了这套指数的完善进程。比如为了缩小人均GDP所反映的国别差距，1990年版本的HDI指数先将人均GDP取对数，之后再进行标准化。虽然指数的计算方法经过多次修改，但2009年之后的计算方法逐渐稳定。2009年之后，HDI指数由三个组成部分，即期望寿命、综合教育指数（包含平均受教育年限和期望受教育年限）以及人均收入。标准化最小值的选取基本按照生活所需最低标准设置，最大值为观测期范围内的最大值。另外，指数的平均采取了几何平均的办法。这些技术上的做法，成为后来很多指数普遍采用的方法。

（二）社会进步指数

社会进步指数（Index of Social Progress）由理查德·伊斯特斯（Richard Estes）等人于1976年首次提出（Estes and Morgan，1976）。之后，Estes对该指数（ISP）进行了多次修正，并给出了加入权重的版本（WISP）。该指数系统包含教育、健康状况、妇女权益、国防、经济、人口、环境、社会稳定、文化及福利在内的十个子指标，共包括41个变量（Estes，2014b）。1984年以来，很多国家和地区应用这套指数来进行测量社会进步，成为社会治理的一个重要依据。由于该指数具有指标涵盖丰富、涉及时间跨度大等优点，因此，该指数已经成为衡量一个国家满足其居民的社会需求能力的重要工具。该指数分布多在0—100之间（但也有特例），所以，一般看指数得分高低就可以基本掌握当地社会进步的程度，比如80分以上，一般可以认为当地社会比较进步，而得分不足60分的，说明当地社会相对比较落后了，需要当地政府采取适当的政策和措施，来大幅度提升当地社会的进步程度。

（三）可持续生计安全指数

可持续生计安全指数（Sustainable livelihood security index）是在1991年被

提出来的，主要是用于测量地区居民生计的可持续性（Swaminathan，1991b）。后来，不少发展中国家和地区采用这套指标来监测当地居民的生计情况，应用较为广泛，适用性也比较强。例如在印度的古吉拉特邦地区，就曾用生态、经济及社会 3 个方面共 11 个变量构建了当地的可持续生计安全指数（Singh and Hiremath，2010）。基于这种指数的监测体系的建成，为当地居民民生发展和改善提供了重要的参考依据，因此，受到了当地政府的支持和大力推广，并且成果较为显著。

（四）健康城市评价体系

世界卫生组织的健康城市评价体系（WHO Healthy City Index System）是由世界卫生组织的“健康城市组织”研究组成员提出的，于 1987 年 3 月在巴塞罗那提出这一指标体系。该体系由 7 大类、26 个单项指标组成，是较有代表性的指标体系（Pl ü mer et al.，2010）。由于是世界卫生组织推动的，因此，这个城市评价指数体系的核心是健康，而健康是城市居民民生议题中的重要组成。当社区治理兴起之后，社区居民的健康问题，就是社区治理的重要内容。因此，健康城市评价体系中的相关指标，往往被社区治理和评估机构所直接引用或者参加，成为健康社区建设的重要指标，也是社区民生指数的重要内容。

（五）美国全国社区指标项目

美国城市研究院启动的全国社区指标项目（The National Neighborhood Indicators Project，简称 NNIP）旨在发展针对城市社区不断变化的社会、环境和经济条件的测量指标。该项目的核心原则：一是指标体系的建立必须有居民和专家的参与，因此，强调的是多元参与和开放，鼓励社区居民和相关专家的互动与交流，从而确保相关指数能够适合当地社区的实际情况，提高指数的应用价值；二是相关指数要能够影响公共政策的制定，即指数具有政策效力，能够对政府和相关决策部门产生影响力。NNIP 项目的总任务是帮助当地机构开发一套全面且技术上完备的社区指标体系，从而让居民和政府官员更加准确细致地把握社区发展状况，采取有针对性地改善社区发展状况的行动。可见，NNIP 指数具有明确的政策导向，强调理论与实际的结合。全球有很多城市实施 NNIP 项目，成为 NNIP 的合作方（Howell et al.，2003）。

NNIP 项目以社区项目为单位来制定指标体系，但是由于不同的城市社区的具体情况不尽相同，因此，具体社区项目的主题也会有所不同，测量指标内容侧重点也因此而不同。一般而言，NNIP 项目涵盖经济机会，机构与服务，家庭、儿童和青少年发展，安全保障，社区居民参与五个一级指标，每个一级指标下有若干个二级和三级指标，并注明了可使用的数据资源，不同主题的社区评价项目可参考该指标体系，选择与主题相适应的测量指标。随着统计技术和地理信息系统以及互联网等通信技术的迅猛发展，NNIP 项目利用互联网、GIS 等技术从以往人口普查、税务部门、公安部门、学校、卫生机构等调查和部门机构的数据库中获取数据，从而大大缩减了进行统计调查的成本。这种发展趋势，体现了社区治理相关指数与大数据技术的日趋融合特征。表 3–4 以指标体系中“机构和服务”部分为例，说明指标体系构建的基本概念和逻辑。

表 3–4：NNIP 指标体系中机构和服务的部分指标

机构和服务		
二级指标	三级指标	数据来源
服务质量	可及性：医疗救助、儿童照顾、工作培训、娱乐设施、交通工具、法律 / 家庭支持、教育、警察、火、城市服务、图书馆 / 博物馆、其他	居民调查、机构调查
	对以上服务的评价	居民调查
	对基础设施的评价	居民调查、观察
居民对服务机构的影响	居民参与度	居民调查、机构调查
	满足居民需求的意识	居民调查
居民对服务机构的支持	志愿服务参与度	居民调查、机构调查
	居民大会和社区事件参与度	居民调查、机构调查

（六）社区儿童福利测量指标

儿童的福利与发展情况，是社区民生的重要内容。于是，就有必要从社区的角度来评估儿童福利情况。社区儿童福利测量指标（Indicators of Child Well-being Through Neighborhood）就在 2007 年被提出之后，在社区层面对儿童福利状况进行调查并形成监测指标体系就成为现实（Coulton and Korbin, 2007）。根据表 3–5 所示，这套社区儿童福利测量指示体现，主要包括了儿童基本信息、儿童资源、家庭资源、社区条件四个一级指标以及若干个二级指标，从对孕妇的照顾、早教到成长环境质量都做了详细的测量，能够较为全面地反映社区儿童的福利状况。

表 3–5：社区儿童福利测量指标

一级指标	二级指标	测量内容
基本信息	出生体重	出生体重是否低于 2500g
	儿童虐待	儿童是否长期被忽视 / 虐待 / 儿童人数
	学业成就	儿童是否通过阅读考试 / 通过考试人数
	青少年犯罪	青少年犯罪案件数量 / 人数
儿童资源	儿童照顾	年龄小于 1 岁的婴儿加入医疗救助计划的比例
	早期儿童教育	3–5 岁儿童的早教学校入学率
	儿童产前照顾	孕期女性的前三个月的照顾情况
家庭资源	女性受教育水平	高中以下教育程度母亲子女数 / 生育子女总数
	税收抵免	税收抵免的人数 / 低收入人员数量
	家庭食品券	食品券 / 家户人口数
	看护	儿童看护 / 儿童总数
社区条件	住房条件	贫苦家庭户数 / 家庭总数
	社区暴力	暴力事件 / 每 100000 人口
	绿化率	绿化面积 / 总面积
	便利店密度	售货员数量 / 每平方公里
	心理健康服务	去心理健康中心所需时间

（七）物质生活质量指数

进入 20 世纪 70 年代，美国社会贫富差距越来越明显，当时不少人的获得感偏低。于是，就需要在经济指标之外有能够测量人民生活的指标，物质生活质量指数（Physical Quality of Life Index，简称 PQLI）就是在这样的背景下产生的，由识字率、婴儿死亡率和预期寿命三个指标简单平均构成（Morris，1978）。PQLI 指数和 HDI 指数（Human Development Index）是如今衡量发展状况的比较受欢迎的指数，但由于 PQLI 指数没有对经济指标的衡量（如人均 GDP），HDI 指数的运用范围更加广泛。在计算过程中，PQLI 指数的每个指标取值范围在 1 到 100 之间（Estes，2014a）。具体计算方法如下：（1）

识字率指标为识字率的百分数；（2）婴儿死亡率指标为（(166– 婴儿死亡率）× 0.625）；（3）预期寿命指标为（(预期寿命 –42）× 2.7）。可见，这套指数的构成相对比较简单，因此，操作性比较强。

PQLI 指数在进行国际比较时，需要进行标准化处理。具体而言，对于识字率和期望寿命指数，标准化公式为：

$$X_i = \frac{x_i - x_0}{x_m - x_0} \times 100$$

其中，X_i是一国标准化后的指数，x_i是识字率或期望寿命的绝对值，x_0和x_m分别是这两个变量的最小值和最大值。对于婴儿死亡率指数，则将其做类似计算后进行对称变换。三个指数加权的系数则由标准化后的协方差确定（Mukherjee et al.，1979）。这种标准化处理的技术，使得该指数更具有国际可比性，因此，在国际范围内的应用比较广泛。

第二节　基本研究思路

指数的一个重要功能就是用来客观地测量某一事物的现状，因此，是衡量事物发展情况的一个重要工具。但是，对于社会实践而言，仅仅测量事物发展的现状还不够，更为重要的是要能够说明未来发展的趋势，并且为推动发展提供助力。过去关于社区治理指数的相关研究，建构了多种指数，从多个角度来测量社区建设和治理情况，具有一定的启发性和学术价值。但是，为了测量而测量并不是指数建构的终极目的。社区指数建构是为了更好地推动社区的发展，也就是说，测量是为了发展目的，是为了社区发展而进行社区监测，不是单纯为了社区测量而测量。因此，在社区指标体系建构过程中，就需要考虑到社区的发展问题。社区是基层民生保障的重要载体，因此，社区的发展其实就需要体现在社区民生改善之上。社区治理的重要目标就是改善和提升社区基层民生状况，让社区居民生活得更好，让社区居民的满意度和幸福感更强。因此，在社区指数建构上，就需要以提升社区民生状况为重要内容，客观准确地反映社区民生的现状及其可供改善的地方，作为社区治理的重要参考。

一、社区民生发展理念

提升和改善民生状况，需要把宏观的层面和微观的层面两方面结合。在宏观层面，国家政府从大政方针上制定各项惠民政策，各级政府落实这些惠民政策，从而普遍改善民生状况。从微观层面而言，则是需要企事业单位等微观主体根据国家相关政策，利用自身特点实施各种改善民生的措施。社区作为贴近微观主体的基层组织，直接面对群众，因此，可以利用基层组织的作用，发挥社区治理的功能，做好微观单位与宏观政策之间的桥梁作用，为改善和提升基层民生情况作贡献。在这个过程中，社区需要整合企事业单位等微观主体的资源和力量，妥善连接社区内部居民家庭的具体需要，进行无缝对接，实现供需匹配。当然，这些具体的举措，对于不同的社区，需要因地制宜。对于普遍的社区而言，需要有一个社区治理和社区民生改善的总体发展理念。这种具有总体指导意义的理念，就是社区民生发展理念。

社区在发展民生上的实践，需要有一定的理念来做指引。社区民生发展理念其实就是社区治理过程中所确定和秉持的价值观、信念和行为准则。在社区治理过程中，需要坚持为民为核心价值的社区民生发展理念，才能有效协调社区内外的资源和力量，用于提升和改善基层民生状况的活动中，才能让社区居民真正获得货真价实的获得感。反之，若社区治理偏离了社区民生发展理念的话，就会产生各种各样的矛盾，社会资源很容易被浪费，社区居民所关心的问题也无法获得有效解决。当然，这里所说的社区民生发展理念必须是科学的、符合客观现实的理念，而不是片面的、脱离实际的理念。社区治理有了正确的、科学的民生发展理念，就有了实施各项治理活动的指导思想，治理起来就不会出现盲目性、随意性和低效率的情形。

社区民生发展理念，强调的是民生发展，这也是社区治理的核心所在。社区民生发展理念的形成，一般可以从几个方面入手。其一是国家对社区治理以及社会民生发展的相关政策，这是社区形成其民生发展理念的重要来源。其二是社区所处的具体环境、所面临的问题以及未来的治理方向。其三是社区治理过程进行总结。从社区以往治理的过程中提炼总结出引导社区治理活动成功的原理、原则。这些原理、原则是经过社区建设实践证明对于改善和提升基层民生切实有效的成功法则，是社区的宝贵财富。其四是从现有的社区文化中进行提炼。从现有社区文化中提炼出有用的信念、价值观、行为规范等，将其整合到社区治理理念中，使新的理念具有深厚的现实基础。这些方法都是社区民生发展理念形成的途径和方法，不同的社区在具体理念形成过程中，各有侧重。

对于社区治理而言，社区民生发展理念如同其“魂”，是社区治理的指导思想。当然，这种理念不是死板的、教条式的，而是具有一定的灵活性，能够指导社区根据具体问题进行有针对性应对和处理，从而可以有效解决问题。也就是说，社区民生发展理念对于社区治理实践而言，具有一定的间接性，并不直接作用于具体的社会实践，而是通过社区管理机构及其相关人员的治理活动而对社区问题的解决产生影响。如果在社区治理的过程中，相关治理人员不能很好领会社区民生发展理念，那么，也很难真正把这种理念贯彻到具体的治理实践中，这种理念就很难对改善社区民生状况产生实质性的作用。所以，要使社区民生发展理念产生实质性所用，就需要参与社区治理的相关人员都能够充分领会理念的具体精神和实质，并自觉地用于指导具体的治理实践活动，从而提高社区治理的效率。

二、“五大发展理念”和社区治理

修身、齐家、治国、平天下，就是个发展的过程，都是在强调发展，都需要用发展的眼光看问题。当然，不同层次上的发展的模式、路径和动力机制都会有所不同。创新、协调、绿色、开放、共享的“五大发展理念”是国家的战略性的发展理念。在新的形势下，当经济发展进入新常态时，过去传统的发展理念和发展模式已经很难适应当前的经济与社会发展的需要。在这种情况下，就需要与时俱进，采用新的发展理念和发展观，用新的发展途径和模式，确保经济与社会能够平稳而可持续的发展，确保社会民生问题在发展过程中能够得到有效解决和改善。“五大发展理念’就是发展的旗帜，指明了发展的方向与基本路径。在“五大发展理念”指引下，经济与社会的发展不至于因为追求短期目标而牺牲长期利益，不至于因为因循守旧而错失发展的良机。

对于社区建设和治理而言，“五大发展理念”虽然是国家层面的发展理念，但是，对于社区层面的发展，同样具有重大的指导意义。“五大发展理念”的核心目标就是让百姓有幸福感和获得感，就是不断提升社会群众的生活综合水平，让社会群众生活得更好，过得更幸福。社区是社会的基层组织，社区建设就是要不断改善基层民生状况。因此，在社区治理过程中践行“五大发展理念”，不仅是必要，而且是必须（赵函，2016）。“五大发展理念”从国家的层面提出来，就需要贯彻落实到社会系统中的方方面面。作为社会系统的基层组织，就需要自觉地用“五大发展理念”来指导社区治理工作，确保社区治理在创新、协调、绿色、开放、共享上不断开拓进取，进而不断改善基层民生状况，才能出色完成社区建设与发展的目标。

社会发展理念若不能切实贯彻执行，那么，理念就会成为口号，成为一种摆设。为了能够确保“五大发展理念”可以发挥出其应有的作用，社会系统内部的各个部门都需要以这一理念在指导思想，在实际工作过程中予以贯彻执行。把“五大发展理念”贯彻到社区层面，有助于发展理念与基层治理之间形成贯通，使得发展理念直接指导基层问题的处理和应对，为社区的发展提供强有力的指引和保障（刁海洋，2018）。若社区一级的社会基层组织都能够贯彻“五大发展理念”，那么，这一理念就可以通过接地气的方式影响和推动整个社会的发展，就能产生更大的力量。所以，“五大发展理念”进社区，是贯彻这一发展理念的必然结果，是其题中应有之义。对于社区治理而言，贯彻“五大发展理念”是新时代做好社区工作的重要前提。

创新对于社区治理而言，是很重要的。社区治理过程中需要面对各式各样的问题，通过传统方法解决不了的问题，可以采用创新的方法来应对，就可能很好解决问题。社区创新不仅包括解决问题的方法上的创新，还包括思维上的创新。社区治理思维上的创新，有助于解放思想，促进社区治理上的大胆探索和试验，便于发现和找出适宜的问题解决方案（吕宣玲，2017）。社区治理思维上的创新，可以带动行为上的创新，使得社区治理在具体实践中采用创新性方案、途径、媒介、资源等，对社区中一些疑难问题进行综合治理，在节省治理成本的同时，也可以有效提高治理的成效，让社区居民可以直接感受到获得感，提升其对社区的满意度（周昌祥，2014）。此外，社区创新还包括鼓励社区居民进行创新与创业，也就是说，社区创新包括了社区内部家庭的创新以及社区居民的创新。有些创新活动就转化为创业，成为社会创业的一部分。所以，社区创新也是“大众创业、万众创新”的重要组成部分。社区是双创的重要社会基础和创新创业载体。因此，鼓励社区创新对于激发民族的创业精神和创新基因而言，具有重要的意义。

协调是社区治理的重要工作内容。社区处于多元利益相关者的关系交集之中，这些多元利益相关者通过社区去接触家庭以及居民，从而实现各自的目的。这种复杂的局面，往往令社区需要协调好各种关系，尽可能让这些关系转化为对于社区建设和发展有利的关系。尤其是，有时候多元利益相关者彼此之间对于社区的诉求是对立的，这更需要社区进行协调（王义 et al.，2010）。社区内部，家家户户的情况也有所不同，因此，对于社区服务和社区治理就会有不同的需求。由于受到资源的限制，社区不可能同时满足所有社区居民的所有需求，因此，在社区服务供应上，就会有个取舍问题。这就需要及时协调社区居民之间的关系，获得大家对于社区服务提供上的认同和共识。在此基础上，社区根据轻重缓急的原则，提供所需的社区服务，确保社区居民能够在消费这些社区服务的同时，不至于产生各种矛盾和抱怨。可见，无论是社区内部还是社区外部，都需要协调好关系，都需要通过协调来及时化解可能的矛盾和冲突，从而确保社区的稳定与和谐。

绿色社区建设是社区可持续发展的必然趋势。绿色社区既包括环境上的绿色，还包括整个社区运行上的绿色（黄美娟，2016）。社区环境上的绿色，主要是强调在社区空间规划上注重更多的绿化，从而实现人与自然更好地共处，打造绿色宜居社区。在整个社区运行上的绿色，所包含的范畴更为广泛，既包括社区硬件上的绿色配置，还包括社区软件上的绿色环保理念等，打造一个较完善的环境管理体系和公众参与机制的文明社区。对于整个国家来说，若基层社区都是绿色的话，那么，整个国家自然都是绿色的。可见，绿色社区建设是国家发展战略中的重要一部分，对于国家的可持续发展而言，意义重大。

开放社区意味着社区要尽可能突破自我封闭的运营模式，采用与外界交融的开放运营模式。社区一般都有边界的概念。社区的边界可以是有形的，比如社区通过围墙与外部世界隔离开来；社区边界也可以是无形的，比如社区居民身份识别系统等。在这个日益开放的世界中，社区不可能再关起门来发展，而是需要不断从社区之外的世界获得资源、信息等，来推动社区的建设与发展。开放社区意味着要尽可能打破这些有形的或者无形的社区边界，让社区内外部的资源、信息等能够有机整合起来，为社区建设提供重要的资源（刘铎，2009）。但是，这个过程中也需要处理好社区内部与外部之间的关系，需要辩证地来进行开放。社区开放并不意味着社区无条件对外开放，而是根据需要进行有条件的开放。社区开放是以让社区居民更好生活为目的，因此，社区在开放过程中需要有过滤和删选机制，选择有利于社区发展的资源进入社区，而对于可能干扰社区治理的因素，则需要加以禁止。可见，社区开放并非无原则的开放，而是有原则、有目的、有步骤的开放。

共享对于社区治理和发展而言，意味着资源的优化与使用。作为社会基层组织，社区所能够动用的资源是有限的。在这种情况下，利用共享的模式，可以有效提高有限资源的使用效率，让更多社区居民能够分享这些资源（林闽钢 and 尹航，2017）。此外，在共享经济的时代，社区通过参与分享体系来促进社会资源能够顺畅地进入社区，使得社区居民的生活更加便捷，生活成本也可以进一步降低。可见，社区共享其实是社区内部分享以及社区与外部之间的分享，是一种互利共赢的关系。社区通过分享来整合内外部资源，使得社区中的居民能够参与到整个共享经济体系中，利用规模效益而减少自己的生活、出行等成本，进而可以提高生活的满意度。

创新、协调、绿色、开放、共享这“五大发展理念”中的每一个理念，都与社区治理密切相关，都是社区治理中的核心议题。因此，在社区治理过程中，社区管理人员应当自觉地把“五大发展理念”作为工作的指导思想，用于具体的社区治理实践中，不遗余力地改善社区居民的民生状况，进而持续地提高居民的获得感和幸福度。在社区民生发展指数的建构上，也需要能够把这“五大发展理念”体现出来，通过建立起一整套社区指数监测系统的方式，系统性地监测社区在贯彻“五大发展理念”进行社区治理上所取得的进展，以及可供改进的地方。基于“五大发展理念”的社区民生发展指数，就是社区贯彻执行这些理念的重要管理工具。通过把“五大发展理念”指数化，就可以使得理念转化为社区治理的具体实践中的管理工具，那么，理念和社区治理实践就紧密地衔接了起来，理念就会产生力量。这就说明了建构基于“五大发展理念”的社区民生发展指数的重要性，因为这是理念与社区治理实践之间的桥梁，可以通过这个指数把理念真正贯彻到社区治理实践中，成为提升基层民生水准的重要力量。

三、社区发展理念的演变

“五大发展理念”是一种平衡且可持续发展的理念，是经济与社会发展到一定阶段的产物。最初，一般都是以经济发展为首要目标。19 世纪 30 年代中后期，西蒙·库兹涅茨应美国商务部要求，领衔研究国民收入核算问题，发表了重要著作《国民收入及其构成》，为西方现代国民收入核算体系奠定了基础。GDP的出现，允许人们以经济的活跃程度来衡量地区的发展程度。然而，人们发现GDP的增长是与环境污染、犯罪增加等现象相伴随的。于是人们就开始寻求经济与社会的平衡发展，强调可持续性，因此，需要从更加丰富的维度衡量地区的发展水平。

美国宾夕法尼亚大学Estes教授1974年构建了涉及教育、健康、妇女地位、国防、经济、人口、地理、政治参与、文化、福利成就等10个领域共36个指标的社会进步指数（ISP）。1996年联合国人类住区规划署在第二次人居大会上提出城市发展指数（CDI），它包括健康、教育、基础设施、废物处理和城市产值五个维度（郭慧文和严力蛟，2016）。Swaminathan最先提出了可持续生计安全指数（Sustainable livelihood security index）（Swaminathan，1991a），并给出了一系列的实证结果（Saleth and Swaminathan，1993）。Singh等人利用印度古吉拉特邦的数据，从生态、经济及社会三个方面构建了不同地区的可持续生计安全指数（Singh and Hiremath，2010）。这些研究都试图把可持续发展的理念体现在具体的指数上，通过具体的指数来实现发展理念与社会经济发展实践之间的连接，从而推动经济社会步入可持续发展的轨道。

虽然各种发展指数都试图包含GDP所遗漏的信息，但目前为止仍然没有任何一个指数兼备坚实的理论基础、精确可得的数据及广泛的政策影响。但这其中，由联合国开发计划署发布的人类发展指数无疑是有巨大影响的一种（Parris and Kates，2003）。1990年起，联合国开发计划署发布《人类发展报告》系列的第一份报告，并在报告中发布了人类发展指数（Human Development Index）。人类发展指数主要由人类生活的三个基本要素组成：长寿、知识和体面的生活水准（王志平，2007）。长寿指标由出生时的期望寿命表达。从2009年开始，知识指标由平均入学年数和期望入学年数表达（UNDP，2009），体面生活指标则由一国的人均GDP表达。但是，人类发展指标也存在着局限性，比如指标过于单一、不太适合测量地区或者社区层级的发展等等。

国内方面，经历了工业化转型和经济持续高速发展之后，环境问题的严峻性日益凸显，可持续发展成为社会的一种广泛的共识。李祚泳等人给出了社会、经济发展和环境问题与关系，并提出了社会、经济与环境之间协调发展满足的生长曲线指数计算公式（李祚泳等，2000）。向书坚等人从生产、消费和生态健康三个角度构建了全国的绿色经济发展指数（向书坚和郑瑞坤，2013）。丁建军从经济、社会和生态 3 个维度出发，利用 24 项指标构建了中国 11 个集中连片特困区的综合发展指标评价体系（丁建军，2014）。这些研究，都试图把经济、社会、环境整合在一起，从综合平衡发展的角度来测量发展情况，建构了相关的发展指数。但是，这些研究并非针对社区，主要针对的是地区，所以，很难直接应用到社区治理中，对于提升社区基层民生状况的作用是有限的。

中国共产党十八届五中全会通过的《中共中央关于制定国民经济和社会发展第十三个五年规划的建议》提出了“创新、协调、绿色、开放、共享”五大发展理念，这五大发展理念是十八届五中全会的主题，它系统全面地回答了“十三五”及今后一个时期要实现什么样的发展、解决什么样的突出问题（罗成翼 et al.，2015）。从社区治理的实践来看，有必要从创新发展、协调发展、绿色发展、开放发展和共享发展五个方面构建社区民生发展指标体系，通过指数化管理的方法，实现“五大发展理念”指导社区治理的目的。王军等人将创新、协调、绿色、开放和共享作为生产要素引入科布 – 道格拉斯生产函数，并评估了不同因素对经济增长的贡献，结果发现创新发展、协调发展及开放发展都对经济增长有较高的贡献（王军和李萍，2017）。这是通过实证研究获得的结果，表明“五大发展理念”对于经济社会的贡献是显著的。若对于社区治理和社区民生发展而言，也应该存在同样的作用，因为社区是社会系统的基层组织。所以，问题不在于“五大发展理念”是否可以指导社区治理工作，而在于如何有效采用“五大发展理念”来指导社区治理工作，从而提升社区治理的效率。这个问题的答案，其实就在于建立“基于五大发展理念”的社区民生发展指数体系，通过指数化管理，实现发展理念与基层民生改善之间的无缝连接。

四、顶层设计与社区治理

“五大发展理念”是属于顶层设计的范畴，是从宏观上来推动整个国家经济体发展的基本理念和指导性思想，具有战略性。社区治理是属于基层治理的范畴，处理的都是日常老百姓息息相关的事情，主要涉及的是解决社区民生问题的战术，具有战术性。从顶层设计到基层治理之间，往往存在着很大的距离，如何超越这种距离，使得顶层设计能够落实到基层社区治理上，从而实现两者的呼应，这是社区治理与基层民生发展的重要课题。当然，要从辩证的视角来分析顶层设计和基层社区治理之间的关系，两者存在着很大的差异，但是，也存在着相通之处。从“五大发展理念”的提出来看，并非空穴来风，而是来自对于社会实践的总结和提炼，具有牢固的社会基础，尤其是社区基础。两者统一于社会治理的实践，而社区治理是社会治理的基础构成。所以，顶层设计和基层社区治理的关系是同中有异、异中有同的辩证关系。从这个角度来看，属于顶层设计的“五大发展理念”，是可以用来指导基层社区治理的。

“五大发展理念”是破解民生难题的“金钥匙”。发展是解决我国一切民生问题的基础和关键，是持续改善社会民生状况的第一要务。离开经济与社会发展的基础，保障和改善民生就成为无源之水、空中楼阁。要破解民生难题，一定要在发展中去改善民生，采取边发展、边改善的策略。但这种发展不能是粗放式的发展，而是科学的、可持续的发展，是要以创新、协调、绿色、开放、共享的新发展理念统领的发展。在这“五大发展理念”的指导下，有序、有步骤地改善民生状况，持续增进老百姓的福祉，这才是保障民生的良性道路。在社区民生改善上，这把“金钥匙”依然可以发挥重要的作业。在新理念的指导下，社区要从粗放式治理向精准治理转型，从而对社区民生问题实施“点穴式”治理，从根本上解决阻碍社区居民发展的因素，从而持续提升老百姓的生活满意度和获得感。这是从顶层设计到基层社区治理都一以贯之的思路，是全面满足老百姓对美好生活的新需求的重要途径。

新理念源自社会基层，也须回归社会基层。在对社区进行实地调查和深入访谈显示，社区创新是改善社区民生的关键，社区协调是改善社区民生的核心，社区绿色是改善社区民生的方向，社区开放是改善社区民生的手段，社区共享是改善社区民生的归宿。可见，在社区治理的实践中，处处都用到新理念。当然，在应用“五大发展理念”指导社区治理的实践中，并不是僵化的、机械的应用，而是把比较抽象的新理念予以具体化，根据社区的实际情况，赋予社区含义，形成了社区层面上的民生发展理念。可见，从“创新、协调、绿色、开放、共享”到“社区创新、社区协调、社区绿色、社区开放、社区共享”，在字面上仅仅多了“社区”这两个字，但是，内涵却有变化，从抽象的新理念变成了紧扣社区实情、贴近基层社会的民生发展新理念。这个过程，是新理念从抽象到具体的过程，是从顶层设计到基层治理的飞跃过程，让顶层设计接了地气。

可见，社区民生发展新理念，与顶层设计的“五大发展理念”既是一脉相承的关系，又是继承与发展的关系。所谓一脉相承，指的是两者在基本理念上是完全一致的，具有相通的精神内核。所谓继承与发展，就是社区民生发展理念不仅继承了“五大发展理念”的思想和内核，而且还结合社区特征和社情，赋予新理念社区层面上的新内涵，使其更加具体和贴近社区基层，具有更强的可操作性，使得顶层设计范畴中的发展新理念深入到基层老百姓的生活中，深入到广大群众中，扎根于持续改善老百姓民生的社区治理实践中。这既是对“五大发展理念”的继承，更是对新理念的发展，让新理念深入社区，成为指导社区精准治理、持续改善社区民生的重要思想和力量。也就是说，社区创新、社区协调、社区绿色、社区开放和社区共享既是“五大发展理念”在社区民生治理上的体现，也是社区在改善基层民生状况上的长期实践的经验总结。

五、社区民生发展指数的提出

在新发展理念的指导下，在社区层面实施精准治理来有效改善社区民生，就需要建立高质量的社区监测体系。要实施长期、持续性的社区监测，一般采用指数化监测方法，即通过建立社区层面上的指数来及时掌握社区情况。要监测社区民生的相关情况，就需要建立社区民生的相关指数。社区民生发展指数就是在这样的背景下提出来的。之所以在指数名称中加上了“发展”这两个字，是因为要从发展的视角来建构这一指数。社区民生的发展具有动态性，不是静止不变的，而是时刻都在变化，那么，对社区治理上就需要用发展的视角来处理社区民生问题，在发展中来解决出现的问题。所以，对于改善社区民生而言，发展既是目的，也是手段。也就是说，从根本上改善社区民生状况是离不开发展的。促进社区发展是改善社区民生的第一要务，也是社区治理的重要内容。

社区民生发展指数不仅在指数名称上体现出发展的意涵，而且还需要新理念体现在具体指数的构成上。社区民生发展指数是社区监测的对象，根据社区监测的内容，可以及时获得社区民生发展指数的具体数值，进而判断社区民生发展的现状和趋势，为社区精准治理提供决策依据。一旦把新发展理念融进社区民生发展指数中，新理念就不仅仅是指导思想，而是成为具体的、具有可操作性的社区治理工具，可以有效指导社区精准治理，进而持续改善社区民生状况，推动社区的发展，提升社区居民的生活水准和生活满意度。有了这样的指数，就可以把顶层设计和基层社区治理有机地联结起来，就可以实现顶层和基层有机汇合来共同改善老百姓民生状况的目标。所以，社区民生发展指数的建构，具有重大的理论意义和现实价值。

在理论上，关于社区民生发展指数的建构和研究丰富了社区治理理论。过去对社区治理的研究，大多是就社区论社区，并没有把社区治理与顶层设计有机结合起来，导致顶层和基层的脱节，甚至两者之间存在着鸿沟。这种局面不利于基层社区获得上级政府部门的有效支持，削弱了社区治理的能力和力度，不利于社区民生的改善。此外，由于采用了传统的发展理念，社区很难实施精准治理，社区治理的成效难以确保，社区民生的改善也难有保障。在新发展理念的指导下，通过对社区民生发展指数进行社区层面上的监测，社区可以实施精准治理，优化社区资源的配置，高效率地改善社区民生的状况。因此，这种社区治理已经不是单纯社区层面上的治理，而是与顶层设计相呼应的社区治理。这就大大拓展了社区治理理论所研究的范畴，把顶层设计和基层治理整合在一个理论框架中，形成了一个与顶层设计相呼应、融顶层设计于基层治理的社区治理理论。这为社区治理理论的研究带来了新思路，有助于形成一种新的理论范式。

在实践上，社区民生发展指数的建构和测量为社区精准治理奠定了数据基础。围绕社区民生发展指数，就可以建立社区民生监测体系，就可以精准掌握社区民生的具体情况，就可以实施社区精准治理。因为有社区民生发展指数的监测数据，就可以通过数据共享的方式及时向上级政府部门、甚至是顶层设计部门通报基层民生状况，为制定相关的惠民政策提供重要的决策支持，也有助于基层社区获得上级政府在资源、政策、信息等方面的及时支持，提高社区治理能力，从而持续改善社区民生状况。过去，有学者悲观地认为，基层精准治理基本上是不可能实现的，甚至提出了所谓的基层精准治理不可能定律。其实，只要方法对了，基层精准治理完全可以实现的，关键是要有精准的基层数据。社区民生发展指数及其监测结果，可以为社区精准治理提供强有力的数据支撑，使得社区精准治理成为改善社区民生的重要途径。

第三节　指数建构基本方法

在社区民生发展指数的建构过程中，基本方法涉及数据的来源及利用、权重的方法以及具体指数的计算。一个好的指数，需要有科学而高质量的数据。因此，高质量的数据是指数的重要基础。如果数据质量低，那么，通过建构的指数得到的得分也就会是不准确的。这样的指数，不仅缺乏指导价值，而且还很容易产生误导作用，使得决策者做出错误的决策。所以，指数建构应当包括基础性数据的质量确保。由于不同社区的规模有大有小，因此，需要通过权重赋值的方法来进行调整，这就涉及具体的权重方法及其应用。现有的权重方法比较多，在指数建构上，也根据指数特点来选择适合的权重方法。在此基础上，就是进行指数计算，要通过科学合理的公式，计算出相关指数的得分，从而获得测量对象的现状和具体情况。

一、数据来源

本研究数据源自北京大学中国社会科学调查中心的中国家庭追踪调查（China Family Panel Studies，简称 CFPS）。中国家庭追踪调查（CFPS）是一项全国性、综合性的社会追踪调查项目，旨在通过追踪调查的方式来系统性地收集个体、家庭、社区三个层次的数据，反映中国社会、经济、人口、教育和健康的现状及其变迁轨迹和未来发展的趋势，从而为学术研究和公共政策分析提供数据基础（谢宇 et al.，2014）。这是一项非常重要的社会调查项目，通过追踪调查，积累了非常有价值的基础性的社会微观层面上的数据。因为有了这样的追踪数据，因此，就可以进行历时研究，可以发现社会现象变迁的轨迹和趋势。

2010 年 CFPS 的基线调查，调查对象是全国的 25 个省市、基线 161 个区县、649 个村居，总共有 15000 户家庭、57155 位个人。CFPS 的样本覆盖中国除香港、澳门、台湾、新疆、西藏、青海、内蒙古、宁夏和海南 之外的 25 个省 / 市 / 自治区的人口。这 25 个省 / 市 / 自治区的人口约占全国总人口（不含港、澳、台）的 95%，因此，CFPS 的样本可以视为一个全国代表性样本（吕萍，2017）。从实际执行的情况来看，CFPS 在全国 25 个省 / 市 / 自治区正式实施基线调查，共发放样本 19986 户，最终完成了 14960 户家庭、33600 名成人，8990 名少儿的访问。由于人口流动较快，因此，到了 2016 年，就有

2897 多个村居，69799 人。

CFPS 调查全过程具有系统全面的质量控制手段，具体包括：（1）电话核查：通过给受访户打电话的方式进行核查。（2）实地核查：通过中心以及第三方学术机构的督导员和实地核查员直接到抽中的受访地址进行核查。（3）录音核查：通过重复收听每份问卷的录音进行核查。（4）采访过程回放：根据每个问题的采访用时，通过专门工具进行键盘操作过程回放进行核查。（5）数据的统计分析：对各类问卷的数据，以及采访过程的并行数据进行统计描述和统计分析，从数据分布的角度来检查数据的质量。通过这些质量控制系统，CFPS 调查数据的质量获得了保障，成为海内外学者普遍肯定的微观调查数据。这些学者选择 CFPS 数据进行研究的一个重要原因，就是数据质量有保障。因此，本研究也采用这个数据来进行社区民生发展指数的建构。

CFPS 调查中包括了针对社区的村居调查问卷，调查的内容包括了设施、人口、政治环境、村居委会、重大事件、居委会、村委会、资源交通、经济、医疗卫生、财政、受访者、村居面貌、受访合作等等。但是，村居问卷的调查并不是每轮都调查。比如，CFPS 2012 将村居问卷中的物价水平部分纳入家庭问卷，没有进行单独的村居问卷访问。因此，2012 年就没有村居问卷的调查结果。CFPS 2014 对原始抽样的 649 个村居进行了回访。该轮次村居问卷的基本框架与基线调查基本一致，采集 2013 年 12 月 31 日时点上的各项统计指标，并了解自 2010 年 1 月 1 日至 2013 年 12 月 31 日间村居所发生的变化。所以，2014 年村居问卷就有调查数据，但是，与 2010 年的基线村居相比，有些村居因为拆迁而无法再行调查，有些村居因为发生一些矛盾事件而不允许访问员进村进行调查。这些情况的出现表明，基线调查中的一些村居到了 2014 年就无法再进行调查了，因此，这些社区的村居问卷就没有相关的更新信息。2016 年进行 CFPS 追踪调查，也没有实施对于社区的调查。所以，CFPS 的村居问卷的信息不能直接用来建构社区指数。

为了弥补村居问卷不连续上的不足，本研究采用另一条思路来进行社区相关指标的测量与估计工作，就是根据 CFPS 的家庭和成人问卷，利用村居内的样本均值以实现对村居发展程度的度量和估计。由于每一轮 CFPS 调查，都要对样本家庭和个人进行追踪，而且根据家庭和个人的社区编码，就可以识别出其所在的社区。因此，就可以通过计算社区中的家庭和个人在相关指标上的均值的方式，来估算和测量社区的相关指标。2010 年的基线调查共涉及全国 15 个省市 649 个村居的样本。但是，后面的追踪调查，有些社区已经无法接受调查了，因此，就需要删掉。结果，本研究仅保留 2010 年、2012 年、2014 年和 2016 年这四轮调查中均有受访家庭的共 549 个村居以实现对村居发展监测在时间上的连续性。也就是说，这 549 个社区，就是本研究社区民生发展指数的观测社区。这样处理，就可以实现不同年份的比较分析，有助于发现社区民生在不同年份的情况以及发展趋势。

二、指数建构原则

建构社区民生发展指数，所选取的指标既有主观性指标，也有客观性指标。这是因为老百姓的民生需求，既有对客观条件的需求，也有主观上包括生活满意度等的诉求，所以，一般都是通过主客观指标进行综合、全面的测量。在指数建构过程中，除了应遵循指标选取的一般性原则（如科学性原则、典型性原则、可比性原则、完备性原则等）之外，还要考虑基层社区民生的基本特点和我国的基本国情，遵从如下几条原则：

其一，科学性与系统性相结合原则。社区民生发展指标体系以及指数建立的目的，是要能够对基层社区民生的实际情况有一个客观的反映和评价。因此，指标的选取、指标体系的建构和指数的计算等，都需要建立在科学的基础上，而且要具有系统性。如此才能全面而科学地对社区民生的整体情况进行精准测量，确保数据的高质量，避免出现以偏概全的情形出现。

其二，以人为本的主客观评价指标相结合的原则。民生发展归根到底就是人的发展。因此，在建构社区民生发展指数时，无论是主观性指标还是客观性指标，都是以衡量人的发展为目的，都需要以人为本，要从多个角度来测量人的全面发展的程度。因此，这是以人为本的测量体系。由于人的发展是全方位的，有客观条件和主观感受，因此，在指标的选取上，要主客观评价指标相结合，才能全面测量人的发展情况。

其三，普遍性与特殊性相结合的原则。在指标选取上，一方面既要能够体现通用型的民生指标，便于进行横向国际比较；另一方面，又要能够体现中国特色，与我国的国情相适应，能够真实体现我国基层社区的民生情况，便于进行纵向比较。这两面要结合得好，使得指数具有鲜明的时代特征的同时，能够真实反映本地的基层民生状况。

其四，区分性与互补性相结合的原则。指标体系中的主客观指标，彼此之间是不重复的，是彼此区分开来的。但是，除了彼此可区分之外，指标体系内的各个指标彼此之间还要能互相补充、互相完善。社区民生问题成因复杂，各种矛盾盘根错节，彼此还会存在交互作用、交互影响。一个统计指标往往只能描述某一社区民生问题或某类社区民生问题的某一方面。因此，选取指标时必须互为补充，从多个角度来测量社区民生状况，揭示社区民生问题之间的内在联系。

其五，全面性和可操作性相结合的原则。在社区民生的测量上，要做到尽可能全面，但是，全面并不意味着面面俱到，也不意味着指标尽可能多。在社区民生指数建构上，全面性强调的是抓住主要矛盾进行施测，争取不遗漏核心内容。在实际操作上，还需要强调社区监测的可操作性。若所采用的指标过多，必然会增加社区监测的难度和实施成本，反而会对监测数据的质量产生负面影响。所以，在指数建构上，需要把握好全面性和可操作性之间的关系。在指标选取上，要做到少而精，尽可能选择那些最具有代表性的测量指标。

当然，由于指数建构过程中会遇到各种现实的困难，比如会有预算上的限制或者数据采集上的限制等等，因此，建构起来的指数，有时候往往是理想与现实妥协的结果。也就是说，建构指数需要有一定的灵活性，在坚持上述基本原则的前提下，还需要根据现实中的实际情况，进行有所取舍和折中。因此，指数的建构，具有科学性的同时，还具有一定的艺术性。所谓的艺术性，就是打破常规的做法，具有创新的特征。在指数建构过程中，这种灵光乍现的艺术性也很重要，因为指数建构本身就是一个创造的过程。

三、指数建构步骤

为了真实反映社区民生发展的总体变动方向和程度，确切、定量地说明社区民生发展所产生的实际社会效果，这里采用综合指数法来建构社区民生指标。在新发展理念的指导下，社区民生发展指数是个体系，由社区创新指数、社区协调指数、社区绿色指数、社区开放指数和社区共享指数这五个指数构成。这五个指数中的每个指数，由若干个维度构成，每个维度由若干个变量指标构成。因此，社区民生发展指数建构的核心内容就是变量选取和维度界定。在变量选取和维度界定上，一般由两种思路。一种思路是先界定维度，再根据具体维度来选取变量，这是从抽象到具体的过程；另一种思路是先选取变量，再对变量进行分类而确定对应的维度，这是具体到抽象的过程。由于社区创新、社区协调、社区绿色、社区开放和社区共享是已经确定的，因此，这里主要采用的是第二种思路，即从具体到抽象的建构法。具体而言，主要分成如下几个步骤：

第一步，对从 CFPS 家庭问卷和成人问卷中初选出的可能与测量社区民生有关的变量进行双重编码（double coding）。在这个步骤中，安排两名已经接受过编码训练的博士研究生 A 和 B 在彼此不知道对方存在的情况下，独立完成对这些变量的编码工作。变量的编码就是 0 和 1 编码，编码为 0 指的是不应该入选社区民生发展指数的测量指标，编码为 1 指的是可以入选社区民生发展指数的测量指标。无论是编码为 0 还是编码为 1，都需要说明理由。尤其是对编码为 1 的指标，需要具体指出国内外哪些研究用这个变量来进行社区民生的测量。根据双重编码的结果，在 A 和 B 的编码中，选取两个编码都是 1 的变量来进入下一步遴选。

第二步，采用德尔菲法来确定最终的变量名单。德尔斐法，其实就是专家调查法，通过调查专家们的意见来进行变量遴选。在实施德尔斐法之前，首先是确定专家的名单。本研究选取了十位专家，其中七位是国内七所高校的教授或副教授，另三位是来自国家部委所属智库的专家。这些学者与专家都在社区民生和社会治理方面有研究。确定专家名单后，就是设计调查问卷。问卷就是问上述变量是属于那类，题目选项有六个，分别是：社区创新、社区协调、社区绿色、社区开放、社区共享、无法区分。都是单选题，也都是必选题。做成电子问卷之后，通过发到对方邮箱的方式来进行邀请参与问卷填答。由于采用匿名的方式，可以使每一位专家独立地做出自己的判断，不会受到其他繁杂因素的影响。第一轮调查结果显示，社区创新中专家们对 10 个变量有共识，社区协调中专家们对 7 个变量有共识，社区绿色中专家们对 5 个变量有共识，社区开放中专家们对 4 个变量有共识，社区共享中专家们对 3 个变量有共识。

对专家的首轮调查分析之后，进行第二轮调研。这轮调研是对入选社区创新、社区协调、社区绿色、社区开放和社区共享的变量专家共识度在 80% 和 90% 的问题进行再次调研。结果，社区创新中专家们对 2 个变量又达成了共识，社区协调中专家们对 3 个变量又达成了共识，社区绿色中专家们对 2 个变量又达成了共识，社区开放中专家们对 2 个变量又达成了共识，社区共享中专家们对 2 个变量又达成了共识。如此，经过两轮专家调查后，社区创新确定了 12 个变量，社区协调确定了 10 个变量，社区绿色确定了 7 个变量，社区开放确定了 6 个变量，社区共享确定了 5 个变量。总共是 40 个变量。

第三步，确定具体的维度。根据社区创新、社区协调、社区绿色、社区开放和社区共享来确定各自的指标后，还需要进一步确定其各自的具体维度，并确定每个维度的具体测量指标。课题组内部根据文献研究法和头脑风暴法，参考国外的相关社区问卷和指标，并根据每个指数所对应的变量，确定了每个指数的具体维度。社区创新包括了制度、财力、人力、社会这四个维度。社区协调包括了社区平等、社区共识和社区服务这三个维度。社区绿色包括了居住环境和个人健康这两个维度。社区开放包括了沟通能力、交流能力和人口流动这三个维度。社区共享包括了分享意愿和分享行动这两个维度。

第四步，确定各个具体维度的变量。这项工作还是通过德尔斐法来进行，对上述十位专家进行问卷调查。问卷设计中的题目采用的是矩阵题的设计，根据不同的维度，来让专家确定相关的变量是不是属于这个维度，进而来逐步确定变量与维度之间的对应关系。通过前后三轮的调查，在充分参考和借鉴国外的相关社区问卷和指标的基础上，最终获得了专家们共识性意见，确定了每个维度的具体测量指标。

通过上述四个步骤，完成了指数与具体测量指标之间的联结，建立起了比较完整且具有可操作性的指标体系。这套指标体系，在新发展理念的指导下，在社区层面贯彻和践行了新发展理念，从社区创新、社区协调、社区绿色、社区开放和社区共享五个角度来测量社区民生的现状和发展趋势，为实施社区精准治理提供决策依据。此外，社区民生发展指数还有一个很重要的功能就是预警功能，可以在社区矛盾还没有激化之前，及时侦测到社区内部可能存在的问题，便于社区及时采取有针对性的举措予以化解，进而确保社区的和谐与安定，改善社区民生的状况，为老百姓的安居乐业创造良好的条件和氛围。

四、指数概述

根据表 3–6 所示，建构一个指数是一项系统工程，涉及多方面的工作，而且每个环节的工作，都要做好、做到位，才能建构起科学且高质量的指标体系。通过上述步骤建立起来的社区民生发展指数，是一个多指标、多层次综合监测体系，内容涉及社区层面上的经济、社会、环境、流动、制度健康等等方面，因此需要将与社区民生相关的主客观现状的指标按内在联系有机地统一为整体，整合成一个综合性的指数。以社区民生客观现状的指标（硬性指标）为主，以社区居民直观感受（柔性指标）为辅，两者相辅相成，坚持客观量化分析与主观直接感受相结合，对社区民生发展程度的实际状况做出综合监测与评定。

总体而言，基于“五大发展理念”的社区民生发展指标体系共涉及五大方面、十四个维度，总共是四十个变量。五大方面、十四个维度的分布如下表所示。其中的每个维度均由细分的数个子变量进行刻画。社区民生发展指数的五大方面，对应的就是“五大发展理念”。因此，这套指数体系是直接基于“五大发展理念”而建构的，是“五大发展理念”在社区建设和治理上的具体体现。每个方面再分解成若干个维度，这个分解的过程也是归纳的过程，主要是通过专家法、文献研究法等来进行的。根据专家的意见和头脑风暴法，在充分参考和借鉴国外的相关社区问卷和指标的基础上，把五个方面进行分解后，形成更详细的、可操作性的维度。在此基础上，再把对应的变量指标与维度建立起联结，进而确定具体维度的测量内容。

表 3–6：社区民生发展指数的五个方面与相关维度

<table>
<tr><td rowspan="14">社区民生发展</td><td rowspan="4">社区创新</td><td>制度因素</td></tr>
<tr><td>财力因素</td></tr>
<tr><td>人力因素</td></tr>
<tr><td>社会因素</td></tr>
<tr><td rowspan="3">社区协调</td><td>社区平等</td></tr>
<tr><td>社区共识</td></tr>
<tr><td>社区服务</td></tr>
<tr><td rowspan="2">社区绿色</td><td>居住环境</td></tr>
<tr><td>个人健康</td></tr>
<tr><td rowspan="3">社区开放</td><td>沟通能力</td></tr>
<tr><td>交流行为</td></tr>
<tr><td>人口流动</td></tr>
<tr><td rowspan="2">社区共享</td><td>共享意愿</td></tr>
<tr><td>共享成果</td></tr>
</table>

在每个维度上，都有若干具体指标，这些指标来自 CFPS 问卷中的相关变量。这些指标的选择，主要也是通过专家法和文献研究法来完成的。专家判断法会有一定的主观性，但是，把若干位专家的判断进行综合，往往可以在一定程度上克服单个专家主观性的影响，使得最终的选择结果具有说服力，符合实际情况。在具体变量指标的选取上，也是经过了一定的科学程序，尽可能做到客观，能够真实反映社区民生的客观情况。变量选取的这种科学程序，能够有效克服单个专家的片面判断，有助于充分调动专家们的综合判断能力，对于确保获得具有说服性的变量指标，具有重要的意义。

此外，本研究中的社区民生发展指数，其实是一个综合性的指数体系，既有综合性的总指数，也有具体方面的五个子指数。为了解和掌握“五大发展理念”在社区治理和基层民生改善中的作用，对于社区民生发展情况进行精准施测，就社区民生发展指数的五个方面，分别建立对应的指数，即：社区创新指数、社会协调指数、社区绿色指数、社区开放指数和社区共享指数。在本研究中，不仅建构了这五个方面的指数，而且还深入分析了这五个方面指数的具体情况及其变化趋势，便于掌握社区层面在这五个方面的情况，并建立起对应的监测机制。

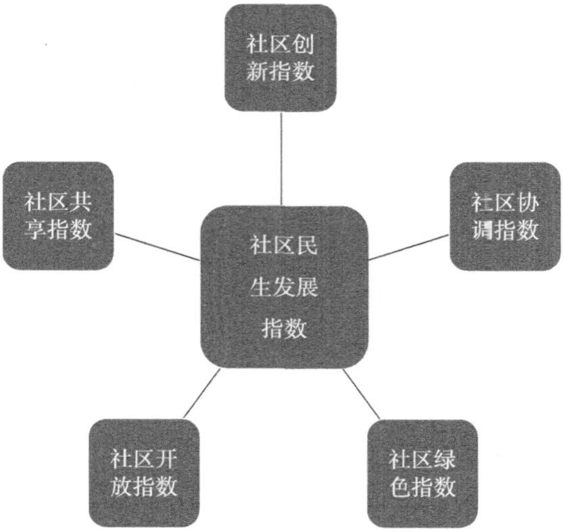

图 3–1：社区民生发展指数体系

图 3–1 就是基于“五大发展理念”而建构的社区民生发展指数体系的基本结构。社区民生发展指数其实就是个综合性指数，而社区创新指数、社区

协调指数、社区绿色指数、社区开放指数和社区共享指数都是子指数，这些子指数彼此之间，其实也是有互相关联的关系。当然，本研究重点是这些指数所反映出来的情况和现状，并分析和预测未来可能的走向。这种综合指数体系，既可以总体上对社区民生发展情况进行准确的测量，也可以及时监测社区民生在五个方面上的具体发展情况，便于辨证施治，为实施社区精准治理提供数据支持和量化分析。

五、指数权重

由于构成这些指数的具体变量来自 CFPS 家庭或者成人问卷，因此，要从社区层面来建构指数，就需要把家庭或者成人的数据转化为社区层面上的数据，即需要进行以社区为分析单位的平均化过程。在实际操作中，就是要计算出家庭或者成人问卷中对应变量在所在社区中的平均值，用这个平均值来测量社区的情况。采用这种方法，社区中的家庭及个人数据，就可以转化为社区层面上的数据。在本研究中，所用指标都要求是同向指标，所以，对于不同向的指标，在进入指数计算之前都做好了同向处理。由于 CFPS 样本中的不同社区所调查的家庭或个人规模不同，因此，就需要进行权重处理。

（一）成人问卷

对于成人问卷中的变量，本研究使用成人问卷的完全样本权重计算出村居内权重，进而计算村居的加权样本均值，如下式：

$$v_k = \frac{v_k}{\sum_{k=1}^{n} v_k}$$

$$X_{ij} = \sum_{k=1}^{n} v_k X_{ijk}$$

其中，v_k是计算的个体 k 的村居内权重，具体公式为个体 k 的全国完全样本权重与村居内所有个体全国样本权重总和的比值。这样计算的目的是在保证村居内不同个体之间权重相对大小不变的情况下将村居内权重总和调整为 1。X_{ij} 是变量 i 在村居 j 的实际取值，X_{ijk} 是村居 j 内个体 k 第 i 个变量的取值。

（二）家庭问卷

与成人问卷变量均值计算类似，对于家庭问卷中的变量，本研究使用家庭问卷的完全样本权重计算村居内权重，进而计算村居的加权样本均值，如下式：

$$v_m = \frac{v_m}{\sum_{m=1}^{l} v_m}$$

$$X_{ij} = \sum_{m=1}^{l} v_m X_{ijm}$$

其中，其中，v_m 是计算的家庭 m 的村居内权重，具体公式为家庭 m 的全国完全样本权重与村居内所有家庭全国样本权重总和的比值。X_{ij} 是变量 i 在村居 j 的实际取值，X_{ijm} 是村居 j 内家庭 m 第 i 个变量的取值。

（三）缺失插补

对于原始样本中的变量缺失值，本研究按照县级行政区及村居城乡类别进行分层均值插补。如对于成人问卷中城镇村居 j 内个体 k 在变量 i 上有缺失，我们先按照上述类似方法计算村居 j 所在区县所有城镇村居所有个体变量 i 的加权均值，再将缺失值替换为该值。

六、指数计算

单变量指数的计算方法为：

$$I_{ij} = \frac{X_{ij} - \min_j X_{ij}}{\max_j X_{ij} - \min_j X_{ij}}$$

其中，I_{ij} 是村居 j 变量 i 的细分指数，X_{ij} 是变量 i 在村居 j 的实际取值，$\min_j X_{ij}$ 是变量 i 在所有村居中的最小取值，$\max_j X_{ij}$ 是变量 i 在所有村居中的最大取值。公式的含义为单个指数由村居变量值与最小值的差与最大值最小值之差相除得到。通过将实际值与最小值之间的差距进行标准化，得到了分布在 0 到 1 之间的指数。

得到了单变量的指数之后我们就可以通过加权平均的方法计算维度指数：

$$D_{kj} = \sum_i w_i I_{ij}$$

$$\sum_i w_i = 1$$

其中，D_{kj} 是村居 j 维度 k 的指数，w_i 是属于维度 k 的变量 i 所被赋予的权重，I_{ij} 是村居 j 变量 i 的细分指数。

同样，本研究将维度指数进行加权平均就能分别得到社区创新指数、社区协调指数、社区绿色指数、社区开放指数和社区共享指数：

$$F_{lj} = \sum_k w_k D_{kj}$$

$$\sum_k w_k = 1$$

其中，F_{lj} 是村居 j 方面 l 的指数，w_k 是属于方面 l 的维度 k 所被赋予的权重，D_{kj} 是村居 j 维度 k 的指数。

最终的社区民生发展指数则由社区创新指数、社区协调指数、社区绿色指数、社区开放指数和社区共享指数的平均值得到。在操作上，社区民生发展指数是上述五个方面指数的综合。这种指数建构法，这一方面体现了“五大发展理念”对于社区民生治理的指导作用，另一方面也体现了社区在基层民生发展上的积极探索和实践，自觉地从社区创新、社区协调、社区绿色和社区开放和社区共享这五个方面进行探索与实践，并从基层治理实践中不断总结经验教训，提高社区民生治理能力，不断改善社区民生状况。基于社区民生发展指数所建构的社区监测体系，则可以为政府和社区的治理决策提供重要的一手数据支撑和决策支持。

在对指数进行分析的过程中，就会涉及区域问题。本研究把社区分成东部、中部和西部地区，分析和比较不同地区在社区民生发展上面的差异。由于 CFPS 样本包括的是中国 25 个省、直辖市、自治区（不含香港、澳门、台湾、新疆、西藏、青海、内蒙古、宁夏、海南）中的家庭户。所以，本研究把这 25 个省、直辖市、自治区分成东部、中部和西部，具体情况如下：东部包括辽宁、北京、天津、河北、山东、江苏、上海、浙江、福建和广东；中部地区包括山西、吉林、黑龙江、安徽、江西、河南、湖北和湖南；西部地区包括陕西、甘肃、四川、重庆、云南、贵州和广西。这个分类也是经济、社会研究中的通用分类。

第四章　社区创新指数

社区在治理过程中，既存在着老问题，也会遇到新问题。由于事物都在发生着变化，即便是老问题，也需要用新思路、新方法、新途径来加以解决。这就需要社区创新（Community Innovation）。社区创新与一般意义上的公共部门创新还不尽相同。在公共部门创新中，一般都有相应的公共预算和人员编制（Borins，2001）。但是，社区一般都是处于行政系统的末端，常常具有居民自治性质。所以，社区创新具有其特殊性。社区创新一般没有固定的预算，而是往往依靠所谓的“众筹”的方式，由民间的力量来推动和实施。此外，社区创新一般都是参与式的，是社区居民和外部力量一起参与下共同来实施和完成的。因此，社区创新具有更强的自发性和参与性。社区治理的一个目标就是鼓励这种创新，整合和吸引社区内外的资源进行创新，进而推动社区的建设与发展，创造性地解决群众所关心的难题，显著提升社区民生状况。为了稳步推进社区创新工作，就需要建构社区创新指数（Community Innovation Index，简称 CII），用来系统性监测和评估社区创新能力和所达到的水平，为提高社区创新效率提供重要的参考和依据。

第一节　社区创新的基本理论

社区创新是社会创新体系中的一部分，是源自社会基层的一种创新活动。所以，一般都是从社会创新的视角来研究社区创新，这是一个全局性、整体性的视角，从社会系统的角度来考察社会创新的角色、功能和创新机制。这种研究思路是自上而下的研究思路，强调的是社区创新是社会创新系统的基层构成，是属于社会基层创新的范畴。与这种思路相对的，就是自下而上的研究思路，从社会大众创新与创业的视角来思考和分析社区创新，强调的是社会大众自发性的创新意愿，是推动社区创新的重要力量。比如所谓的“草根创业”，就是从普通社会大众中产生了创新与创业的想法，并通过在社区层面上具体的创新与创业的实践活动，推动社区创新与创业。在现实世界中，这两种社区创新模式都是会同时存在，彼此互相作用，共同推动了社区创新实践。也就是说，社区创新既是从上而下的过程，也是从下而上的过程，是上下联动的系统。通过社区创新，创造性地解决社区民生发展过程中所出现的问题，是提高社区治理能力的重要途径，是改善社区民生状况的重要方式。

一、社会创新和社区

在社会发展过程中，出现了很多新的问题。对于这些新的问题，传统的社会解决方法往往显得无能为力，因此，就需要采用新的方法来加以解决，就产生了社会创新。此外，在新的社会环境中，一些旧的问题无法获得有效解决，这也需要通过社会创新（Social Innovation）的办法，采用创新性的手段来更好地处理和解决旧的问题。可见，所谓的社会创新，本质上是产生解决社会问题的更有效方法的一套机制或者社会系统。社会创新理论及其研究，则旨在探讨如何才能使得这套创新机制或者社会创新系统运行得更为有效。有的学者指出，社会创新还是一个“准概念（quasi-concept）”，包含了很多元的内涵（Unceta et al.，2016）。之所以存在这种情况，是因为社会创新是个系统性的概念，涉及社会不同层面的机构、制度以及技术等等的因素，要清楚界定社会创新的边界和特征，的确存在一定的难度，难免出现“仁者见仁，智者见智”的情形。此外，社会创新并不是静态的，而是呈现动态变化的，具有可持续动态博弈的特征（Young，2011）。从博弈论的角度来看，社会创新是参与者持续动态博弈的结果。这种动态博弈，还会影响社会创新传播和扩散的速度。可见，社会创新是个很复杂的过程。因此，对于社会创新的研究和理论建构而言，都提出了很高的挑战，而博弈分析法就是社区创新分析的重要方法之一。

社会创新领域中的研究，为社区创新研究提供了重要的基础。从整体来看，社区创新是属于社会创新的一部分，是基于社区的一种社会创新。因此，社区创新除了具有社会创新的普遍特征之外，还具有自身的特殊性，就是创新的主要活动发生在社区。一旦界定了社会创新的分析层次，那么，社会创新的概念就从一般变成了具体的概念，社区创新就形成了。所以，要研究社区创新，就需要研究社区所处的大环境，研究社会创新的制度因素，即社区创新的制度分析。已有的研究指出，社会创新与社区创新既相互区别又相互联系。社会创新是社区创新的宏观背景，社会创新可以包含社区创新；而社区创新则是社会创新的微观基础和载体与手段（李勇 et al., 2014）。因此，要研究社会创新，从社区创新的角度来进行分析，往往能够掌握社会创新的微观机制，剖析社会创新的微观基础，有助于制定更为精准的社会创新政策。

从制度角度来看，包括社区创新在内的社会创新，都是利益相关者谈判和妥协的结果，因此，要推动创新，就需要找到利益相关者的某种共识，即所谓的"边界对象（boundary objects）"，从而使得利益相关者之间存在一种观点上的交集，不同观点汇集到一起，最终达成一种共识，创新就更容易发生与传播（Lindberg and Hylander, 2016）。诺贝尔经济学奖得主道格拉斯·诺斯（Douglass C.North）对于制度变迁和社会创新有过系统性研究，认为制度创新的核心是社会政治、经济和管理等制度的革新（North and Alt, 1990）。当然，达成共识的路径往往是曲折的，其过程也并非一帆风顺。因此，社会创新的制度分析也存在一定的局限性，但这并不影响社会创新被广泛视为是社会和制度转型的催化剂（Mehmood, 2016）。所以，制度分析法也是社区创新分析的一种基础性方法。

知识传播有助于社会创新（Castro-Spila, 2017），因此，也是社区创新研究的重点之一。在社区层面，加强知识传播和学习，建设学习型社区（learning community），就是社区创新的重要途径。研究表明，一个社区内部学习点的多样性能够推动这个社区进行创新和发展（Assche et al., 2013）。从知识分布的角度来看，社区是一个知识承载的平台，不同教育程度和教育背景的人通过社区聚集在一起，形成了一个生活化的匿子。那么，对于社区成员的教育背景的分析就有助于解释学习型社区建设的程度，也能够更好解释社区创新能力。从某种意义上来说，社区创新其实就是相关知识的吸收、应用和传播，从而使得各种解决问题的新的手段、方法成为可能，这就为社区创新提供了知识上的支撑。因此，对于社区成员教育程度等人力资源的分析，也是社区创新分析的一种重要方法。从知识学习的角度，还产生了另一个概念，就是基于社区的创新（community-based innovation）。例如，在社会工作领域，研究表明知识传递能够在社区层面产生创新效应，使得在知识传递和共享过程中产生了新的知识，从而可以有效地解决问题（Rice et al., 2017）。在社会工作领域中，基于社区的知识分享也有对应的评估方法，比如效用聚焦发展评估（utilization-focused developmental evaluation），这是一种系统动态建模评估的方法，应用在社区创新评估中，取得了良好的效果（Biroscak et al., 2014）。

此外，社区创新还包括基于社区的技术创新，比如一些社区中的企业家通过技术创新进行创业等。约瑟夫·熊彼特（Joseph Alois Schumpeter）对于技术创新和企业家精神有过系统性的阐述（Schumpeter et al., 2011）。中国早期的乡镇企业，大多是来自社区，起家于街道或者农村。后来，这些起家于社区的企业，有的越做越大，开始走向全国，甚至是进入国际市场去竞争。在美国，所谓的"车库创业"的例子也不少，惠普、迪斯尼、苹果、谷歌和亚马逊公司最初都是立足于社区进行创业，在车库里面进行研发和创新，后来成为举足轻重的国际公司。从社区层面来看，在技术创新和社区发展之间的互动关系中，社会企业家（social entrepreneurs）往往发挥了重要的作用。社区是个地方的概念，强调互动关系的当地性（localising），因此，在社区创新研究中，从称呼上常用居民企业家（civic entrepreneurs）或者当地企业家（local entrepreneurs）来代替社会企业家，旨在强调创新活动的当地化和本地性，即凸显所在社区对于创新活动的影响力。在中国，不少居民创业家最初大多从社区中进行所谓的"草根创业"，所以，社区对于这些创业者而言，具有重要的影响。国外的研究表明，"草根创业者"往往是新经济的重要推手，对于所在社区的繁荣与发展具有积极作用（Farzin, 2017）。因此，有必要从创新创业的角度来分析社区创新。

二、社区创新指数实例

经济学人集团（The Economist Group）旗下的经济分析智囊机构经济学人智库（Economist Intelligence Unit，简称 EIU）建构了社会创新指数（Social Innovation Index，简称 SII），对于全球 45 个国家进行社会创新力的测量。这个指数共有四个维度，分别是：制度和政策框架（institutional and policy framework）、融资的可用性（the availability of financing）、创业精神水平（level of entrepreneurialism）和民间社会网络的深度（the depth of their civil society networks）。可见，SII 在测量设计上，是根据社会创新的外部环境、资金投入、创新创业精神和社会网络这个脉络来展开的，比较适合不同层次的社会创新能力的量化评价。社会创新不同于企业创新以及产业领域中的技术创新，而是具有自身的特点。对于社区创新测量而言，SII 是一个很好的参考对象。社会创新测量与研究，与研究层次是有密切关系的。从研究层次上来说，可以有国家层次、地区层次、地方政府层次、社区层次、企业层次、家庭层次和个人层次。由于研究层次的不同，因此，社会创新的测量方法也会有所差异。SII 指数测量的是国家层次的社会创新，但是，其设计思路也同样适用于社区层次上的社会创新，因此，对于社区创新测量而言，具有直接的借鉴意义。当然，在测量中国的社区创新上，还需要考虑中国国情和特色，因为无论在社区文化还是创新方式上，中国与西方诸国往往会存在差异。

《全球创业指数报告》（Global Entrepreneurship Index）系全球创业发展研究院（GEDI）年度旗舰报告，系衡量经济体和地区层面创业生态系统质量与发展动态方面的突破性进展，同时也是一种确定适当政策与计划以加速经济增长与就业创造的有力工具。《2018 年全球创业指数报告》（Global Entrepreneurship Index 2018）于 2017 年 11 月 29 日发布。"全球创业指数（GEI）"由三个子指数构成，即：创业态度（Attitudes）、创业能力（Abilities）以及创业愿望（Aspiration）。这三个子指数又基于 14 个领域（又称"支柱"）。可见，全球创新指数是个指数体系，其综合指数包括了三个子指数，综合指数和子指数都是可以用来分析全球创新活动的活跃程度的重要工具。

欧盟创新计分卡（European Innovation Scoreboard，简称 EIS）在 2016 年前是创新联盟积分卡（Innovation Union Scoreboard，简称 IUS），其主要目的是用以衡量欧洲国家或地区的创新水平，从而协助欧盟诸国达成"欧洲 2020 战略"改革发展的整体目标。在 2017 年公布的欧盟创新计分卡分析报告书中，EIS 测量分成了四个主要类型、十个创新维度，共有 27 个不同的指标。框架条件（Framework conditions）是指企业外部创新驱动力，包括了三个创新维度，分别是人力资源（Human resources）、吸收研究系统（Attractive research systems）和创新友善环境（Innovation-friendly environment）。投资（Investments）是指政府和私人部门在研发活动上的投入，包括了两个维度，分别是财政与支持（Finance and support）和企业投资（Firm investments）。创新活动（Innovation activities）是指企业层面上的创新活动，包括三个维度，分别是：创新者（Innovators）、连接者（Linkages）和智慧资产（Intellectual assets）。影响（Impacts）是指企业创新活动的效果，包括两个维度，分别是雇佣影响（Employment impacts）和销售效应（Sales effects）。EIS 这四个类型、十个维度的测量设计，主要是从外部环境、创新投入、企业创新到创新成果这个逻辑来进行的，体现了企业创新活动的前因和后果，从而来衡量政府或地区的创新能力。对于社区创新测量而言，EIS 有一定的借鉴意义。但是，EIS 更强调企业创新，而企业创新与社区创新之间还是存在较大的差距，因此，在应用上需要进行取舍与权衡。

此外，欧盟组织开展的另外一项名为“欧盟创新晴雨表调查（European Innobarometer survey）”的创新调查项目，其目的是深入了解从事非研发创新企业的创新方法和创新活动类。此项调查是为测量创新活动提供一手数据，因此，是创新指数建构的重要基础。类似的模式，在社会创业指数（Social Entrepreneurship Index，简称 SEI）的建构中也是同样的策略。也就是说，创新指数体系是个框架，而创新调查数据是这个框架中的具体内容。指数建构就是通过建立一种结构化的框架来分析和总结创新调查所采集的数据所包含的内在含义，是一种对于这类数据的结构化的解读。

英国国家科技艺术基金会的公共部门创新指数（NESTA Public Sector Innovation Index）主要有十个维度，其中三个是投入相关的维度，分别是研发活动（R&D Activities）、咨询和战略联盟（Consultancy and Strategic Alliances）和无形资产（Intangible Assets）；四个是促成、障碍和采用要素相关的维度，分别是信息通信技术基础设施（ICT Infrastructure）、电子政务和在线服务（E-Government and Online Services）、创新源（Origins of Innovations）和人力资源（Human Resources）；两个是指产出相关的维度，分别是机构绩效（Institutional Performance）和创新产出（Innovation Outputs）；一个是指创新的影响，即影响和范围（Impacts and Scope）。

在《奥斯陆手册》的指导下，欧盟国家从 1993 年开展了统一创新调查，即欧共体创新调查数据（Community Innovation Survey，简称 CIS）。尽管 CIS 的第一个字是英文社区的意思，但是，这个创新调查的对象是企业，因此，这是面向企业的创新活动及其能力的调查，并不是针对社区的社会创新调查。CIS 是由欧盟统计局为主组织开展的企业创新调查，已进行过 8 次，并已形成 2 年一次的固定频率。欧盟各国以标准问卷为基础在本国开展调查，CIS 在欧盟的调查样本总量目前大约有 20 万家企业，成为目前国际上开展最广泛、影响最大、权威性最强的创新调查。根据 2014 年 CIS 问卷来看，问卷主要从如下几个方面来测量创新，分别是产品创新（Product innovation）、流程创新（Process innovation）、正在实施或者已经放弃的创新活动（Ongoing or abandoned innovation activities)、创新活动和经费(Activities and expenditures for product and process innovations)、创新活动的公共财政支持(Public financial support for innovation activities)、创新活动上的合作(Co-operation for product and process innovation activities)、组织创新(Organisational Innovation)、市场创新(Marketing innovation)、公共部门合同和创新(Public sector contracts and innovation)、知识产权和许可(Intellectual property rights and licensing)以及创新与环境效益(Innovations with environmental benefits)。

北欧国家的公共创新测量(MEPIN, Measuring Public Innovation in the Nordic Countries)是参考了CIS的调查进行设计，问卷涵盖了如下十大主题，分别是创新(Innovations)、创新活动和支出(Innovation activities and expenditures)、创新目标(The objectives of innovations)、创新活动的信息渠道(Information channels for innovation activities)、创新合作(Innovation cooperation)、外部创新资金(External funding for innovation)、创新采购实践(Innovative procurement practices)、创新驱动力(Driving forces of innovation)、创新战略及管理和能力(Innovation strategy, management and competences)、创新障碍(Barriers to innovation)。从调查内容来看，MEPIN尽管是参照了CIS问卷，但是，内容上还是有较大的差异，尤其是创新调查的重点进行了调整。这种调整的一个主要原因是为了让创新调查更加适合北欧诸国，因为这些国家都是小国，其创新具有一定的特殊性。这说明，创新调查要符合目标国家或地区的情况来进行设计。

第二节 社区创新指数建构

社区创新活动涉及多个方面，是个复杂多元的过程，社区创新是个多维度的概念(Multidimensional Concept)，其内涵是比较丰富的(Moulaert et al., 2016)。因此，对于社区创新的测量，也需要从多个维度来进行。有些学者通过因子分析法来测量社区创新，所涉及的因子包括了社区共识、制度、解决问题能力，等等(李勇等，2014)。这也是从多个方面来进行综合测量社区创新的一种方法。社区创新指数，其实就是用多个维度指标来对社区创新活动、机制及其条件等进行综合测量与反映，从而能够评估社区创新的现状、发展趋势和未来前景，从而为政策制定提供重要的决策依据和参考。

一、四个维度

西方的学者一般认为，社区创新强调三个相互作用的维度，即满足人类需要、改变社会关系、提高社会与政治能力并获取资源（Moulaert et al., 2016）。当然，这类研究还处于探讨阶段，涉及的相关理论也比较多元，比如制度经济学、地区发展理论、政治学、地理学等等。理论的多元化，从一个侧面说明了社区创新研究并未形成一个广为接受的理论体系。在测量社区创新上，则主要是根据具体情况进行具体分析，针对特定的社区涉及特定的测量系统（Rice et al., 2017）。在分析了社会创新理论的情况下，根据中国的国情，在参考前文所述的几个有代表性的国外社会创新测量的基础上，经过专家的反复论证，本研究中的社区创新指数包括了四个方面，分别是：社区制度、社区财力、社区人力以及社会驱动。

社区创新需要有一个良好的制度环境，其中政策环境是一个很重要的因素。政府鼓励创新，那么，就会出台相应的引导创新的相关政策，鼓励社会各界积极投身到创业的行列。李克强总理 2014 年 9 月在夏季达沃斯论坛上公开发出"大众创业、万众创新"的号召，"双创"一词由此开始走红。几个月后，"双创"又被写入了 2015 年政府工作报告中，正式成为政府的一项重要举措。2015 年 6 月 11 日，国务院印发《关于大力推进大众创业万众创新若干政策措施的意见》，明确提出"推进大众创业、万众创新，是发展的动力之源，也是富民之道、公平之计、强国之策，对于推动经济结构调整、打造发展新引擎、增强发展新动力、走创新驱动发展道路具有重要意义，是稳增长、扩就业、激发亿万群众智慧和创造力，促进社会纵向流动、公平正义的重大举措。"这个中央文件的颁布，为推动社会创新与创业提供了重要的政策指引，创造了良好的政策环境。作为社会的基层组织，社区创新与创业是"双创"的重要基础。从社区创新的角度来看，"双创"相关政策，都会对于社区创新创业产生直接或者间接的影响。因此，有必要对于社会创新的政策进行评估和测量，掌握社区创新的政策因素，从而更好地评估社区创新能力。

创新创业是需要有一定的经费支持的，社区创新也不例外。从社区创新的角度来看，创新的经费一般来自多方面的，比如上级政府的拨款、社区自筹、成立社区创新创业基金、单位或个人捐助、居民投入，等等。创新能力强的社区，一般在创新经费筹措上也体现了创新性，经费来源多，创新活动更有活力和持久力。经费不足，往往导致了社区创新很难持久，即便有很好的创新项目，也无法有效形成生产力，最终不了了之。可见，社区创新需要有一定的财力支撑。社区创新所需经费，体现在多个方面，比如创新需要场地，就需要有足够财力提供创新所需空间。创新需要有经费来吸引人才，需要有经费来推动创新活动，进行一定的创新宣传和推广。诸如此类的事情，都需要有一定的经费投入。在社区自身经费有限的情况下，就需要多方筹措经费，广开源，才能汇聚足够的经费来推动社区创新与创业的可持续发展。由于社区是基层的组织，尽管公共预算经费不会多，但是，社区具有“接地气”的特征，所以，可以通过鼓励民间资金形式灵活多样地参与社区创新创业活动。在民间的资金力量较为充实的情况下，社区可以通过鼓励吸引社会团体和个人参与社区创新创业活动，可以为政府大大减轻财政负担，推进社区双创发展步伐。

社区创新活动的蓬勃发展，离不开具有企业家精神的人的推动。社区中，具有企业家精神的居民越多，那么，社区总体创新能力往往也就越强，社区创新创业的氛围也会越好。可见，社区创新与当地居民的人力资源情况息息相关。社区人力资源存量和质量越高，那么，社区创业的水平往往也越高。当具有企业家精神和创造力的人聚在一起，通过社区这个平台实施创新创业活动，那么，社区从某种意义上来说，就是这些人进行创新的一个基地。社区作为一个创新载体，其活跃程度与居民的人力资源情况相关，互为条件和互相促进。当社区创新活动日趋活跃，那么，更容易吸引更多具有企业家精神和创造力的人进来。随着这些人的到来，又进一步推动了社区创新向前发展。所以，这是一个互为条件的过程。

社区创新是在社会系统中进行的，因此，社会因素会对社区创新产生直接或间接的影响。社会因素中，互信与合作是两个重要的因素。社区中人与人之间充满着互信，那么，更容易推进创新。人与人之间能够合作互助，那么，社区中的创新创业活动也往往更活跃。这些都是社区创新的重要社会因素，因此，需要在社区创新指数中体现出来。社区创新活动，本质上体现的其实就是人与人之间的一种关系。彼此具有信任感的人们通过合作去共同完成一项创新活动，在社区中去达成某个创新性目标，这就是社区创新的基本方式。互信与合作对于社区创新过程以及创新成果，都会产生不可忽视的影响。缺乏互信，无法合作，很难去实施某项社区创新活动。即便到社区中去实施某项创新活动，结果往往都是会以失败告终。

二、指标与测量

在社区制度维度，主要从政府运行效率角度来进行测量，有三个具体指标，分别是政府收费、政府推诿以及政府绩效。政府收费合理，那么，社区创新制度就更好，社区创新活动也会更活跃。反之，政府存在不合理收费的情况，往往会遏制创新创业活动，对社区创新产生负面影响。在 CFPS 成人问卷中，有“（是否亲身经历）到政府办事时遭到不合理的收费”的问题，测量方法就是计算出回答“是”的人数比例。政府推诿往往是政府效率低下的一个重要原因，不利于社区创新。在 CFPS 成人问卷中，有“（是否亲身经历）到政府办事时受到不合理的拖延、推诿”的问题，测量方法就是计算出回答“是”的人数比例。这些指标对于社区创新而言，都是不利的因素，因此，在计算指数过程中，进行指标正向化。政府绩效方面，则收集了受访者对政府工作的总体评价情况。在 CFPS 成人问卷中，有“您对去年本县 / 县级市 / 区政府工作的总体评价是：1. 有很大成绩；2. 有一定成绩；3. 没有多大成绩；4. 没有成绩；5. 比之前更糟了”的题目，计算过程中，用“1”代表很好，用“5”代表很差。在计算指数过程中，进行指标正向化。

在社区财力维度上，主要是测量社区居民的财力情况。这里从社区居民的人均收入以及住房情况来测量居民的财力。由于社区层面一般缺乏政府经费的支持，一般政府经费在街道一级。但是，一些社区创新活动与社区居民的经济实力相关，有的社区创新活动则是直接由社区居民资助和发起的。因此，社区居民的经济实力往往对社区创新活动的活跃程度，产生直接的影响。人均收入是家庭年收入除以家庭人口数。居民房产情况，则通过两个指标来测量。第一个房产指标是人均住房面积，是家庭住房总面积除以家庭人口数。第二个房产指标是第二处住房的拥有情况，计算拥有第二处住房家庭在社区中的比例。这些数据都来自 CFPS 家庭问卷。

社区人力维度包括了四个指标。第一个指标是人力资源，就是社区中接受过高等教育的人口比重。该数据来自 CFPS 成人问卷。一般而言，接受过高等教育的人群，人力资源比较丰富。第二个指标是家庭在教育中的支出情况，采用的是人均教育支出这个指标，通过计算家庭年教育支出除以家庭人口数得到这个指标的具体数值。该数据来自 CFPS 家庭问卷。这两个指标都是从教育的角度来进行测量的，因为教育是提升人力资源的重要途径之一。第三个指标是居民智力水平。在每次调查结束时，都会有访问员观察问卷，访问员根据访问时受访者的应答情况来判断受访者的智力程度。在成人问卷中，有“受访者智力水平”的题目，访问员根据实际观察情况做出从“1”到“7”的回答，其中“1”是“很低”、“7”是“很高”。该数据来自 CFPS 成人问卷。第四个指标是社区中个体经营情况，通过社区中从事个体经营的家庭数除以社区样本数来获得。该数据来自 CFPS 家庭问卷。

人与人之间的信任关系以及合作关系，是社会运行的重要基础。在社区创新过程中，信任与合作有助于推动社区创新，而不信任以及难以合作，往往会阻碍创新活动的进行。在社会维度上，采用两个指标来进行测量。第一个指标是信任程度，就是看受访者对调查的疑虑程度。在入户调查中，访问员进入社区，到受访者的家中对受访者实施调查。面对陌生人的到来，受访者心存疑虑的程度用来衡量社会互信程度。访问员通过观察受访者来给成人问卷中关于“受访者对调查的疑虑”的题目，根据从小到很大的程度完成从“1”到“7”的打分。在计算指数过程中，进行指标正向化。第二个指标就是合作程度，用来测量受访者合作的意愿和能力。访问员通过观察来给成人问卷中的关于“受访者对调查的配合程度”的题目，根据很差到很好的程度完成从“1”到“7”的打分。这些数据都来自 CFPS 成人问卷。研究结果汇总在表 4–1。

这里采用对受访者接受调查过程的观察，来测量这个社区对于外来陌生人的态度。在社区实验中，这是一种常用的研究方法。这是因为一个社区中，要判断这个社区的信任氛围和与人合作的氛围如何，一个很有效的测量方法就是看这个社区居民对于外来陌生人的信任与合作程度。每一次对社区居民进行调查问卷，访问员对于社区居民而言，都是陌生的。因此，每一次进入社区开展入户调查，就如同是一次社区实验。根据社区居民对于访问员的信任和合作程度，就可以测量出社区在信任与合作上的氛围。如果对于社区之外的陌生人，社区居民具有较好的信任度，也能够比较配合相关活动，那么，说明这个社区具有良好的彼此信任与彼此合作的氛围，而这种氛围恰恰是社区创新的重要助推器。

表 4-1：社区创新维度及其指标

指标	单位	描述	出处
制度			
政府收费	人群比例	一年内受到政府不合理收费的人群比例	成人数据库
政府推诿	人群比例	一年内受到政府办事推诿的人群比例	成人数据库
政府绩效	得分评级	对区县级地方政府的评级均值 1= 很好 5= 很差	成人数据库
财力			
人均收入	元 / 人	村居内家庭人均年收入的均值	家庭数据库
人均住房面积	平方米 / 人	村居内家庭人均住房面积的均值	家庭数据库
第二处住房	家庭比例	拥有第二处住房的家庭比例	家庭数据库
人力			
人力资源	人群比例	22 岁以上人群中接受过高等教育的比例	成人数据库
人均教育支出	元 / 人	村居内家庭人均年教育支出的均值	家庭数据库
智力水平	得分评级	村居内智力水平得分的均值 1= 很低　7= 很高	成人数据库
个体经营	家庭比例	村居内有成员从事个体经营活动的家庭比例	家庭数据库
社会			
对访问的疑虑	得分评级	受访者对调查访问的疑虑程度 1= 很低 7= 很高	成人数据库
对访问的配合	得分评级	受访者对调查访问的配合程度 1= 很低 7= 很高	成人数据库

第三节　社区创新指数分析

根据 CFPS 数据计算出 2010 年到 2016 年共四轮的社区创新指数，就可以对社区在创新方面的特征以及变化趋势进行分析。这种分析，一方面，可以了解现实中的社区在创新方面的具体情况，另一方面，也可以掌握社区创新指数对于政策决策的应用。在分析上，首先对于社区创新指数进行总体上的分析，探讨社区创新指数的基本特征以及政策信息。其次就是从四个维度上进行分析，探究不同维度上的社会创新活动的基本特征和发展趋势。

一、社区创新指数总体情况

（一）总体趋势上升

根据图 4-1 所示，社区创新指数呈现持续上升趋势，从 2010 年的 0.511

上升到2016年的0.606。其中2010年到2014年增长较为平缓，指数均值处于0.5与0.6之间，而2014年到2016年到增长较为剧烈，指数均值从0.541一下子增加到了0.606，增长率为12%。可见，在2010年到2016年之间，总体上，社区创新指数在不断增加，这表明从总体而言来看，中国社区层面上的创新能力在不断提升，社区创新活力在不断增强。而且，2014年以后，中国社区层面上的创新能力获得进一步提升，社区创业活动更为活跃，向上发展趋势非常明显。这种走势，体现了这些年中国在激活社区创新上的各项举措获得了一定的成效。

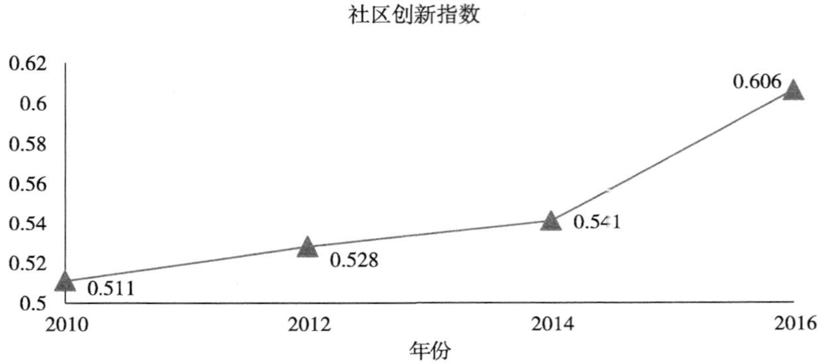

图 4-1：2010—2016 年社区创新指数变化趋势

古诗云：“春江水暖鸭先知。”十八大以后，社区治理成为一个热门词汇，政府陆续出台了一系列政策，推动了社区创新与发展。有学者指出，十八大以来，我国（主要指内地，下同）城乡社区掀起了一轮创新社区治理的热潮。在各地方政府主导下，专家学者、社会组织、企业等外部资源大量涌入，带动居民参与社区治理，形成大量社区自组织、改善社区环境、建立议事规程、化解社区矛盾、提升社区资本（吴海红 and 郭圣莉，2018）。应该说，十八大以来，社区创新的制度环境在改善，社区创新的财力获得了较大提升，尤其是2014年以后，“大众创业、万众创新”的热潮席卷而来，社区创新创业成为“双创”的重要基础，社区创业者的热情获得了激发，社区层面上的创新气氛就更为浓郁，社区创新创业的社会驱动力进一步增强。这些原因共同作用，导致了近些年来社区创新能力持续增强，2014年以后，更是获得了长足的进步。

（二）内部存在差距

根据表 4–2 所示，社区之间，在创新能力和水平上，存在着一定的差异。比如在 2010 年，社区创新指数最低的仅为 0.33，而最高的已经达到了 0.704，后者比前者的两倍还要多。这说明在本研究的所有样本社区中，彼此之间在创新水平上存在差异。这种差异性的存在，是很正常的事情，因为不同社区之间、城乡社区之间，都会存在发展水平上的差距，而创新水平上的差距是其中之一。当然，社区创新水平上的差距有缩小的迹象和趋势。从标准差的数值来看，2016 年是 0.058，而之前都大于 0.06，可见，2014 年以后社区在创新水平上有趋同的趋势，差距在拉小。

表 4–2：社区创新指数描述统计分析

年份	均值	标准差	最小值	最大值
2010	0.511	0.062	0.330	0.704
2012	0.528	0.063	0.302	0.691
2014	0.541	0.067	0.322	0.751
2016	0.606	0.058	0.439	0.760

在社区创新水平总体提高的情况下，社区之间也存在着结构上的调整。这种结构性调整的一个体现就是社区创新水平上的差距有缩小的迹象。导致这种结构性调整的原因之一就是邻近效应（Neighborhood Effects）。邻近效应是邻近地区的社区通过互相学习和模仿而使得彼此之间的差距缩小（Gu，2015）。在社区创新上，邻近效应的一个机制就是知识的溢出。邻近社区之间，通过创新知识溢出和分享的机制，使得创新能够很快在邻近社区中进行传播，结果，邻近社区都在采用这种创新的方法提高生产率，彼此之间在这方面上的差距就会缩小。在农村中，邻村之间的学习效应是很明显的。比如，一种作物的新品种获得了成功，很快，这个消息就会传到邻村，邻村的农民也开始耕种这种新品种。邻近社区之间通过这种机制，使得创新可以比较快获得传播，彼此差距也就能拉近。这种创新扩散机制，会通过邻近效应来传播，有利于邻近社区之间的共同发展。

（三）城乡差距在缩小

根据表 4–3 所示，城镇社区平均创新指数和乡村社区平均创新指数之间存在的一定差距。可以发现，城乡的创新指数从2010年至2016年间均有增长，但总体而言，城乡差距再缩小。2010年和2012年，两者差距是0.037。但是，到了2014年，两者差距变大了，是0.044。不过，接下去就出现了迅速缩小的趋势。到了2016年，两者差距是0.03。所以，从城乡社区平均创新指数的差距来看，除了2014年有个突然增大的现象之外，总体上都是呈现缩小的态势。此外，这种情况说明城乡社区创新能力发展不仅仅是一种简单线性发展路径，往往存在着非线性的发展路径。这种非线性的发展路径，说明了城乡社区在创新能力和创新水平上的提升是一个复杂的过程。

表4–3：社区创新指数的城乡差异

年份	城市均值	农村均值	两者差距
2010	0.529	0.492	0.037
2012	0.546	0.51	0.037
2014	0.563	0.519	0.044
2016	0.621	0.591	0.03

西方学者在研究欧盟地区创新发展时发现，地区创新能力的发展过程远比线性模式要复杂得多，因此，要能够突破线性思维和研究范式，从非线性的角度去研究地区创新能力的发展和提升（Camagni and Capello，2013）。这种观点获得了越来越多的关注，根本原因在于现实中地区创新能力的多元性和复杂性。城乡社区在不同的环境中，具有各自不同的特征和运行方式，因此，在创新能力的提升上，也具有不同的模式和路径。

（四）地区差距在缩小

东部、中部和西部的社区，在创新发展上存在一定的差异性。根据样本村居中的地区进行分类，计算出东部、中部和西部社区创新指数的平均值。图4–2显示的就是东部、中部和西部社区创新指数平均值的情况。根据图4–2，总体而言，东部、中部、西部地区在社区创新水平上，依次呈现下降的趋势，即东部社区创新能力和水平最高，而西部社区创新能力和水平相对比较低。无论是东部、中部和西部，从2010年到2016年，社区创新指数都呈现上升趋势。在增长的过程中，西部地区和东中部地区的差距有缩小的趋势。此外，还有一个很重要的特征，在2016年，中部地区的社区创新指数已经超过了东部地区的社区创新指数。这说明，中部地区社区创新能力获得了很大的提升。尤其是 2014 年以后，各地社区的创新能力都获得了普遍提升，而且中部和西部社区创新能力提升得更快，彼此之间在社区创新上的差距在缩小。

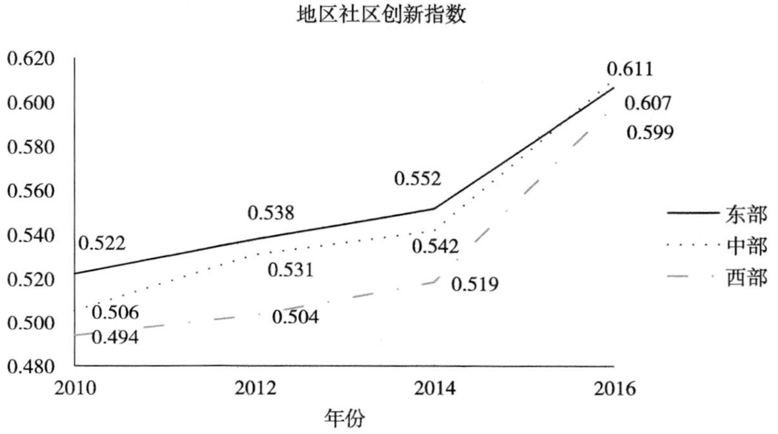

图 4–2：地区社区创新水平的差异

十八大之后，东部、中部和西部在创新上面的协同发展政策所发挥的作用越来越明显，总体而言，这些地区社区创新能力和水平都有显著提升。东部、中部和西部的社区在发展其创新能力上面，各有特色。因地制宜、立足于本地社区进行社会创新的能力显著提升，对中部和西部社区的创新引领、带动和示范作用日益凸显，成为我国十八大以来区域社区创新发展的新亮点。在这种大势引导下，中部社区创新能力提升得很快，甚至超越了东部地区社区创新能力水平。同样，西部社区的创新能量获得了充分的激发，2014 年以后提升速度也比较快。于是，就出现了东部、中部和西部的社区创新能力齐头并进的局面，彼此之间的差距进一步缩小。

二、制度维度

社区创新活动都是在特定的制度下进行的。西方学者提出了一个关于社会创新的理论分析框架，即地区创新的另外模型（the alternative model（s）of local innovation，简称 ALMOLIN 模型）（Moulaert et al.，2016）。ALMOLIN 模型把社区创新活动置于一个复杂的社会环境中，其创新过程与外界环境存在着动态互动关系和平衡，而制度环境是社区创新外部环境的重要组成部分。

因此，需要予以测量和分析。图 4–3 是对 2010 年到 2016 年期间的社区制度创新维度的平均得分情况。根据表 4–3 所示，在 2010 年到 2016 年期间，社区制度创新维度上的平均得分都是在上升，呈现明显的增加趋势。这说明，总体而言，社区制度创新活动日趋活跃，为社区创新提供了更为有力的外部制度设计。

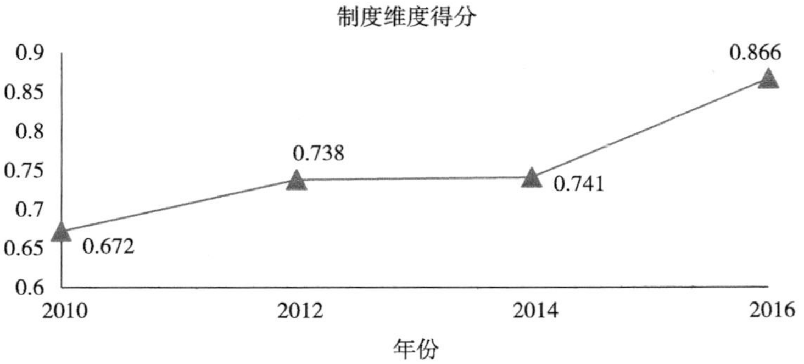

图 4–3：社区制度创新维度总体情况

制度创新具有一定的阶段性。图 4–3 显示，社区制度创新在进行重大突破之前，往往会有一个平稳期。2014 年到 2016 年，社区制度创新维度得分从 0.741 提升到 0.866，是 2010 年以来提升幅度最大的一个阶段。相对而言，2012 年到 2014 年期间，社区制度创新比较平缓，社区制度创新维度得分变化不大。这说明了制度创新的阶段性特征，而且具有明显的阶梯形特征。从 2010 年到 2016 年，就经历了三个发展阶段。第一阶段是 2010 年到 2012 年，社区制度创新维度得分从 0.672 一举突破 0.7 的限制，上升到 0.738，这是一个显著提升的阶段。第二阶段是 2012 年到 2014 年，经历了第一阶段的显著提升后，需要有段时间来进行消化吸收和总结，因此，这个阶段相对比较平缓，也是为下一阶段的飞跃积蓄能量。第三阶段是 2014 年到 2016 年，在社区制度创新上，显然是个飞跃阶段，一举突破 0.8 的限制，社区制度创新迎来了一个新的局面。

在这些年中，社区制度创新上，不仅有量上的飞跃，还有质上的变化，社区之间在制度创新上呈现出趋同的趋势，彼此差距在缩小。表 4–4 显示，社区制度创新维度得分的标准差从 2010 年的 0.133 持续下降到 2014 年的 0.073，这说明总体而言，样本内社区在制度创新上的差距在不断减小。当然，从个体来看，社区之间在制度创新上依然存有差距。比如在 2014 年，社区制度创新维度得分最高的有 0.984 分，而最低的仅为 0.308 分，两者之间的差距还是很明显的。可见，社区之间在制度创新上存有差异，但总体而言，这种差异有不断缩小的趋势。

表 4–4：社区制度创新维度描述统计分析

年份	均值	标准差	最小值	最大值
2010	0.672	0.133	0.210	0.935
2012	0.738	0.116	0.286	1.000
2014	0.741	0.092	0.260	0.939
2016	0.866	0.073	0.308	0.984

为了进一步分析社区制度创新维度上的动态变化情况，通过分析正态分布，可以看出不同年份社区制度创新的内部结构上的变化。根据正态分布情况，可以得出如下几个结论：其一就是从 2010 年到 2016 年，正态分布向右移动趋势明显，而且正态分布的峰值逐年提高，这意味着总体而言，社区制度创新能力和水平在不断提高。其二就是正态分布曲线的宽度在逐年收窄，这说明社区之间在制度创新上的差距总体上在缩小，彼此之间越来越接近了。其三是 2012 年正态分布曲线出现了近似双峰的特征，而其余年份都是单峰，这说明 2012 年社区在制度创新上具有一定的特殊性。这些结论都可以看出，从 2010 年到 2016 年，社区彼此之间在制度创新上存在着互相调整和互动的关系，这是内部结构调整的基础，也是社区总体制度创新增强的内部机制。

根据图 4–4 所示，从城乡社区的情况来看，在制度创新方面，总体而言都是在提升。但是，2014 年是个转折点。在 2014 年之前，农村社区在制度创新方面，得分反而要高于城市社区。在 2014 年，两者得分就非常接近了。到了2016年，城市社区制度创新维度上的得分要超过农村社区。这种消长关系，体现了社区创新制度上的城乡发展特征，制度创新在社区层面因为所处环境的不同而有所差异。城镇社区在制度创新上，由于资源比较多，信息比较通畅，因此，后劲更多。

图 4–5 是不同地区的社区平均制度创新维度得分的情况。根据图 4–5 所示，2010 年，西部地区的社区制度创新平均得分最高，得分最低的是中部，

而东部得分居中。但到了2014年之后，东部地区的社区制度创新平均得分最高，而西部地区最低。不过，之后，西部地区的社区在制度创新上发展很快，到了2016年，西部地区和东部地区的社区在制度创新上得分已经非常接近了，几乎是不分伯仲。在2010年总体发展态势上，东部地区和中部地区的社区在制度创新上呈现持续稳步上升趋势，而西部地区社区在制度创新上则有一定起伏，在2012年到2014年之间，呈现出下降的特征。

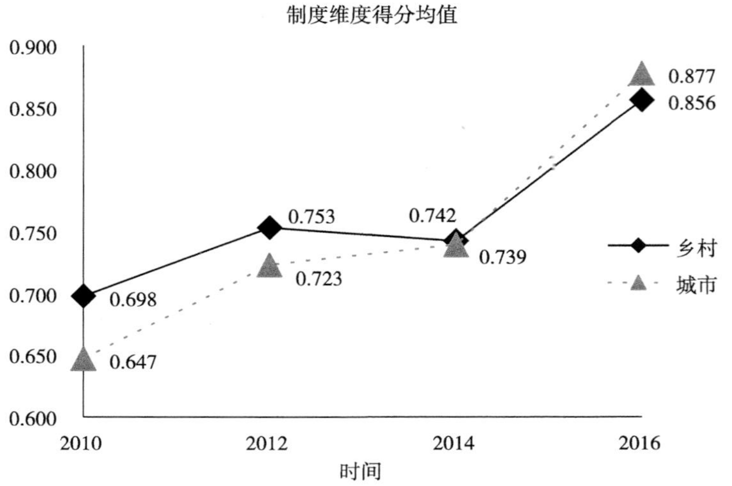

图4-4：城乡社区制度创新的异同

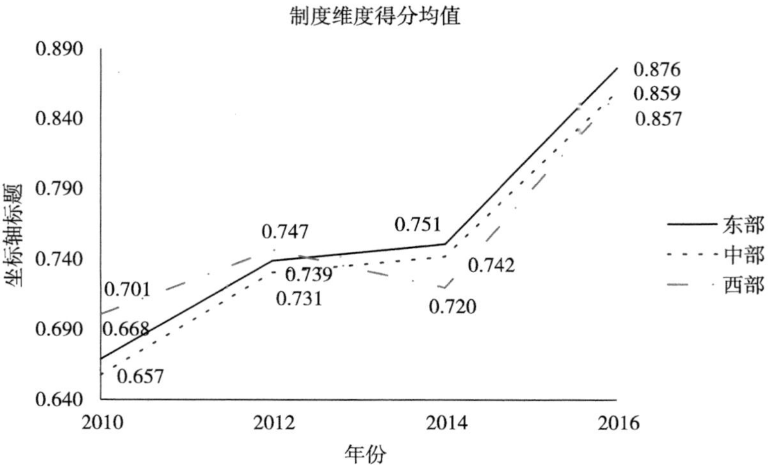

图4-5：地区间社区制度创新的异同

社区层面的制度创新，主要的推动者就是政府。政府出台旨在激发社会各界创新创业的政策，而这些政策的落实与落地，就与社区的执行力之间相关。从社区制度创新维度上的得分情况来看，2010 年以后，社区在制度创新上的总体趋势是不断获得提升。当然，由于存在村乡差异以及地区上的差异，各地的社区在发展速度和路径上存在着一定的差异性。

三、财力维度

在社区层面上的创新活动，需要一定的资金投入和支撑，需要有一定财力上的后盾。图 4–6 是社区在创新财力维度上的平均得分情况。根据图 4–6 所示，从 2010 年到 2014 年间，社区在创新财力维度上的平均得分基本保持不变，从 2010 年到 2012 年，出现非常微弱的下降，而之后是非常微弱的上升，总体情况基本稳定，变化不显著。但是，在 2014 年之后，就产生了明显的变化，从 2014 年的 0.294 一下子跃升到 2016 年的 0.467。

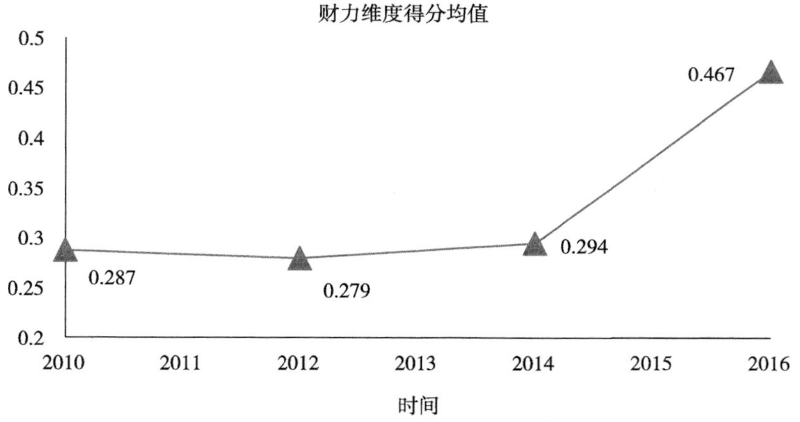

图 4–6：社区创新财力维度总体情况

从社区之间的差异性来看，根据表 4–5 所示，总体而言，从 2010 年到 2016 年，社区创新财力维度的标准差值呈现减小的趋势，这说明差异性在减少。但是，这种过程并不是线性的，因为，2014 年的标准差值是最大的，说明在 2014 年，社区之间在创新财力上的差异性相比而言是最大的。

表 4–5：社区创新财力维度描述统计分析

年份	均值	标准差	最小值	最大值
2010	0.287	0.100	0.033	0.601
2012	0.279	0.087	0.009	0.575
2014	0.294	0.102	0.001	0.628
2016	0.467	0.071	0.253	0.746

通过对这四年社区创新财力维度得分的分布曲线研究发现，从社区创新财力维度的得分情况分布来看，2010 年、2012 年至 2014 年分布较为相似，但 2016 年的均值更大，标准差更小。从分布来看，2016 年正态分布曲线明显要向右移动了一段距离，而前三轮正态分布曲线基本上呈现出重合的态势。这说明，2016 年社区在创新财力上与之前年份有显著的差异，明显要比之前年份要高得多。

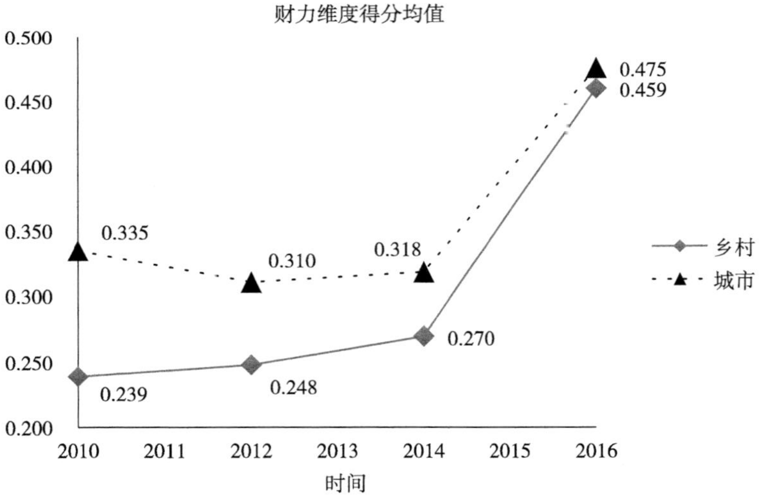

图 4–7：城乡社区创新财力的异同

图 4–7 是城镇和农村社区平均创新财力维度得分情况。根据图 4–7 显示，从 2010 年至 2016 年，农村社区在创新财力维度上的得分总体上呈现上升趋势，而城镇社区在创新财力维度上的得分则较为复杂，从 2010 年到 2012 年呈现下降趋势，之后则进入上升阶段。进入 2014 年之后，城乡社区在创新财力维度上的得分都呈现显著上身的态势。平均而言，在创新财力方面，城镇社区要普遍高于农村社区，但是，两者之间的差距在不断缩小，到了 2016 年，

两者之间已经非常接近了，差距已经很小了。

图 4–8 是东、中、西地区社区平均创新财力维度得分的情况。根据图 4–8 所示，东部地区社区创新财力维度得分最高，中部地区次之，而西部地区最低。这与不同地区总体经济发展水平呈现对应关系，体现了东、中、西地区的总体经济发展程度和家庭收入水平情况。从 2010 年至 2016 年，西部地区与东中部地区的差距在减小，尤其是 2014 年以后，地区间在社区创新财力上的差距迅速缩小，在 2016 年东、中、西社区创新财力已经非常接近了。

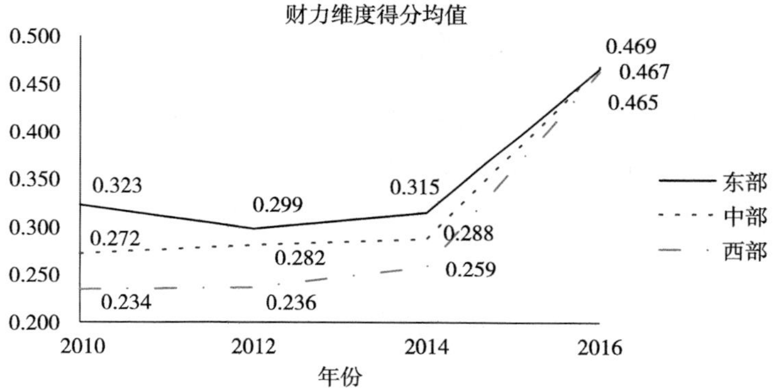

图 4–8：地区间社区创新财力的异同

四、人力维度

社区中的创新能力和创新水平，与社区中的人力资源情况密切相关，与社区中居民所具备的企业家精神有关。对于一个社区而言，若居民中人力资源比较丰厚，那么，具有企业家精神的比例也会比较高，相对而言，社区创新能力也会比较强。图 4–9 是社区人力资源维度上的平均得分情况。根据图 4–9 所示，总体而言，社区人力资源在 0.39 上进行小幅波动，相对比较稳定。2010 年和 2012 年情况相仿，基本没有什么变化。2014 年有小幅增加，而 2016 年出现小幅减少。这说明，这些年社区人力资源情况总体上比较稳定，略有小幅波动。

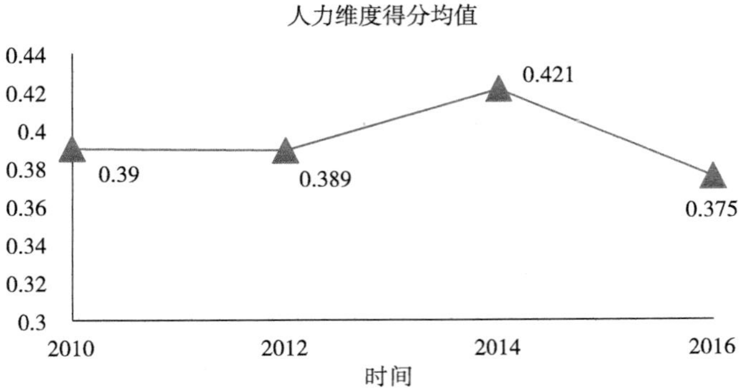

图 4–9：社区人力资源维度总体情况

表 4–6 是历年社区人力资源维度平均得分情况的统计结果。根据表 4–6 所示，社区人力资源维度得分的标准差呈现下降趋势，从 2010 年的 0.099 下降到 2016 年的 0.084。这说明，总体而言，社区在人力资源方面的差距有缩小的趋势。

表 4–6：社区人力资源维度描述统计分析

年份	均值	标准差	最小值	最大值
2010	0.390	0.099	0.150	0.701
2012	0.389	0.099	0.125	0.759
2014	0.421	0.092	0.234	0.861
2016	0.375	0.084	0.159	0.792

对于社区人力资源维度得分的分布图的研究发现，这四轮正态分布曲线形状接近，而且互相重合，彼此之间并无明显的位移。这说明社区在人力资源方面的差距不大，而且这些年中，相对比较稳定，并没有出现大幅度调整的迹象。正态分布曲线变得越来越窄，这说明社区之间在人力资源方面上的差距也有缩小的迹象。

图 4–10 是城镇平均个体因素指数及乡村平均个体因素指数情况。可以发现，从 2010 年到 2016 年，城乡差距有略微缩小的趋势。随着高等教育的普及，以及大学生毕业回乡创业，城乡之间在社区人力资源方面的差距在缩小。这从一个层面上体现了人力资源在城乡配置上的均衡性。受过高等教育的人员回乡创业，也是当今的一种趋势和潮流，体现了创业者务实理性的一面，

因为回乡创业可以激活更多的社区本土资源，创业成功的概率相对会更高。

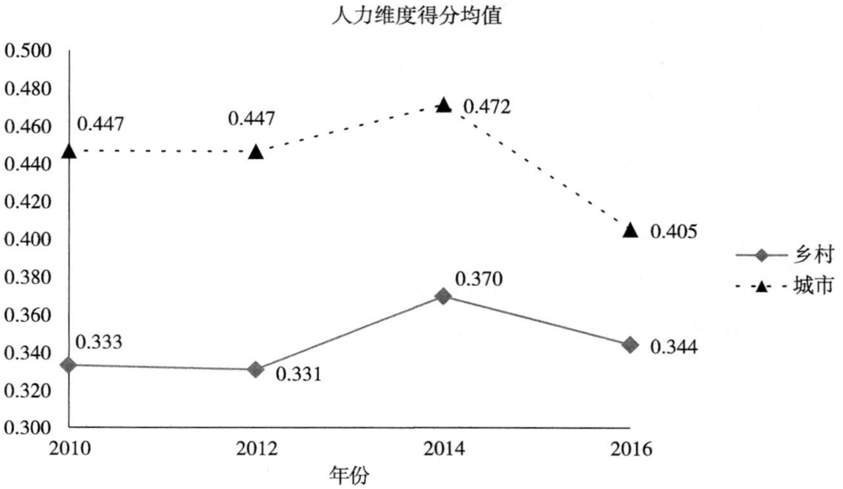

图 4–10：城乡社区人力资源的异同

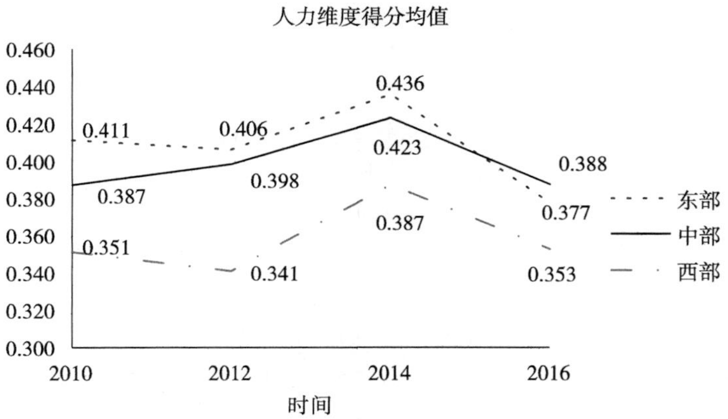

图 4–11：地区间人力资源的异同

图 4–11 是东部、中部、西部地区社区在人力资源上的情况。根据图 4–11 所示，总体上说，东部地区社区人力资源维度得分比较高，中部其次，西部地区比较低。但是，2016 年比较特殊，因为中部地区社区人力资源维度得分超过了东部地区而成为最高。事实上，2014 年之后，社区人力资源出现普遍下降趋势，而东部地区下降得更快些，因此，导致了中部地区超越了东部地区。总体而言，从 2010 年到 2016 年，地区之间在社区人力资源维度上的差

异有缩小的趋势。

五、社会维度

作为社会的一个基层组织，社区层面上的创新活动必然会受到各种各样社会因素的影响，社区创新也会折射出社会变化的特征。根据图 4–12 社区创新的社会驱动维度得分情况来看，从 2010 年到 2016 年，总体上呈现稳步上升的趋势，但是，上升幅度很小，所以，总体而言，社区创新的社会驱动比较稳定，并没有出现大起大伏的现象和情形。在社区社会驱动维度上的平均得分，从 2010 年 0.693 上升到 2016 年的 0.716，差距很小。

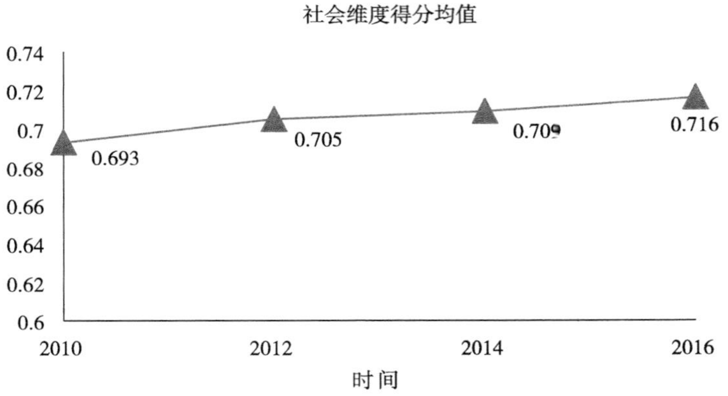

图 4–12：社区社会驱动维度总体情况

尽管社区社会驱动总体而言比较平稳，但是，暗潮涌动，社区之间的结构却存在着变化。表 4–7 数据显示，社区社会驱动维度上的平均得分的标准差，从 2010 年到 2016 年呈现稳步增长的趋势，这说明不同社区之间在社会驱动方面存在的一定的差异，而且彼此的差距有扩大的迹象，尽管这种迹象比较微弱。

表 4–7：社区社会驱动维度描述统计分析

年份	均值	标准差	最小值	最大值
2010	0.693	0.148	0.371	1.000
2012	0.705	0.149	0.358	0.989
2014	0.709	0.152	0.316	1.000
2016	0.716	0.153	0.299	0.997

通过对四轮社区创新活动的社会驱动维度得分的概率分布图研究发现，这四条概率分布曲线尽管峰值略有高低，但是总体而言形状接近，彼此重合度也相当高。所以，整体而言，社区社会驱动比较稳定，但内部结构也呈现不断变化中。

根据图 4–13 所示，城乡社区创新的社会驱动情况是有所不同的。在 2010 年，在社区社会驱动上的得分，农村社区要高于城镇社区。到了 2012 年，两者之间就很接近了。但是，2012 年到 2014 年，在社会驱动方面，农村社区出现了下降，而城镇社区继续持续上升。2014 年之后，城乡社区在这方面的增长都很微弱。可见，总体而言，城镇社区在社会驱动方面都是持续增强的，而农村社区则出现了波动，上升和下降间隔出现。

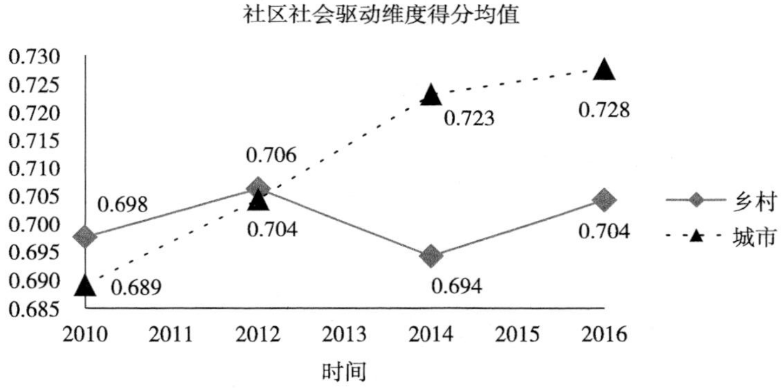

图 4–13：城乡社区社会驱动的异同

图 4–14 是东部、中部和西部地区社区创新的平均社会驱动维度得分情况。根据图 4–14 所示，中部地区社区社会驱动维度的得分最高，始终高于东部和西部地区。2014 年之后，西部地区社区社会驱动维度的得分，超过东部地区。可见，不同地区的平均社会驱动趋势变化较为复杂，东部地区和西部地区在这方面呈现出互相交织的发展态势。

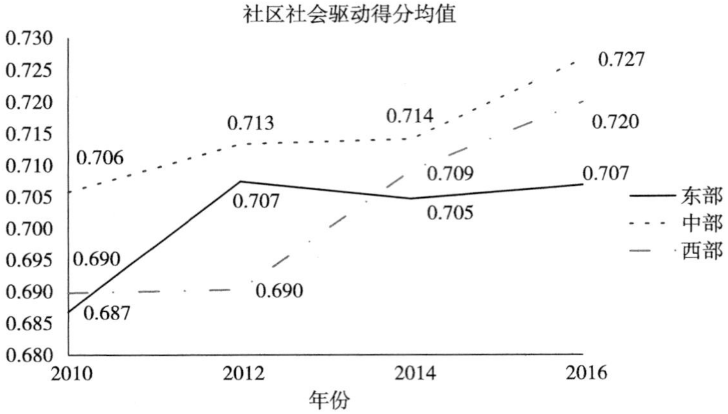

图 4–14：地区间社区社会驱动的异同

小　结

旨在改善基层民生状况的社区创新，对于社区治理而言，是个重要的环节。社区中居民关心的新老问题的处理和解决，都需要通过创新的办法来实现，才能让群众满意的同时，也可以节省处理和解决问题的成本。在测量社区创新上，可以从社区制度、社区财力、社区人力和社会因素这四个维度来进行，通过测量这些维度上的具有代表性的指标，获得社区监测的一手数据。根据这些一手调查数据，来获得社区创新能力的综合评估。监测数据显示，从 2010 年到 2016 年，总体而言，社区创新能力在持续提升，城乡社区之间的差距以及地区之间的差距呈现缩小的趋势。

第五章　社区协调指数

从社会关系的角度来看，社区就是在特定地理空间中的社会关系的集合。在德国社会学家斐迪南·滕尼斯（Ferdinand Tönnies）看来，社区是具有共同习俗和价值概念的同质人口组成，是一种关系密切、守望相助、疾病相扶以及具有人情味的社会团体（Tönnies and Loomis，1959）。这是古典意义上的社区概念，现代社会中的社区，随着人口移动的广泛性，不同社会阶层和背景的异质性很强的人口生活在同一个社区，彼此之间会产生各种矛盾和冲突。即便是古典意义上的社区，同质人口之中也会存在矛盾和冲突。因此，社区的一个重要功能就是协调其成员之间的关系，使之趋于和谐。为了有效测量社区协调能力和水平，有必要通过建构社区协调指数的方式，进行量化测量，从而建立起监测体系，作为提升和改善社区服务的决策依据和重要参考。在社区民生发展过程中，往往会伴随着社区内部的各式各样的矛盾。这些矛盾若无法通过协调得到合理而及时地处置的话，那么，会损害社区居民的和谐关系，成为改善社区民生的阻碍力量。因此，社区治理的基础与核心是协调。现实中的社区关系存在着矛盾和冲突，这是很正常的事情。这就要求社区发挥协调的功能和机制，及时化解矛盾，减少冲突的产生。

第一节　社区协调的基本理论

社区协调这个概念被提出以来，其内涵并非一成不变，而是根据具体项目而不同。社区协调概念产生于澳大利亚西部（Western Australia），当时称之为“当地协调（Local Area Coordination，简称 LAC）”。20 世纪 80 年代后期，澳大利亚西部的一些地区实施一项名为“残疾人服务委员会的当地协调计划（the Disability Services Commission’s Local Area Coordination Program）”的项目，旨在通过协调当地的力量，来更好地服务本地的残障人士。当时之所以强调当地协调，是出于现实的需要和考虑。由于一些地处偏僻的地区，残障人士行动不便，很难获得中央政府及其部门的直接支持。在这种情况下，为了更好地服务这些残障人士，就势必需要动员其所在社区的当地社会力量，建立当地协调机制，给这些残障人士提供基于当地的有效服务。可见，当时社区协调强调的是利用社区本地资源，就近服务本社区的居民，尤其是服务好包括残障人士在内的社会弱势群体。后来，随着社区概念的扩展以及社群概念的兴起，社区协调内涵也有了很大的拓展，包括了关系协调（relationship coordination）、团队协调（teamwork coordination）等。如此一来，社区协调的概念就越来越广，应用的范围也就愈来越大。社区协调不仅成为公共管理与服务的一个重要领域，也成为社会组织发展的重要关键词。由此也产生了不少社区协调的评估方法和工具，用来及时监测和评估社区协调的进展和效果。

一、社会协调的评估与发展

20 世纪 80 年代后期，社区协调最初在澳大利亚西部实施，后来，逐渐扩散到英格兰、苏格兰等地区。进入 21 世纪，随着社区协调实践的深入，以及利益相关方的关切，对于社区协调的评估以及相应的研究，也随之而兴起。2003 年，西方学者总结了社区协调的十个基本特征，成为后来社区协调研究和评估的重要基础（Curtice，2003）。这十大特征分别是：强大的本地连接（Strong local connections）、社区承诺（Is committed to community）、提供探索所有选项的信息（Provides information that explores all the options）、社区的稳定性、个性化与一致性（Is stable，personal and consistent）、基于人群的服务（Works from where people are at）、社区和居民合作（Works with people in their homes and in the community）、人们交流的沟通桥梁（Acts as a bridge and links people together）、并非权威（Is not an ‘authority’，not always having an answer）、不歧视（Is non-judgemental and non-discriminatory）和注重长期关系（Is committed to long-term relationships）。

社区协调的这十大特征，可以进一步加以归纳和提炼，有些特征可以加以合并。比如，特征一和特征七其实是在强调社区协调的网络机制，特征二和特征十是指关系协调，特征三和六是指促进合作，特征四、五、八与九则是在强调社区的包容性（Inclusive）。所以，Curtice（2003）的研究，可以进一步总结成社区协调的四大维度。这就为后来社区协调测量提供了重要的基础。此后的社区协调评估，基本上都是沿用了这个思路。当然，在具体做法上，不同的国家由于国情的不同，在设计上存在着差异。比如，英国的社区协调评估与澳大利亚的做法，存在着不同，这不仅是因为评估设计框架上有差异性，更重要的是，在社区协调的具体实践上，本身就存在着差异性。

2007年，苏格兰（Scottish）的一家学术机构对于当地的社区协调项目进行了评估，发布了名为《苏格兰实施当地协调评估（Evaluation of the Implementation of Local Area Co-ordination in Scotland）》的报告。这份报告对于之前澳大利亚地区的社区的评估方法进行了总结，结合苏格兰当地的实际情况，经过2005年到2006年共11个月的评估研究，比较系统地评估了苏格兰地区社区协调的发展情况以及可以改进之处。从社区协调的产出角度，这个报告总结了如下几点：与个人和家庭建立关系，帮助他们确定自己的需求并据此努力改善其生活；支持个人积极参与当地社区活动；通过社区建立的网络协助个人和家庭，相互支持；帮助个人和家庭有效地与其他机构合作；使个人和家庭相信社区专业人士就在其身边随时准备提供帮助；将来自不同背景的个人和家庭聚集在一起共同努力；确保人们获得支持和服务，更好地了解情况。从这七大功能来看，社区协调其实也不外乎维护好与个人及家庭的关系、鼓励居民参与社区活动、鼓励居民之间的互相帮助、鼓励居民与社区外部资源进行对接、及时提供专业的社区服务、社区多元化和包容性、鼓励居民对于美好生活的预期与憧憬。简而言之，就是维系、参与、互助、包容和共进。这些功能是苏格兰地区社区协调对社区中的个人和家庭所实际发挥出来的作用，虽然具有苏格兰的特色，但是，也具有一般性和普遍性。

2010年，澳大利亚委托第三方机构对“残疾人服务委员会的当地协调计划”项目进行了评估，发布了名为《残疾服务委员会当地协调咨询项目（Disability Services Commission Local Area Coordination Consultation Project）》的评估报告。从这份评估报告的内容来看，总共从五个维度来测量社会协调，分别是总体满意度（Overall satisfaction）、当地协调的角色（Role of the LAC）、客户和当地协调之间的关系（Relationship between clients and their LAC）、获得的成果（Achieving client outcomes）以及建议提高之处（Client proposed improvements）。这五个维度中前四个维度分别对应的指标数是7个、5个、5个和6个，总共是23个指标。第五个维度是开放题。从这个评估设计来看，核心部分是第二、三和四维度，即评估社区协调的角色、关系和成果。其基本逻辑是首先要问社区协调的具体角色是什么，接下来就要问在发挥这些角色过程中社区应该如何协调各方面关系，最后就是问社区在协调这些关系上究竟获得了何种成果。可见，这三个维度上的测量与评估，是直接为评估社区协调所量身定做的，其结果会直接决定了社区协调的价值和意义。第一维度和第五维度则是对于现状的评估以及对于未来的预期，这是一般性评估都会有的内容。这次评估主要采取了访谈法，通过对于参与者以及利益相关方的深入访谈，获得相关指标的数据，在此基础上，形成数据分析报告。这种深入访谈法，是社区协调评估的重要方法之一。

2013 年，新西兰（New Zealand）开始对其国内的社区协调项目进行评估，并在 2014 年发布了一份名为《当地协调评估（Evaluation of Local Area Coordination）》的报告。在这份报告中，从八个维度来识别和测量社区协调的价值。这八个维度分别是：美好生活的愿景（include people developing their own vision of a good life）；认识到自己的优势（recognising their own strengths）；获取有关可用内容的信息（getting information about what is available）；利用和建立网络（making use of, and building on networks）；鼓励不同声音（strengthening their voice）；采取行动进行改变（taking practical action for change）；在社区中获得新的机会（taking up new opportunities in the community）；获得更多的个性化资金和支持服务（accessing enhanced individualized funding and support services）。社区协调价值的这八个维度，具有一定的普适性，不仅仅适用于对于社区残障人士的帮助上，也适用于一般性的社区发展与建设，比如推动社区内部关系和谐发展、鼓励社区居民进行创业、吸引社会资金建设社区等等。可见，良好的社区协调，应该是能够帮助居民建立美好生活的愿景，让居民能够认识到自己的优势和产生自信，从而能够积极行动来主动谋求改变和创新，可以让居民更好地建立起各种网络进行交流与沟通，并且可以便捷地获得所要的信息，不同声音都可以自由表达，获得资金或者服务支持。总而言之，社区协调能够为居民创造更好的发展机会，营造更好的生活与发展环境。

威尔士的蒙茅斯郡（Monmouthshire）在 2014 年就开始实施社区协调项目。项目启动后，相应的评估也接踵而来。《社区协调和小型本地公司评估（Community Coordination and Small Local Enterprises an Evaluation）》报告，对于蒙茅斯郡所实施的社区协调项目进行了评估。这份评估报告主要从社区中的个人和家庭的角度来分析和评估社区协调的成果。在具体评估上，从七个方面来进行。这七个方面分别是：人们充分了解其社区的资源；人们有更好的幸福感；人们有权找到自己的解决方案；支持人们识别、使用和发展他们的社会资本；支持人们发展非传统的，以人为本的支持；人们在当地社区中过着自己选择的生活；人们控制着他们的生活。由于这个评估是从社区中的个人和家庭的角度来进行设计的，所以，在分析社区协调时，利用对称性原则，转换成社区视角，就可以形成社区协调测量的四个方面，分别是：提供信息、个性化支持、包容性以及提供社会资本。社区协调在这四个方面能够发挥好作用，就可以对于本地企业的发展产生积极作用。本地企业获得了发展，又反过来会推动其所在社区的发展，从而形成一种良性循环。这份报告进一步强调了社区协调要获得成功，就需要让社区中的个人和团体可以聚在一起，能够创造一种建立持久联系的社区，体现了友谊、互惠和归属感。

二、社区关系协调的测量

社区是社会关系的一个载体，来自个人、家庭、机构、组织和社区之外的各种社会关系都汇集在社区这一基层组织之上，形成了其独特的关系协调机制。所以，社区协调一个很重要的任务其实就是关系协调，要把社区内部以及内部与外部各种错综复杂的关系协调好，处理好各种矛盾和冲突，进而实现社区关系的和谐。在关系协调的测量上，美国布兰迪斯大学（Brandeis University）的几位教授曾系统研究了关系协调的测量问题。根据关系协调理论的研究，良好的关系需要包括三个基本特征：共享的目标（shared goals）、共享的知识（shared knowledge）和互相尊重（mutual respect）。这也就是良好关系的三个基本维度。目标一致，那么，关系的相关方才能齐心协力去往一个目标努力，才能获得协同效应。关系相关方只有拥有了共享的知识，才能了解特定目标与整体之间的关系，才能利用共同拥有的知识去有效达成预定的目标。关系相关方通过互相尊重对方的方式，来理解对方的用心与努力，才能更好获得彼此的认同与投入，才能更有效地去达成共享的目标。社区协调就是要尽可能让关系相关方拥有上述三种特征，促成社区内部的团结与合作，从而高效地去达成共同努力的目标。社区协议在协调各种社会关系中，需要从上述三个维度去把握社会关系的发展变化规律，从而处理好内外部矛盾，理顺各种关系使其成为和谐社区的一个重要基础。

社区在进行关系协调的过程中，需要和沟通紧密结合起来。社区协调中的关系协调，其实与社区沟通（community communication）是密不可分的。社区沟通包括了社区内部成员之间的沟通和社区内部与外部之间的沟通。保持这些沟通的顺畅以及高效，有助于及时发现存在的误解，从而能够第一时间排除可能的矛盾，确保和谐关系不被破坏。在实际操作中，社区沟通也有四个核心维度，包括了合适的频率（frequent）、注重时效（timely）、精准（accurate）和解决问题（problem-solving）。社区沟通频率不能过多，过多就会产生扰民的后果，让社区居民感到有压力，甚至会干扰正常的社区居民的生活和工作。社区沟通也不能过少，太少了会让社区居民感受不到社区的存在，无法形成社区归属感，也无法及时发现居民存在的问题。所以，社区沟通的频率要控制好。当然，沟通还需要掌握时效。当出现矛盾时，或者发生问题，沟通过早了可能于事无补，也可能把事情扩大化。沟通过晚了，也会有问题，让问题升级或者恶化。所以，社区沟通要掌握好时间节奏。社区沟通要尽可能精准，沟通的内容要切中要害。最后，很重要的一点就是社区沟通不是为了沟通而沟通，沟通的目的是解决问题，所以，解决问题才是社区沟通的目标。上述四个维度，是社区沟通的重要构成，也是社区在进行关系协调中需要努力把握好的四个重要方面。

根据关系协调理论，社区在协调各种复杂的社会关系时，可以从结构、过程和产出这三方面来进行有效地管控，即所谓的关系协调的“结构 - 过程 - 产出”模型（Structure-process-outcomes model）。任何一种社会关系都有其内在的结构，因此，社区在协调具体的社会关系时，就需要研究清楚社会关系的内在结构，把握好其结构特征和变化规律，有针对性地加以协调和引导，才能获得预期的成效。在分析清楚社会关系的内在结构后，就需要进行关系协调的过程管理。关系的产生、变化和发展，尤其内在的逻辑，所以，社区在协调关系时，就需要把外在干预与内在变化逻辑相匹配，对于具体协调的过程进行有效管控和引导，才能确保关系协调获得良好的成效。社区协调除了过程管控之外，还需要进行产出管控。社区关系协调的一个重要产出目标就是要尽可能让关系趋于协调，使得社区成为一个和谐的社区。这是关系协调的目标成果和预期产出。但是，若协调不当，就会有负面成果或不利产出，比如关系恶化、矛盾激化，等等。这些都是社区关系协调需要尽可能去避免和克服的。所以，社区关系协调除了做好过程管控之外，还需要做好成果和产出管控。可见，结构、过程和产出是社区沟通的三个重要维度，是社区协调的重要因素。

第二节　社区协调指数建构

社区治理，从某种意义上来说，就是在协调各式各样的关系和资源，一方面通过协调来改善社区民生的状况，另一方面，通过积极有效的协调机制来及时排除阻碍社区民生发展与改善的各种阻力，确保社区的和谐、安宁与稳定，让老百姓拥有良好的生活满意度和实实在在的获得感。社区协调指数是用来测量社区协调能力和关系协调程度的工具。由于社区关系协调的内容是多方面的，因此，也需要从多个维度来进行测量。社区协调指数从社区关系协调的角度来测量社区和谐程度，因此，不仅仅是一种测量工具，而且还对社区治理具有重要的指导意义，是具有指向性的。在进行社区治理上，需要有针对性，能够及时针对出现的问题以及内部矛盾开展协调工作，化解矛盾，协调各方力量和资源，共同为社区建设服务。所以，社区协调指数从社区福祉协调的角度，描述社区居民和谐共处、共同发展的程度。

一、三个维度

在参考和借鉴上述所介绍的西方社区协调相关的测量工具的基础上，结合我国社区的基本情况和特征，汇总专家们的意见，最终，确定了社区协调指数的三个维度，分别是：社区平等、社区共识和社区服务。一般而言，社区内部自身就有追求平等的需求，社区具有要求平等的经济、社会和政治参与权。在这种基本的社区平等需求的指导下，社区居民之间比较平等，那么，社区协调关系越好，社区协调指数也就越高（Gilabert，2012）。一个协调的社区，往往也是一个具有凝聚力的社区，而社区居民内部凝聚力的一个重要基础就是共识。社区共识有助于提升社区参与度，对于提升在社区层面进行一系列治理活动的效率很有帮助，比如能够在缺少社区资源的情况下还能有效预防社区中儿童的一些疾病的早起诊断和防治（Murillo et al.，2016）。此外，协调能力强的社区，一般都具有较强的服务提供能力。所以，社区服务也是社区协调指数的重要维度之一。

平等原则是协调关系的一个基本原则。社区在协调各方面关系的过程中，需要坚持平等原则，对于社区中的居民都平等相待，才能协调各方面的关系，化解可能的矛盾。客观上绝对的平等是不可能的，社区可以通过营造平等的氛围，让社区居民主观上感觉被平等对待。这种主观感知到的平等，对于社区协调而言，更为重要。社区中，不能因为户籍、收入、性别等对居民进行区别对待，甚至是歧视。户籍歧视往往会产生一系列影响社区稳定的后果，比如会进一步加剧收入的差距，导致社区的贫富分化（万海远和李实，2013）。性别歧视也会产生很多问题，可能会导致人力资源的失衡，影响家庭和社区的稳定（李新建和赵瑞美，1999）。如此就往往会产生矛盾，形成冲突，甚至是事情的激化，社区内部关系紧张，和谐社区建设将功亏一篑。所以，社区在协调内部关系时，要坚持平等原则，营造平等的氛围。

要建构协调的社区关系，就需要有共识。在人口流动比较频繁的时代，社区的构成也越来越多元化，不同背景、文化、职业等的人们齐聚在同一个社区生活和工作，这就需要大家能够凝聚社区和谐发展的共识，共同推进社区建设与发展。在社区中，不可避免存在着社会分层现象（李新建和赵瑞美，1999）。在和谐社区建设过程中，要尽可能让处于不同社会阶层的居民都有被尊重的感觉，感觉自己处于有尊严的社会地位中，从而能够主动参与社区建设与发展。社区共识还需要建立在对于未来的信心之上，这样的社区更为安全，更有力向前发展（Kirby and Mcpherson，2009）。当居民对于社区的未来没有信心时，这样的社区也就不可能再向前发展，而且还可能出现倒退的不利局面。反之，当社区居民的信心越足，那么，即便社区当前面临种种挑战和困难，居民也能发挥出强大的韧性和凝聚力，能够积极主动去推动社区建设，社区就能够获得发展。

社区不仅仅是个空间的概念，更是社会关系的载体，是个服务的平台。社区服务是指政府、社区村委会或居委会以及数字社区等其他各方面力量为社区成员提供的公共服务和其他物质、文化、生活等方面的服务，这是满足社区成员精神和物质上的需求的一种重要方式，也是协调社区关系的重要途径之一。社区服务好，有助于促进社区成员对于社区的认同感和归属感，激发其参与社区建设的内驱力，从而推动社区向前发展（Yates and Youniss，2010）。社区服务的内容是多方面的，比如文娱休闲、医疗卫生、公共服务、和谐互动等等。社区服务包括了有组织的服务体系以及志愿性质的自发的服务活动，前者提供的是具有结构性服务，一般是例行的持续性的服务，服务内容相对比较稳定，而后者提供的是一些非结构性的服务，服务持续的时间也是很长，服务的内容也是多变的。

二、指标与测量

根据表 5–1 所示，社区平等维度有四个指标，分别是户籍平等、经济平等、性别平等和待人平等。户籍平等是指社区中居民不会因为农村户口或者城镇户口而受到不公平对待，不会因为户籍而受到歧视。在成人问卷中有“（是否亲身经历）因户籍而受到不公正对待”的问题。在计算上，采用一年内因户籍受到不公对待的人群比例来进行测量。在指数计算过程中，进行了指标同向化。经济平等是指社区中不同收入程度的居民获得平等对待，即不会因为贫富差距而受到不公平对待。在成人问卷中有“（是否亲身经历）因贫富差别而受到不公正对待”的问题。在计算上，采用一年内因贫富差距受到不公对待的人群比例来进行测量。在指数计算过程中，进行了指标同向化。性别平等是指社区中不同性别的居民获得平等对待，即不会因为性别差距而受到不公平对待。在成人问卷中有“（是否亲身经历）因性别而受到不公正对待”的问题。在计算上，采用一年内因性别差距受到不公对待的人群比例来进行测量。在指数计算过程中，进行了指标同向化。待人平等是指社区中在待人接物中能够平等对待，即不会因为性别差距而受到不公平对待。在成人问卷中有“受访者的待人接物水平 ”的问题。在计算上，根据很差到很好从“1”到“7”打分，计算出社区的平均分。

社区共识维度有两个指标，分别是地位和信心。若社区居民感觉自己有一定的社会地位，对未来充满了信心，那么，对参与社区活动时，一般会具有更加乐观的态度，在社区治理上更容易达成某种共识。地位是指社区居民在本地所感受到的社会地位。在成人问卷中有“您在本地的社会地位”的问题，根据“很低”到“很高”给出从“1”到“5”的打分，计算出其均值就是社区中的居民所感知到的平均社会地位情况。信心是指社区中居民对于未来的信心程度。在成人问卷中有“您对自己未来的信心程度”的问题，根据“很没信心”到“很有信心”给出从“1”到“5”的打分，计算出其均值就是社区中的居民平均信心程度。

社区服务维度有三个指标，分别是文娱休闲、医疗水平、公共服务与社会和谐。文娱休闲是指社区居民在文娱休闲方面的支出水平。医疗水平是社区居民就医的平均医疗条件。在家庭问卷中有“您觉得看病点的医疗水平”的问题，分成“很好”“好”“一般”“不好”和“很不好”五档，分别从“1”

到“5”给予打分，计算出平均值就是社区居民就医时的平均条件。在指数计算过程中，进行了指标同向化。公共服务是指社区中居民在与政府部门互动过程中是否获得了良好的服务。在成人问卷中有“（是否亲身经历）受到政府干部的不公正对待”的问题，计算出受到不公平对待的人口比例就是社区中的居民所感受到的平均公共服务质量。在指数计算过程中，进行了指标同向化。社会和谐是指社区居民的和谐程度。在成人问卷中有“（是否亲身经历）与政府干部发生过冲突”的问题，计算出发生过冲突的人口比例就是社区中的居民平均和谐程度。在指数计算过程中，进行了指标同向化。

表 5–1：社区协调维度及其指标

指标	单位	描述	出处
社区平等			
户籍平等	人群比例	一年内因户籍受到不公对待的人群比例	成人问卷
经济平等	人群比例	一年内因贫富差距受到不公对待的人群比例	成人问卷
性别平等	人群比例	一年内因性别受到不公正对待的人群比例	成人问卷
待人平等	得分评级	受访者待人接物水平得分均值 1= 很差 7= 很好	成人问卷
社区共识			
地位	得分评级	感知自己在本地社会地位得分均值 1= 很低　5= 很高	成人问卷
信心	得分评级	对未来信心程度得分均值 1= 很没信心 5= 很有信心	成人问卷
社区服务			
文娱休闲	元 / 人	Ln（一年内人均文娱休闲支出 +1）	家庭问卷
医疗水平	得分评级	经常看病点的医疗水平　1= 很好　5= 很不好	成人问卷
公共服务	人群比例	一年内受到政府干部不公正对待的人群比例	成人问卷
社会和谐	人群比例	一年内与政府干部发生过冲突的人群比例	成人问卷

在这些指标的选取上，有个删选的过程。一开始，入选的测量指标个数比较多。但是，经过多次专家讨论研判，一些指标因为相关性不够强而被删掉了。此外，还有些技术因素也会影响指标的入选。有些指标在 2010 年、2012 年和 2014 年的 CFPS 调查中有，但是，到了 2016 年的调查中就没有了，因此，这些指标的数据就不能覆盖研究的这些年份，所以，也不能入选。最终入选的是这十个指标用于测量社区协调，分别从三个维度来进行监测，从而对于社区协调有个综合的评估和测量。

第三节　社区协调指数分析

社区协调涉及错综复杂的利益关系，是社区治理中的极具挑战性的课题。社区协调能力弱，不仅不能及时解决问题，还可能在解决问题的过程中制造了新的问题，引发出新的矛盾，可能破坏社区和谐的局面。因此，就需要切实提高社区协调能力，避免因为协调不力而出现被动的局面。对于社区协调能力的监测，一方面起到掌握现状的目的，另一方面起到预警的目的。一旦发现社区协调能力走低，就需要及时警觉起来，要主动去分析其中可能存在的问题，并尽可能早去排除问题，提升社区协调的能力。作为社区协调能力监测体系中的重要组成部分，社区协调指数的走势就成为社区治理中关注的重点。

一、社区协调指数总体情况

社区协调指数得分情况的走势，是一个很重要的信号。当然，除了走势之外，从全国层面来看，城乡社区之间以及不同地区的社区之间在社会协调上的差距，也是重要的信息。这些信息，一方面可以为政府从全局角度制定旨在提升社区协调能力的相关政策服务，另一方面也可以为社区内部挖掘相关潜力以提升其协调能力服务。所以，对于社区协调指数，可以从使用者的角度来进行分析和解读。

（一）总体趋势有波动

根据图 5-1 所示，在 2014 年之前，社区协调指数呈现上升趋势，而且 2010 年到 2012 年间上升幅度较大，2012 年到 2014 年间上升较为平缓。这说明，总体而言，在 2010 年到 2014 年间，社区协调能力呈现上升趋势。2014 年到 2016 年间，社区协调指数呈现小幅下降。造成这种情形出现的原因是多方面的，因为社区关系本身就是多变的，当社区处于复杂多变的环境中，就会对社区协调能力提出了新的挑战。社区为了应对内外部的挑战，在协调关系上，需要有个适应和试错的过程，因此，社区协调能力会有波动起伏，这也是很正常的事情。

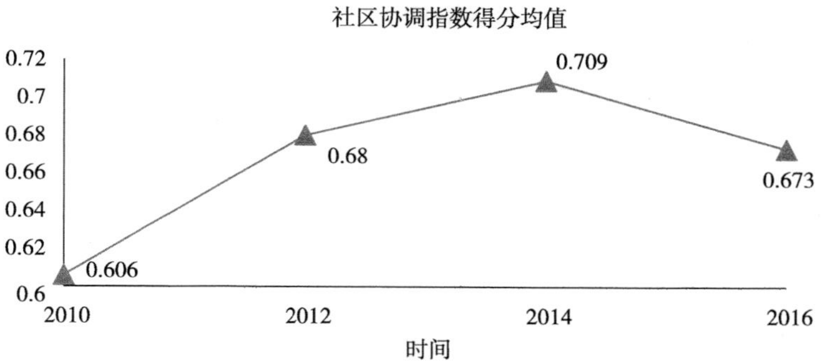

图 5–1：社区协调指数得分均值

社区关系是社区中人与人之间的互相联系、互相影响、互相作用的形式或形态。社区协调的对象主要是这种社区关系，在协调社区关系时，主要秉承着互相理解、互相补充和鼓励向善的原则，化解各种矛盾，建设和谐的社区。但是，社区关系是时刻都在发生变化着的，因此，需要根据具体情况和新出现的情况进行调节，兼顾各方的利益。但是，协调往往会存在时间差，需要有个反应的时间。在新情况层出不穷的现实环境中，社区协调本身就是个动态的过程，其效力呈现出波动起伏也是正常的事情。此外，社区协调产生作用，也往往有时差，当下的社区协调往往在以后才产生作用。也就是说，滞后现象为解释变量对被解释变量的影响不可能在短时间内完成，在这一过程中通常存在时间滞后，也就是说，社区协调需要通过一段时间才能完全作用于被协调的社区关系中，社区关系从矛盾对立走向和谐需要有个过程。

（二）内部差距比较稳定

根据表 5–2 所示，总体而言，社区协调指数标准差并不存在明显减少或增加的趋势，说明社区之间在社区关系协调上的差距较为稳定。2010 年，指数的标准差和 2016 年是一样的，都是 0.079，即两者在内部差距上是处于同一水平。相比而言，2012 年和 2014 年的标准差值出现略微减小的情形，但是减少幅度都很微弱。可见，总体而言，社区在协调能力和水平上，彼此存在着差距。得分高的社区，其社区协调指数可以超过 0.8，甚至有超过 0.9 的，而得分低的社区，其社区协调指数在 0.3 左右。两者之间的差距是明显的，而且，这种差距也比较稳定。

表 5-2：社区协调指数描述统计分析

年份	均值	标准差	最小值	最大值
2010	0.606	0.079	0.301	0.808
2012	0.680	0.074	0.356	0.885
2014	0.709	0.065	0.434	0.894
2016	0.673	0.079	0.268	0.913

根据四轮的社区协调指数分布曲线的分布曲线显示，基本上历年社区协调指数呈现正态分布的特征。2010 年的分布曲线偏左，之后的分布曲线都开始向右移动到一个新的位置，且这三条曲线重合度比较高。这说明从内部结构来看，2010 年的社区之间在协调上的差距和内部分布，与之后的社区协调内部分布差距较大，而 2012、2014 和 2016 年社区协调内部结构较为接近。

（三）城乡差距在扩大

根据表 5-3 所示，从农村社区协调指数和城镇社区协调指数发展趋势来看，两者走势相仿，都是先上升，到了 2014 年之后开始下降。这说明，从总体趋势来看，农村社区和城镇社区在协调能力和水平上，处于同步变化的态势。这种同步变化的态势，与国家整体性、全局性政策有关，体现的是一种系统性变化。这类政策实施之后，无论是城镇社区还是农村社区，都会受到某种影响，在社区协调方面产生同步的变化。社区在协调内外部关系时，都会对于内外部环境等进行应对，做出调整，这是社区的一个共性。当受到一些全局性变化的影响时，无论是城镇社区还是农村社区，都会做出类似的反应。

表 5-3：社区协调指数的城乡差异

年份	城市均值	农村均值	两者差距
2010	0.615	0.597	0.018
2012	0.703	0.658	0.045
2014	0.726	0.692	0.033
2016	0.700	0.646	0.054

城镇社区与农村社区既有共性的一面，也有个性的一面。因为有个性的一面，所以，彼此之间就会存在差异性，即便对于类似的外部环境变化的应

对，其反应能力和反应力度也会有所不同。表 5–3 显示，城镇社区协调指数比农村社区协调指数要高，这说明城镇社区在协调能力和水平上比农村社区更具有优势。此外，从 2010 年到 2016 年，城镇社区和农村社区在协调指数上的差距在扩大，从 2010 年的 0.018 扩大到 2016 年 0.054。这说明两者在社区协调能力方面上的差距在加大。

（四）地区差距在扩大

在一些社会学家看来，社区是一个地域性或地理性的概念，因为地域空间是社会关系的载体。比如芝加哥学派的代表人之一罗伯特 · E · 帕克（Robert Ezra Park）就认为，社区是社会团体中个人与社会制度的地理分布（Park，1974）。这种说法的人被称为社区研究中的"区位学派"。这种观点有不少现实的例证，比如很多社会现象具有明显的地域空间特征，存在所谓的空间依赖性（Spatial Dependence）和空间异质性（Spatial Heterogeneity）。随着空间与社会数据可获得性以及空间统计与计量学的发展，对于社区关系的区位研究也越来越深入。从社区协调方面来看，根据图 5–2 所示，可以发现两个明显的特征。其一就是西部社区在协调之上明显低于东部社区和中部社区。这说明社区所处的区位对于社区关系协调是会产生显著影响的。其二就是不同地区的社区在协调指数发展走势上相仿，但是，彼此之间的差距有扩大的迹象。

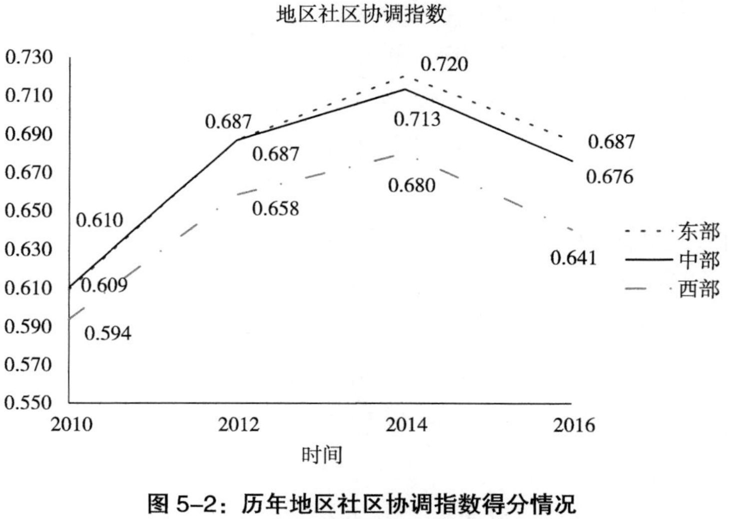

图 5–2：历年地区社区协调指数得分情况

由于处于不同的区位，社区在协调指数上的差异会呈现出不同的逐渐扩大的迹象。根据图 5–2 所示，东部社区和中部社区一开始在协调指数上基本上是一样的，所以，其曲线在 2010 年到 2012 年期间基本上是重合的。但是，在2012年以后，开始出现细微的差距，东部社区逐渐拉大与中部社区的差距。在 2014 年以后，尽管东部社区和中部社区在协调指数上都呈现下降的趋势，但是，相比而言，中部社区下降的速度更快一些，所以，两者在协调指数上的差距有进一步扩大的迹象。从系统论的观点出发，那么，社区是地域、社会互动和社会关系的综合体，是一个大系统中的一部分。而且，社会关系和空间之间还存在互动与交互，即“制度 – 空间”的交互作用（马玉娜 and 顾佳峰，2018）。结果，导致社区关系协调变得更为微妙。东部社区和中部社区在协调指数上差距的变化，也是这种微妙性的一种体现。

二、社区平等维度

根据图 5–3 所示，总体而言，社区平等维度上的得分都是比较高的，2010 年就超过了 0.7，之后都是在 0.8 或者更高。这说明总体而言，社区居民在生活以及社会互动过程中，普遍感受到了被尊重的感觉，收到了公平的对待。当然，也有少数人也是感到了一定程度上的不公平对待，感觉到了一定程度上的歧视。这种歧视可能来自户籍上的，也可能来自收入上的或者来自性别上的。当然，还有其他方面上的被不平等对待的感知。由于这种社区平等的测量，是建立在主观感知的基础上的，因此，得到的测量值还会受到个人的情绪等心理上的因素的影响。可见，要精准测量社区平等是一项具有挑战性的研究工作。图 5–3 的结果，从一个侧面提供了社区平等的测量方法，得到的分值都是在 0.7 以上，这说明社区内部相对比较具有公平性，大多数居民都是被平等相待的。

在通过主观感知来测量社区平等时，实际操作过程中，常会遇到所谓的社会期许性反应（Socially Desirable Responding，SDR）问题。受访者在接受问卷调查时，可能会用社会认可的方式去回答问卷中的问题，使自己或别人看起来更适合社会需要的一种偏向。通俗的话来说，这种社会期许性反应就是受访者故意“装好人”，故意以社会中的“好人”标准来回答问卷中的问题。比如在回答“是不是受过不公平对待”时，受访者往往会想到，好人应当都受到社会公平对待和社会尊重，而坏人都是应该受到其应得的对待。因此，受访者即便受到过不公平对待，也可能会回答自己没有此种经历。

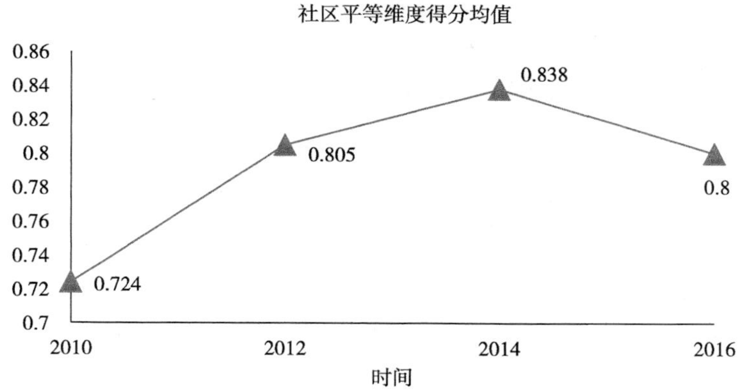

图 5–3：社区平等维度得分情况

这种社会期许性反应是客观存在的，但是，也有一些方法可以尽可能减少其影响。此外，有些受访者可能会“装好人”，但也有些受访者还可能会“装坏人”，明明是被公平对待，但是处于种种原因而回答说是受到不公平对待。这两类受访者一平均，调查的结果也就相对比较接近现实中的真实情况。图 5–3 所显示的结果，应该是客观反映了真实的情况。也就是说，总体而言，社区平等处于比较好的情形，受访者大多获得了公平对待，并对此感到满意。

社区之间在平等维度上的得分存在着比较大的差距。根据表 5–4 所示，社区平等维度上得分的最大值已经接近于 1 或者等于 1，而最小值则刚超过 0.1。这说明，不同社区在平等维度上存在较为明显的差距，有的社区居民感知到获得了普遍尊重，因此，其主观感知的平等感比较高，而有些社区内部可能存在着一些矛盾、分化甚至对立，导致其居民感觉自己被不公平对待了，因此，感觉缺乏平等感。这些情况表明，在分析社区平等上，不仅要分析总体趋势，而且还应该根据不同社区所处的具体情况进行有针对性地分析。也就是说，测量方法要与社区内部结构分析结合起来，才能更为准确把握社区在社会平等上的实际情况。

根据四轮的社区平等维度的分布曲线显示，总体而言，从 2010 年到 2016 年，社区平等维度得分的分布曲线沿着横轴方向从左向右移动，说明样本的平均值总体上是呈现增大的趋势。2014 年的分布曲线比较突出，颇有鹤立鸡群的感觉，这说明这一年社区平等维度得分的分布比较特殊，数据的离散程度比较小，即社区内部在平等维度上的差距相对而言较小。此外，这些曲线都是明显的左偏态分布，即所谓的负偏态分布，都是左边尾部长而右边尾部短，这说明有少数的社区在平等维度上的得分偏低，远低于平均水平。但是，这类社区的数量并不多，因此，总体而言，社区维度平均得分还是挺高的。

表 5–4：社区平等维度描述统计分析

年份	均值	标准差	最小值	最大值
2010	0.724	0.114	0.159	0.978
2012	0.805	0.101	0.337	0.997
2014	0.838	0.079	0.125	0.999
2016	0.800	0.113	0.124	1.000

根据图 5–4 所示，城镇社区和农村社区在平等维度上的平均得分存在一定的差距。当然，在 2010 年，两者差距不明显，甚至农村社区在平等维度上的平均得分微弱高于城镇社区。但是，之后两者开始出现差距，而且差距有增大的趋势。从 2010 年到 2014 年，无论是城镇社区还是农村社区，在平等维度上的得分都是呈增加趋势，但是，城镇社区增加得更快一些。从 2014 年到 2016 年，两者都呈现降低趋势，但是，农村社区降低得更快一些。所以，总体而言，2010 年以后，城镇社区和农村社区在平等维度上的得分差距在加大。

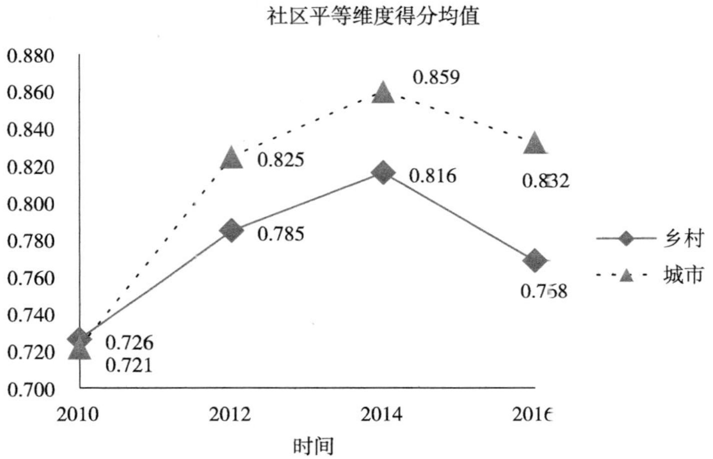

图 5–4：城乡社区平等维度情况

在社区平等维度上，也存在明显的地区特征。根据图 5-5 所示，西部地区社区在平等维度上的平均得分最低，这说明西部地区的社区在社区平等方面还落后于东部和中部地区的社区。2010 年至 2014 年，东部地区和中部地区在社区平等方面，基本相仿，几乎没有什么差距。但是，从 2014 年到 2016 年间，两者之间开始出现差距，东部社区得分要明显高于中部社区。

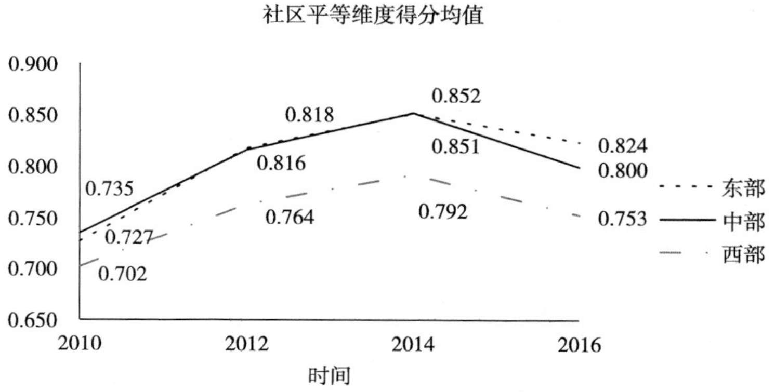

图 5-5：地区社区平等维度得分情况

三、社区共识维度

社区共识是社区关系协调的重要基础之一。社区共识一般是指社区成员对于社区相关事务的一种较为一致的观念、看法。由于社区每个成员所处情况不同，因此，每个人都会有其具有个性化的价值观。所以，建立社区共识是个过程，不是一蹴而就的事情。即便已经建立了一定的社区共识，由于内外部情况的变化或者某些突发事件的发生，都可能摧毁已经建立起来的社区共识。因此，社区共识的建设是个动态的过程，对于社区共识的测量也需要充分考虑到这种动态性和变化性。

根据图 5-6 所示，从 2010 年到 2014 年之间，社区共识维度上的得分呈直线上升的趋势，从 2010 年的 0.496 上升到 2014 年 0.642。但是，2014 年以后，开始出现下降的情形，2016 年降低到了 0.553。这说明，社区共识建设是个长期的过程，不是一蹴而就、一劳永逸的事情。在这个过程中，应当鼓励社区成员进行良性对话，鼓励大家自由地、有创造性地通过对话来探究社区问题及其发展的规律，进而达成一定的共识。当然，在鼓励社区成员对话和讨论的过程中，也要加以一定的引导，引导对话朝向达成共识的方向去发展。

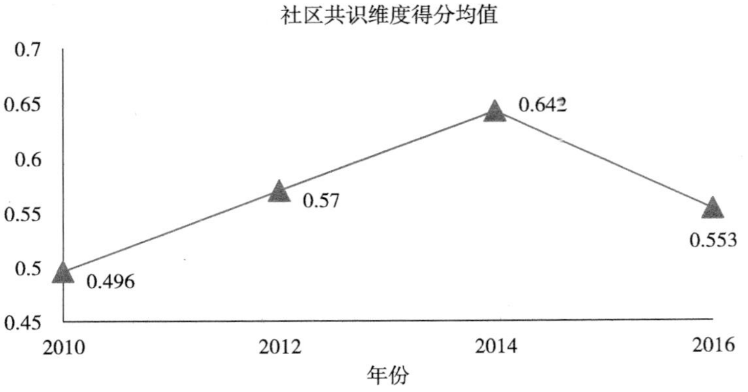

图 5–6：社区共识维度得分情况

由于不同社区有不同的情况，因此，在建设社区共识上，会存在一定的差异。根据表 5–5 所示，2010 年社区共识维度得分的标准差最大，为 0.134，而 2012 年的标准差最小，为 0.105。因此，社区之间在共识建设上，有一定的差距。这种差距从最大值和最小值上体现得更为明显。从历年社区共识维度的得分情况来看，有的社区得分超过 0.9，而有的社区得分不到 0.1，这说明社区在其共识建设上存在不同的阶段。有的社区比较成熟，社区共识建设得比较好，社区内部达成了比较稳定的基本共识，而有的社区内部矛盾和分化比较大，连基本共识都难以实现。这些情况进一步表明，社区共识建设是个复杂而动态的过程。

表 5–5：社区共识维度描述统计分析

年份	均值	标准差	最小值	最大值
2010	0.496	0.134	0.124	0.969
2012	0.570	0.105	0.066	0.999
2014	0.642	0.107	0.160	0.950
2016	0.553	0.125	0.103	0.946

根据四轮的社区共识维度的分布曲线所示，基本上，历年社区共识维度得分的分布呈现正态分布的特征。相对而言，2010 年和 2016 年的分布曲线形状比较接近，而位置沿着横轴向右移动。2012 年的分布曲线峰值最

高，其形状也相对比较窄，这说明总体而言，这年的社区在共识维度上的得分差异性更小一些。2014 年的分布曲线最偏右，说明其均值最大。分布曲线位置和形状的变化缺乏明显的规律，这说明社区共识建设的复杂性以及变化性。

根据图 5–7 所示，城乡社区在共识维度的得分呈现交织波动的发展态势。2010 年，农村社区在共识维度上的得分高于城镇社区。但是，到了 2012 年，两者的位置发生了变化，城镇社区在共识上的得分超越农村社区。不过，到了 2014 年，两者的位置再次发生变化，农村社区在共识维度上的得分超过城镇社区，再次获得领先。到了 2016 年，两者的位置再次发生了变化，城镇社区在共识维度上的得分超过农村社区。从总体来看，城乡社区在共识维度上的差距有缩小的迹象，到了 2016 年，两者之间的差距已经很小了。

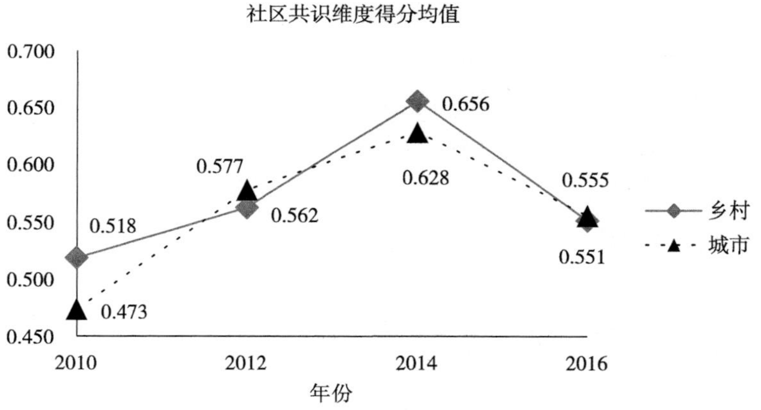

图 5–7：城乡社区共识维度得分情况

根据图 5–8 所示，在共识维度上的得分，东部社区反而比中部和西部社区要低。这是个耐人寻味的现象，可能与东部地区的社区人口流动率高有关。当社区人口流动比较快时，社区中的外来人口也会比较多，社区成员之中就会产生很多新的想法及观念，也会加剧社区内部的分化，因此，要达成社区共识就会更有难度。

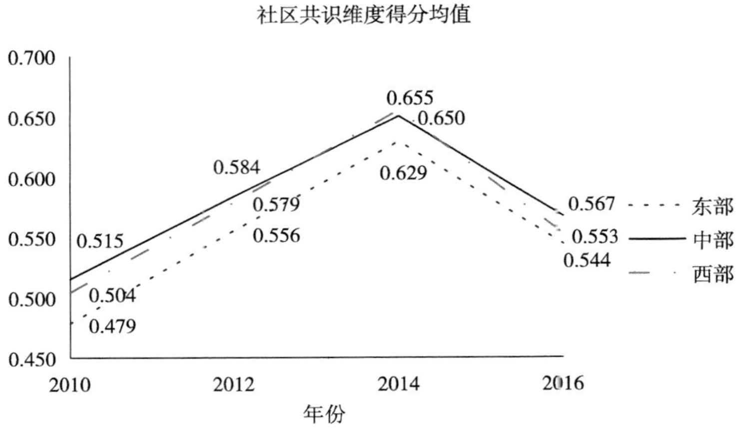

图 5-8：地区社区共识维度得分情况

四、社区服务维度

在狭义上来说，社区服务是在社区范围内实施的各种社会服务活动。但是，社区服务并不仅限于社区的空间范围之间，还包括社区居民在社区之外所获得的相关服务。所以，这是个广义的社区服务概念。根据图 5-9 所示，总体而言，社区服务在 2010 年以后获得了显著的提升，从 2010 年的 0.599 上升到 2012 年的 0.667。之后的年份，社区服务维度上的得分也都在 0.64 之上。也就是说，从 2010 年到 2012 年，社区服务有了一个飞跃。之后，社区服务水平尽管有小幅度波动，但是，总体而言，相对比较稳定，比 2010 年的水平要高一个台阶。

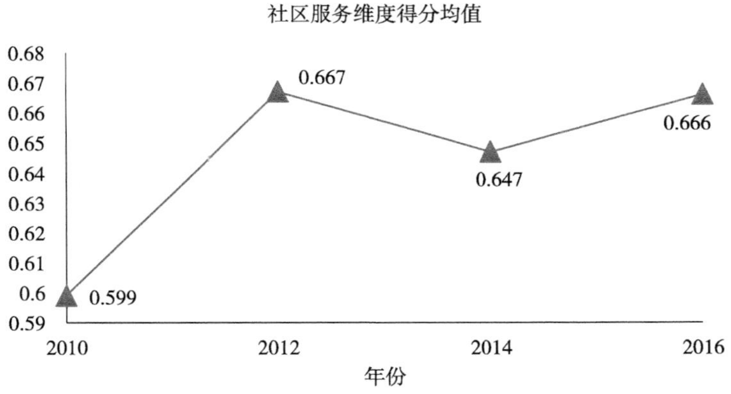

图 5-9：社区服务维度得分情况

尽管中国的社区服务取得了相当大的发展，但是，还存在着一定的问题。根据图5–9所示，这些年来，社区服务维度上的平均得分都没有能够超过0.7，这说明社区服务水平还有待于进一步提升，与社区居民的实际需要还有一定的距离，社区服务在解决民生问题、推进社区关系协调发展以及和谐社区建设方面的功能还未全面实现。为了推进社区服务的进一步发展，迫切需要找到制约其功能发挥的关键问题，突破提升社区服务的瓶颈，加强多方参与，进一步提升社区服务的专业化水平，做好相关人员的培训工作，并建立和完善相关制度。

根据表5–6所示，总体而言，社区服务维度得分的标准差呈现减少的趋势，这说明社区之间在服务水平上的差距有缩小的迹象。但是，从极值的大小来看，服务水平高的社区得分超过0.9，而服务水平低的社区得分低于0.2，这说明服务水平好的社区与服务水平差的社区之间的差距还是挺大的。对此，应当鼓励社区采用精准服务的理念和方法，充分发挥有限的社区资源，并且吸收和整合社会资源，来提升社区服务水平，尤其是那些服务水平差的社区，更应该在精准服务上下功夫，调动各方面积极性，争取有效提升其服务水平。

表5–6：社区服务维度描述统计分析

年份	均值	标准差	最小值	最大值
2010	0.599	0.121	0.162	0.852
2012	0.667	0.094	0.158	0.915
2014	0.647	0.096	0.270	0.937
2016	0.666	0.091	0.202	0.901

根据四轮社区服务维度的分布曲线所示，从社区服务维度得分的分布曲线来看，2010年的分布曲线比较特殊，而2012、2014和2016年的分布曲线形状和位置都非常接近。这说明，总体而言，2010年与之后的年份在社区服务上有较为显著的差异。2010年的分布曲线比较宽，说明内部差距比较大。之后年份的分布曲线相对比较窄，而且形状更接近正态分布，这说明在这些年份中，社区在服务水平上的内部结构比较稳定。

根据图5–10所示，城镇社区和农村社区在服务上呈现明显的差距，总体而言，城镇社区在服务水平上都要明显高于农村社区。这种城乡差异，体现在医疗卫生、文化娱乐等方面。在这些方面，城镇社区明显要占有优势。此外，在社区服务发展趋势上，城镇社区和农村社区并没有明显区别，几乎是同步发展。从图 5–10 的两条曲线的形状来看，都是呈现同步升降的情形。这说明社区服务会受到一些全局性因素的共同影响。

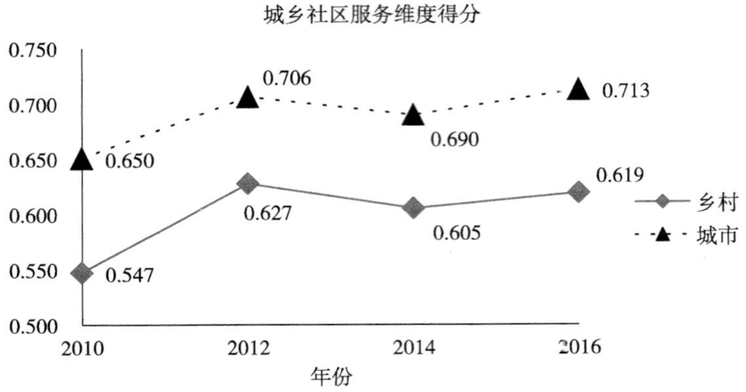

图 5–10：城乡社区服务得分情况

根据图 5–11 所示，从地区情况来看，东部社区在服务水平上得分最高，中部社区其次，而西部社区得分最低。其中在 2010 年，中部社区和西部社区在服务水平上的得分非常接近，但是，之后两者的差距不断加大，西部社区落后的局面日趋明显。

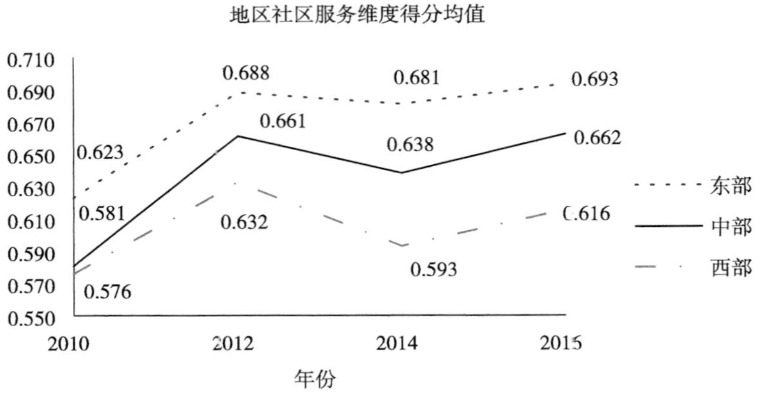

图 5–11：地区社区服务得分情况

总体而言，地区之间的社区在协调能力上的差距趋于比较稳定的状态。虽然有地区差异，但是不同地区社区在协调能力上的得分都超过了 0.5，到了 2016 年还都超过了 0.6，这说明总体而言，社区协调能力都不差。从国家的层面，对于中西部社区还需要加以进一步引导，使其不断提升协调能力，强化社区治理，优化社区协调，最终实现东、中、西部社区的平衡发展。

小 结

社区协调可以从社区平等、社区共识和社区服务三个维度进行测量。这三个维度体现了社区协调的主要构成，也是社区协调的重点事项。从社区协调指数得分情况来看，从 2010 年到 2016 年，总体是上升的趋势，但是也是有波动的。也就是说，在某些年份，会出现下降的情形。这说明社区协调是个复杂的过程，因为协调过程中往往涉及具体的利益关系，所以，工作难度大，对于社区治理而言，是个挑战。但是，尽管如此，总体而言，社区协调能力在提升，社区在这方面的经验在增长。不过，从城乡社区和不同地区社区之间的比较来看，在社区协调能力上，彼此之间的差距有扩大的迹象。这种迹象尽管并不是很明显，但是，也足以引起各方的注意。

第六章　社区绿色指数

随着人们生活水平的提高，对于居住环境的要求也在提高。宜居是社区民生的重要组成部分。在社区中，现代人要求的不仅是要能够居住，而且要住得舒服和健康。于是，绿色居住理念就越来越受到人们的关注和重视。社区绿色居住理念强调人的行为要与自然、社区发展相协调，居民与社区之间互相协调，实现和谐居住与发展的目标。在绿色居住理念的指导下，社区治理越来越强调绿色设计、绿色消费和绿色管理的重要性，出现了一整套社区绿色的发展架构，成为社区治理的一股潮流和趋势。在这股潮流下，环境保护和绿色居住的理念成为社区治理的一个重要指导思想，贯穿整个社区的治理活动之中。具体而言，就是把环境保护与绿色居住作为社区的重要决策要素之一，强调人与环境的和谐共处，将社区的环境建设与环保措施作为具体管理目标，让社区治理达到既保护环境又有益于人们身心健康的目的。为了切实落实这个目标，有必要建构社区绿色指数，对于社区环境与绿色居住情况进行及时有效地测量，作为社区绿色治理与发展的重要决策依据与参考。

第一节　社区绿色的基本理论

社区绿色指数的建构，与绿色社区的兴起与发展密切相关，是绿色社区运动发展到一定阶段的必然产物。绿色社区是城市社区管理的一种新的理念和模式，也是实现城市可持续发展的必然选择。1976 年，在加拿大温哥华召开的联合国首届人居大会，首次提出了“反映可持续发展原则的人类住区”的概念，这是绿色社区概念的雏形。对于绿色社区而言，这是一次关键性的会议，对之后的发展产生了深远的影响。之后，这个概念不断发酵，绿色社区运动风起云涌，在世界各地盛行一时。与此同时，为了及时掌握绿色社区建设与发展的情况，就创造了绿色社区评估的各种工具。社区绿色指数是绿色社区的重要内容，也是绿色社区治理的重要工具之一。所以，社区绿色指数的建构，与绿色社区发展评估有密切的关系。但是，两者之间也存在着一定的差异性。总体而言，社区绿色指数不仅可以将绿色社区内涵转变为可操作性目标，便于在社区治理中进行应用，而且也可以作为社区生态建设与管理的重要工具。

此外，位于美国的联合国总部，对于推动可持续社区建设发挥着重要的作用。2015 年 9 月，联合国发展峰会在纽约召开，联合国 193 个成员国一致通过《2030 年可持续发展议程》。该议程共制定 17 项可持续发展目标，“可持续城市与社区”被列入第 11 项重要目标（SDG11）。2018 年 12 月 15 日，首届国际可持续发展大会在埃及开罗举办，联合国首份致力实施 SDG11 的国际标准:《可持续城市与社区评价标准、管理体系、实施纲要》(简称 SUC 可持续城市与社区指南）在会上隆重发布。联合国的推动，使得可持续社区的概念深入到各国政府之中，成为各国政府施政的重要目标之一。这些举措说明，绿色宜居成为世界各地老百姓的共同诉求，让老百姓住得舒心、放心是民生保障的重要内容。

一、两种研究思路

绿色社区研究有两种方法：其一就是进行绿色空间的测量，这是一种客观上的测量；其二就是通过问卷调查的方式来测量社区的绿色程度以及居民与环境的适合程度，这是一种主观上的测量。对于社区绿色空间的测量，一般会采用连接测量（connectivity measures）的方法。常用的指数是结构连接指数（Structural Connectivity Index，简称 SCI），这是用来测量社区绿地在空间结构特征上表现出来的连续性程度，它主要受需要研究的绿地的空间分布特征和空间关系的控制。常用的软件是 FRAGSTATS，这是一款功能强大的景观格局指数计算软件，提供了基于单元格的指标、表面指标、抽样策略、功能指标、度量标准等多种功能模块，可以对环境变量进行完善的流程分析和控制，解决环境变量中出现的各类问题。当然，要使用这种方法的前提就是需要有卫星地图和土地使用地图以及其他相关的补充材料和数据。当前所谓的绿色社区，一般都是从生态可持续角度来进行研究的，因此，就会有对于生态可持续程度的测量，即生态连接度指数（Ecological Connectivity Index，简称 ECI）。ECI 是用来测量社区促进或阻碍生物体或某种生态过程在源斑块间运动程度的一个指标，反映了社区的功能特征和社区破碎化程度，可用于衡量社区中包括绿地在内的不同生态用地间生态结构、功能或生态过程的有机联系。

这种社区空闲测量的方法，其基本素材就是社区地图。通过对社区地图进行空间统计分析，计算出相关的指数，从而来测量社区空间的绿色程度，进而判断社区发展的可持续性。这种方法本质上是一种空间分析，对于用于社区空间规划是比较有用的，但是，由于缺乏社会、经济等社会系统信息，因此，单纯用这种方法很难综合揭示社区绿色可持续程度，因而，需要整合社会、经济等相关信息，以及社区居民的主观想法与判断。这就需要通过问卷调查的方法，通过对社区居民进行调查来获得一手数据，进而来判断社区发展的可持续性以及社区居民与环境之间的生态和谐程度。比如社区居民感知调查（Residents' Perception Survey，简称RPS），就是常用的调查方法。RPS主要通过询问社区居民的主观偏好、个人价值观、社区满意度、环境因素优先级等。在具体实施过程中，可以通过社区普查的方式，也可以通过社区居民抽样调查的方式。常用的RPS问卷一般都比较短，差不多20–30题。除了问卷调查之外，还可以根据具体情况，结合一些深入访谈和观察，从而更为全面了解社区居民的内心真实想法，便于评估和测量社区居民对于绿色可持续的看法和评价。这种调查研究的方法，有助于及时收集社区居民的一手数据，进而为绿色社区建设提供重要的数据和信息。

在上述客观和主观测量的基础上，就可以规划和建设社区层面的绿色基础设施（Community–scale green infrastructure，简称CGI）（Jerome，2017）。CGI其实是从社会系统的角度来分析社区绿色基础设施建设的。有不少研究指出，社区规划和建设良好的绿色空间，能够提升居民的个人福利（personal well–being）、自信（confidence and self–esteem）、集体荣誉感（collective pride）以及社区内部的团结（cohesion at the local level）等（Firth et al.，2011，Johnson，2012）。这些研究，主要从社区绿色空间对居民的社会心理产生的积极作用来进行研究的。规划良好的社区绿色空间，肯定会对于身处其中的局面产生正面的影响，让居民心情舒畅地生活其中。这是良好环境对于人的正面影响，那么，反过来说，若绿色环境规划不合适，那么，对于身处其中的社区居民就会产生负面的影响。除了从物理、生态和社会心理角度分析绿色社区之外，还可以从“互联互通（interconnectivity）”的角度来进行研究（Benedict and Mcmahon，2017）。社区的绿色空间不仅能够使得社区空间内部更为和谐，使得不同功能空间之间实现互联互通，而且还可以使得社区居民与环境之间、居民之间、居民与社区之间、社区内部与外部等方面实现全方位的互联互通，从而使得社区成为绿色可持续的和谐社区。这种绿色社区的概念，已经不仅仅限于物理空间的概念了，而是强调空间与社会的互补与和谐。

二、测量工具实例

西门子（Siemens）公司一直在推动绿色城市（Green City）建设项目，当然，商业公司的活动往往都是具有某种利益动机。为了使这项活动具有公益色彩，从而具有更大的可推广性，在2009年，在西门子公司的资助下，经济学人智库（Economist Intelligence Unit，简称EIU）发布了一份欧洲绿色城市报告（European Green City Index）。当然，这份报告也引起了一定的争论和质疑（Venkatesh，2014）。争议的焦点集中在绿色城市指数（Green City Index，简称GCI）的合理性和有效性问题。在经济学人智库的这份报告中，GCI共有八个不同的维度，分别是二氧化碳、能源、运输、水、环境治理、废物和土地使用、空气质量和建筑物。在权重设计上，除了运输之外，维度的权重是相等的。尽管GCI指数受到了质疑，但是，这并没有影响西门子公司去不断推广这种测量，为很多国家和城市计算其绿色分数（Green Score），作为这些地区改善本地居住环境的一个依据。在此基础上，西门子公司不断对此加以完善，开发出“绿色城市发展评估工具”，并在现实社会中进行应用和推广。任何测量工具都不可能是完美的，GCI存在一定的局限性，但是，也多少能够反映现实中的具体情况。从GCI的设计来看，主要还是测量客观事实，从环境的角度来探测特定城市或地区的绿色程度，进而判断其发展的可持续性。在设计上，一个明显的缺陷就是没有考虑经济、社会因素以及个人的心理主观感受和评价。

我国在绿色指数的建设上，投入了大量的精力，国家统计局完成了《绿色发展指数计算方法（试行）》的研制工作，并于2017年8月初正式印发。在这套中国绿色发展指数（China Green Development Index，简称CGDI）中，总共有七个维度，分别是地区资源利用、环境治理、环境质量、生态保护、增长质量、绿色生活、公众满意程度。评价指标总共是56个，其中，前6个方面的55项评价指标纳入绿色发展指数的计算；公众满意程度调查结果进行单独评价与分析。这套指标是官方颁布的测量指标，因此具有一定的强制性。

前6个方面的55项评价指标都是客观数据，数据来自政府相关部门，因此，都是官方数据。根据这些官方数据进行计算，就可以获得31个省（区、市）绿色发展指数中的客观数据得分。公众满意度调查数据则是通过抽样调查的方式来获得，测量的是社会公众对于生态环境的感知和态度。可见，从指标构成上来看，CGDI主体是客观数据，旨在强调这个指数的客观性，从而作为考评地方政府政绩的一个依据。因为主体是客观数据，所以，相对争议比较少。在指标选取上，传统测量经济增长的GDP被弱化了，唯GDP论英雄发展思路获得了纠正，更强调可持续、包容性的经济与社会发展思路。总体而言，CGDI强调把绿色与发展结合起来的内涵，强调了资源、生态、环境、生产与生活等多方面。所以，除了这个指数计算方法之外，更引人关注的是其背后的发展思路的调整。

表6–1：美国社区开发评价体系指标

	指标名称
精明的定位及对外连接性	精明的定位、濒危物种和生态群落的保护、湿地和水体的保护、农业用地的保护、泛洪区的避免、优选的区位、褐地再开发、减少汽车依赖的区位、自行车路网和存放点、住宅和工作地点的接近、陡坡的保护、保护生态栖息或湿地以及水体的厂址设计、生物栖息地或湿地以及水体的恢复、生物栖息地或湿地以及水体的长期保护管理。
社区模式与设计	安全舒适的步行街道、紧凑型开发、紧密联系和开放的社区、多元化使用的社区中心、不同收入群体居住的多样化社区、减少停车位的占地面积、街道路网、公共交通设施、交通需求管理、市民和公共空间的易达性、室内外休闲娱乐设施的易达性、无障碍及通用的设计、无障碍及通用的设计、社区公众参与、当地食物供给、绿树成荫的街道、社区学校。
绿色基础设施和建筑物	经认证的绿色建筑、建筑能耗的最低化、建筑水耗的最低化、建筑活动的污染防治、经认证的绿色建筑、建筑能耗、建筑水耗、景观绿化节水、现有建筑物的再利用、历史资源的保护和适应性利用、场地设计与施工干扰的最小化、雨水管理、热岛效应的减少、利用太阳的最佳朝向、再厂址上再生能源的利用、区域供热和制冷、公共基础设施的能耗、废水管理、公共基础设施中循环回收材料的使用、固体废物管理的基础设施、光污染的减少。

表6–1显示，在美国，社区开发评价体系是美国绿色建筑认证系统中最新、最高层次的认证系统。这套指标体系包括了三个系统指标：精明定位及对外联结性、社区模式与设计、绿色基础设施和建筑物。第一个指标系统是精明的区位及对外连接性，指标的内容主要是社区的区位选择、土地利用和

生态保护。第二个系统是社区模式与设计，指标的内容主要是社区的开发模式、公共设施、绿化系统、混合居住模式、公众参与等。第三个指标体系是绿色基础设施和建筑物，指标的主要内容是基础设施和建筑的节能、节水、节材以及室外的环境质量等。

这些指数与指标体系，有些比较成熟，应用得比较广泛，有些则还在不断完善中。对于社区而言，建构绿色指数有助于监测社区在这方面的治理成效，并且能及时发现可能存在的问题，采取恰当的应对措施，有效解决问题。在实际操作上，社区绿色指数的建构可以参考和借鉴上述指数的情况，根据社区自身的特点，进行综合创新，突出社区绿色的特色。

第二节 社区绿色指数建构

社区绿色指数建构与绿色社区之间，既有联系，又不尽相同。绿色社区偏重于社区空间与景观规划和设计，对应的，绿色社区评估体系主要功能就是通过衡量社区居住环境性能来指导其规划建设及运营管理，是一种社区空间与景观规划的工具（叶青 et al.，2014）。与之不同的是，社区绿色指数则更侧重于社区层面上的社会和谐关系的建构与测量，是一种社会关系和谐与发展的测量工具，因此，关注和测量的社区中的对象，有所不同，各有侧重（王婉晶 et al.，2012）。在进行社区绿色指数建构的过程中，既要借鉴和吸收中外绿色社区评价体系的方法和经验，也要根据社区绿色指数的建构目标进行有针对性的设计，在深刻理解绿色内涵的基础上，确定体系框架、基本维度和具体指标。在具体设计过程中，还要从社区民生发展的总框架来思考，因为社区绿色指数是社区民生指数的子指数，所以，需要考虑总体指数的架构、内涵以及其所辖各个子指数之间的关系。这种系统指数设计与单个独立指数设计是有区别的，需要区分其异同，才能有针对性，才能做到有的放矢。

一、二个维度

社区是其居民生活居住、休息游乐、社会交往甚至工作劳动的重要的空间场所，构成了现代人不可或缺的人居环境。社区绿色指数的建构，就需要着重研究人与社区环境之间的相互关系，进而掌握人们绿色、可持续的聚居行为与活动发生、发展的客观规律，从而更好地建设符合人与环境相协调的绿色社区。因此，在社区绿色指数建构上，需要把社区聚居作为一个整体，对于人与社区环境予以系统地、综合地研究。具体而言，从社区层面来说，社区绿色指数需要考察社区居民的生活方式是否是环境友好的。同时，还要考虑社区环境与个人健康之间的关系。也就是说，社区绿色指数的关键在于测量社区居住环境与个人健康。这两方面的内容，就构成了社区绿色指数的两个关键维度。通过对居住环境和个人健康进行测量，并形成指数，成为社区治理和发展的重要工具，那么，人们就可以从被动地依赖环境到逐步地利用外部条件而主动地改造社区环境，进而实现绿色居住和长期可持续社区发展的目标。

如何从社区层面提供给其居民一个健康的、生机盎然的人居环境？这是现代社区治理的一个重要课题。对于社区而言，健康的人居环境体现人与社区环境的和谐，体现社区环境的友善与有益身心。因此，居住环境是社区绿色指数的重要组成部分，是其重要的维度。健康的社区居住环境，应当一切尽可能从居住者出发，满足住户的心理健康和身心健康要求，使居住者生活在一个健康、安全、舒适、环保的室内外居住环境中。总之，健康的社区居住环境最终目标应该是全面提高人居环境品质，实现人文、社区、环境效益的统一。这也是社区绿色指数建构的一个重要目标。在这方面的研究，既要借鉴国外的技术优势，又要注意我国的社区制度和体系，根据我国国情制定合理的评估和测量体系，从客观和主观两个角度来进行综合评估与测量（李王鸣等，2000）。

社区具有物质和社会双重属性，这两方面的属性都会对其居民对健康产生直接或间接的影响。在物质属性上来看，比如社区内部的建筑布局、运动设施、行走路线规划等等，都会影响居民参与身体锻炼的概率，进而会对其健康产生影响。从社会属性上来看，良好的社区关系有助于促进人与人之间健康的交流与互动，让居民在情感上获得良好的反馈，有助于其身心健康。如果缺乏正常的社会交往，往往会引发各种疾病。可见，个人健康是社区绿色指数的另一个重要维度。这里的个人健康，指的是身心健康，不仅是身体上的健康，还强调心理上的健康。对于社区而言，为了提升其居民的健康程度，就需要从物质和社会两个属性入手，提高其宜居程度，使得社区更为绿色，更加适合居住。从某种意义上来说，社区绿色建设，是实现人居环境对居民健康的主动式干预。当然，尽管是一种主动式干预，但一般都是在潜移默化的进行。良好的社区环境，会在潜移默化中提升其居民的健康水平，反之亦然。

二、指标与测量

在指标设计上，社区绿色指标从层级上从大到小两个方面的维度构成，即社区居住环境及居民个人健康，每个方面维度又由一些变量指标进行描述。具体变量的选取，一方面要能够与对应的维度有直接的关系，是其内容组成部分之一。这方面主要是通过过去研究的文献梳理，以及对于一些典型性测量工具的比较研究，从而来确定采用哪些变量；另一方面要考虑到变量的有效性，即在不同年份的问卷中都有这个变量，从而可以连续测量，便于不同年份进行比较和分析。上述两方面的工作，进行汇总，综合研究之后，确定每个维度的具体指标和变量，形成比较完整的测量体系。

社区的居住环境有两个层面的含义。其一是社区居民的生活方式是否对生态环境友好，其二是社区环境是否宜人。在社区绿色指标体系中，定义了三个变量来刻画社区居住环境。第一个是社区家庭做饭用水是纯净水和自来水的比例。这个变量衡量了社区是否有稳定的清洁干净水源，是衡量居住环境的重要变量。第二个是社区家庭做饭燃料是柴草和煤炭的比例。在指数计算中，进行了指标同向化。这能反映两个方面的问题，一方面是做饭燃料体现了社区供电供气等设施的完备程度，是居住环境的重要度量。另一方面，燃烧柴草煤炭容易产生对环境及个人健康有害的物质，且能源效率较低，不符合生态友好的发展理念。因此社区内该比例越低越好。第三个变量是社区内居民住房平均年限（定义为访问年份减去购买或建造的年份）。在指数计算中，进行了指标同向化。住房年限越短，说明社区设施越新，就越有可能有更高的居住环境。需要特殊说明的是，考虑到二手房交易的情况，该变量不能完美刻画房屋的年限，但我们认为对于人口流动性不大的社区来说，这仍然是一个较好的变量。

绿色一般都是和健康紧密联系在一起的。在社区层面，绿色社区建设的一个重要目的就是让老百姓能够住得更健康。可见，社区绿色从微观上来说，就是每个社区居民的健康状况。因此，这里主要定义了四个变量来刻画居民的健康状况，分别是心理健康、身体健康及生活习惯。第一个是居民对最近一周发生的主要事情的记忆程度。在指数计算中，进行了指标同向化。这能够衡量一个人的心理健康状态，记忆越清晰，说明心理状态越好。第二个是身体健康状况的自我评价。第三个和第四个分别是受访者中吸烟的人数比例和最近一周喝酒超过三次的比例。在指数计算中，这两个变量都进行了指标同向化。这两个变量衡量的是社区居民的生活习惯，比例越低，说明居民生活习惯越健康。

表 6–2：社区绿色维度及其指标

指标	单位	描述	出处
居住环境			
做饭用水	家庭比例	做饭主要水源为自来水、纯净水或过滤水的家庭比例	家庭问卷
做饭燃料	家庭比例	做饭主要燃料为柴草和煤炭的家庭比例	家庭问卷
房屋情况	家庭比例	获得房屋产权时间均值	家庭问卷
个人健康			
记忆力	得分评级	村居内受访者对过去一周内发生在自己身上主要事情的记忆情况　1= 完全能记住　5= 只能记住一点点	成人问卷
健康状况	得分评级	村居内受访者身体状况自我评价　1= 健康　3= 不健康	成人问卷
吸烟比例	人群比例	村居内过去一月有过吸烟经历的人群比例	成人问卷
饮酒比例	人群比例	村居内过去一月每周喝酒超过三次的人群比例	成人问卷

表 6–2 显示关于绿色社区的研究角度比较多，所测量的内容也各有侧重。从社区民生发展的角度来看，本研究则从居住环境和个人健康两个维度来测量社区绿色，前者从环境的视角，而后者则是从社区居民的健康视角。这两个视角，都是了解和掌握社区绿色情况的重要角度。因此，从这两个视角测量得到的内容，就构成了社区绿色指数的两个重要维度。在社区治理实践中，若能够在这两个方面加以提升和改善，那么，就可以直接让社区中的居民受益，有效改善老百姓的居住条件，提高社区居民的生活满意度，增强其获得感。

第三节　社区绿色指数分析

对于社区绿色指数的分析，就是从这个指数的得分情况来获得对于特定年度社区在绿色建设上所取得的成效，并且判断出其中可能存在的问题以及未来可能发展的趋势。这种分析，主要的目的不仅仅是为了掌握现状，更重要的是为了改进、提高社区绿色水平，为了提高社区在这方面的治理能力。此外，还有一个重要的作用，就是预警。当社区在绿色减少方面出现问题时，可以及时在指数上体现出来，便于相关部门予以监督和给予支持。所以，分析的目的其实是为了更好地发现问题并且有效解决问题。这是一种积极主动提升社区治理能力的思路，也是一种务实的做法。

一、社区绿色指数总体情况

具体而言，在计算出每个社区的绿色指数得分之后，再计算出所有社区的绿色指数得分的均值，就是全国层面上的社区绿色指数得分，用以测量全国层面上的社区在绿色建设与发展上的总体情况。全国层面上的分析，采用的是宏观角度。同时，还要分析社区之间的差异性，这是一种结构性分析的方法。两者结合起来，可以更加全面分析社区的绿色发展上的现状以及趋势。

（一）总体呈上升趋势

根据图 6–1 所示，总体而言，从 2010 年到 2016 年，社区绿色指数呈现上升趋势。2010 年相对比较低，其平均值是 0.58。到了 2012 年，其平均值上升到了 0.604。从 2012 年到 2014 年，几乎没有什么变化，处于平稳的状态。2014 年之后，又开始有比较明显的增加趋势，从 0.605 上升到 0.636。可见，总体而言，呈现上升态势。这说明，2010 年以后，社区在绿色建设方面不断获得强化，绿色社区的理念也不断深入人心，建立人与自然和谐共处的社区绿色发展新秩序，为社区治理和规划提供了一条切实可行的途径，正成为目前和今后社区治理与发展的重要方向。

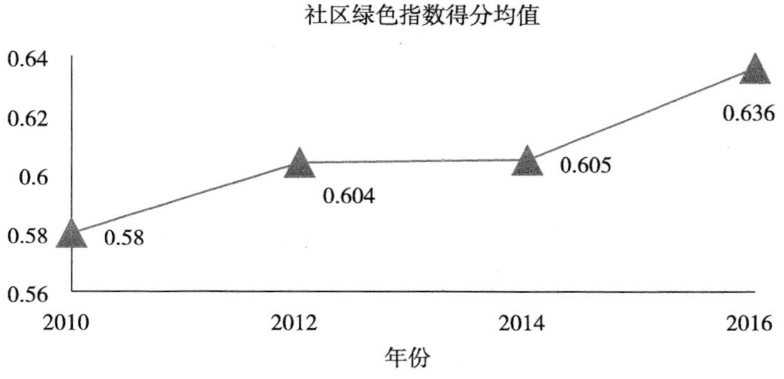

图 6–1：历年社区绿色指数得分情况

当然，社区绿色建设任重道远。根据图 6–1 所示，社区绿色指数得分都在 0.7 之下。这说明平均而言，社区绿色建设水平还有待于进一步提高，还有不少地方需要进一步去改进，在社区绿色建设上还有很多上升的空间。社区绿色建设与发展模式，本质上是一种健康和充满活力的社区运行模式，这种社区运行与发展模式兼具高效率、低污染的生产生活方式和良性健康的经济、社会运行机制，是实现环境与人健康和谐共处目标的重要途径。社区要实现这种运行和发展模式，需要从社区规划、社区建设和社区管理全流程实现绿色发展理念，营造绿色社区环境，弘扬绿色社区文化，使得绿色真正能够与社会、文化、历史、经济等因素进行深度融合，从而把社区建设成为绿色宜居的地方。

（二）内部差距在扩大

根据表 6–3 所示，从 2010 年到 2016 年，社区绿色指数是标准差总体而言呈现增大的趋势，从 2010 年的 0.2 增加到 2016 年 0.302，这说明社区之间在绿色建设方面的差距有加大的趋势和迹象。社区绿色建设的实践是个系统性工程，不仅仅是进行社区绿化建设，而且还需要从社会系统良性发展、绿色产业、生态安全和绿色消费等领域进行配套建设，才能形成完善的绿色社区。在这项系统性工程建设过程中，不同社区因为其所拥有的资源的不同、所处环境的差异、经济与社会发展程度上的差距等等原因，彼此之间在社区绿色发展上会出现和存在一定的差距，这是必然的事情。在特定时期，这种差距还会扩大。这说明社区绿色发展的复杂性和曲折性。

表 6–3：社区协调指数描述统计分析

年份	均值	标准差	最小值	最大值
2010	0.58	0.200	0.155	0.865
2012	0.604	0.242	0.133	0.876
2014	0.605	0.212	0.127	0.847
2016	0.636	0.302	0.116	0.932

事实上，任何事物的发展都具有两面性。社区绿色发展理念和运作模式，具有一定的溢出效应，邻近社区之间会互相学习，从而缩小在社区绿色建设上的差距。但是，社区由于内外部原因，在社区绿色建设与发展上也会产生

很强的差异性发展驱动力。这两股力量的消长情况，影响着社区之间在绿色建设与发展上的步调、路径以及速度等方面的差异。根据历年社区绿色指数得分的分布曲线所示，社区绿色指数得分的分布曲线较为复杂，2010 年和 2012 年的分布曲线呈现明显的双峰形状，2014 年的分布曲线也与正态分布曲线有一定距离。只有2016年的分布曲线，相对而言，比较接近正态分布曲线。这说明社区之间在绿色指数的得分上，呈现较为复杂的分布，即内部结构较为复杂。这种复杂性，从某种意义上来说，恰恰是社区在绿色建设和发展上的复杂性的一种体现。

（三）城乡差距在缩小

城乡社区之间，由于其居民在职业类型、生活方式、价值观念、生活需求以及心理文化素质等方面存在着不同，因此，在社区治理和发展上也会存在着差异。在绿色社区建设上，最初重点是在城镇社区，后来才延伸到农村社区。根据表 6–4 所示，在社区绿色指数得分上，城镇社区要明显高于农村社区。这说明，城镇社区在绿色建设和发展上，处于一个更高的水平，而农村社区相对则处于落后的境地。造成这种局面的原因是多方面的。由于乡村教育相对落后，所以农村地区的人们会比较缺乏绿色、生态这种概念。长期以来，我国农村地区未能实施社区管理体制，无法有效推进绿色社区建设与发展。此外，还有一个现实的限制，就是农村社区普遍缺乏绿色发展与建设的配套资金。

表 6–4：社区绿色指数的城乡差异

年份	城市均值	农村均值	两者差距
2010	0.684	0.477	0.207
2012	0.691	0.518	0.173
2014	0.685	0.525	0.160
2016	0.706	0.567	0.140

当然，事情总是在向好的方面发生着变化。根据表 6–4 所示，尽管城乡社区在绿色建设与发展上存在着一定的差距，但是，这种差距在持续缩小。两者在社区绿色指数得分上的差距，从 2010 年的 0.207 持续缩小到 2016 年 0.14。这说明农村社区在逐渐导入绿色发展模式，通过绿色生态建设，农村社

区中的农民生活质量和生活环境得到逐步改善，缩小了城乡之间的差距，使得城乡二元化的现象有所好转。在贫穷落后的农村地区，精准扶贫的持续深入获得了很好的成效，政府制定相关配套政策，广泛开辟投入渠道，为新农村绿色建设解决了一个关键问题。这些举措，都大大推进了农村社区的绿色发展，成为缩小城乡差距的重要原因之一。

（四）地区发展在接近

根据图 6–2 所示，东部地区的社区在绿色建设与发展上走得最前，发展水平最高，中部地区其次，而西部地区相对最落后。无论是东部社区、中部社区还是西部社区，其社区绿色建设程度都呈现持续上升的趋势，这说明各地都在这方面加大投入，提升社区绿色水准。此外，东部、中部和西部在社区绿色建设上的差距，有不断缩小的迹象。根据图 6–2 所示，2010 年三地的社区绿色水准差距较大，到了 2016 年，差距就变小了不少。这说明原先较为落后的中部和西部地区的社区在这方面奋起直追，加快了发展速度，因此，与东部地区的社区之间的差距在缩小。

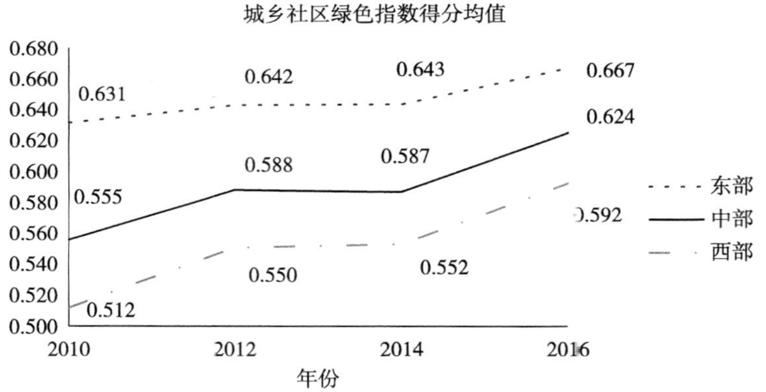

图 6–2：地区社区绿色指数情况

二、居住环境维度

随着生活水平的提高，社区居民对于居住小区环境的要求在不断提高，希望社区有一定的绿化，需要在社区中设计有利于身心健康的绿化景观等等。当绿色发展理念日趋深入人心时，社区治理中越来越强调应用立体绿化技术、适宜可行的绿化方法，加大社区中的绿化空间，提高社区绿化数量和质量，从而真正提高社区的整体绿化环境。这些举措获得了成效。根据图 6–3 所示，社区居住环境维度上的得分均值呈现持续上升的趋势，从 2010 年的 0.588 上升到 2016 年的 0.68，上升幅度还不小。这说明，从 2010 年以来，总体而言，社区居住环境获得了持续的改善。

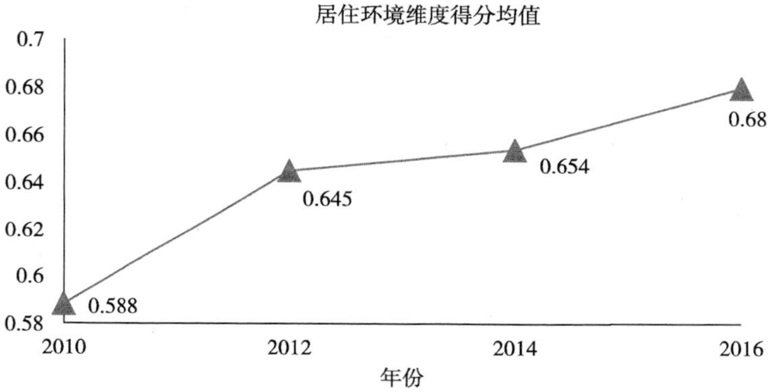

图 6–3：居住环境维度得分情况

根据表 6–5 所示，社区居住环境在不断获得改善的同时，社区之间的差距也有不断缩小的趋势。居住环境维度上得分的标准差从 2010 年的 0.281 持续下降到 2016 年的 0.212，这说明了社区之间通过互相学习以及经验分享，彼此之间的差距在缩小。导致这种局面出现的原因之一就是邻近社区之间在居住环境上的改善方面往往存在着溢出效应，通过这种溢出效应，好的居住环境容易获得周围社区居民的赞赏，周围社区会进行效仿，从而提升自己所在社区的居住环境。

表 6–5：居住环境维度描述统计分析

年份	均值	标准差	最小值	最大值
2010	0.588	0.281	0.002	1.000
2012	0.645	0.242	0.000	1.000
2014	0.654	0.224	0.031	1.000
2016	0.680	0.212	0.073	1.000

根据历年社区居住环境维度得分的分布曲线来看，社区之间在居住环境维度上的得分分布呈现出波浪形，与正态分布形状相距甚远。这说明社区在

居住环境上的发展水平参差不齐，呈现出明显的多元格局，在多个水平上形成不同规模聚集的现象。这种现象的存在，说明社区之间在居民环境发展水平上存在较为复杂的路径，个性化特征比较明显，发展路径也各有不同。这种多元发展的格局，一方面体现了不同社区之间的差异性，另一方面也说明社区在建设和提升居住环境上采取的是因地制宜的治理策略，结合自身特点来建设和提升其居住环境。

根据图 6–4 所示，总体而言，城镇社区和农村社区在居住环境维度上的得分的变化趋势都是差不多的，从 2010 年到 2016 年，都处于上升趋势。但是，城镇社区居住环境维度得分比较稳定，上升幅度非常小。相比而言，农村社区居住环境维度得分上升比较明显，从 2010 年的 0.398 上升到了 2016 年的 0.552。说明这些年来，随着新农村建设的不断深入以及精准扶贫的持续推进，农村社区的居住环境有较为明显的改善。

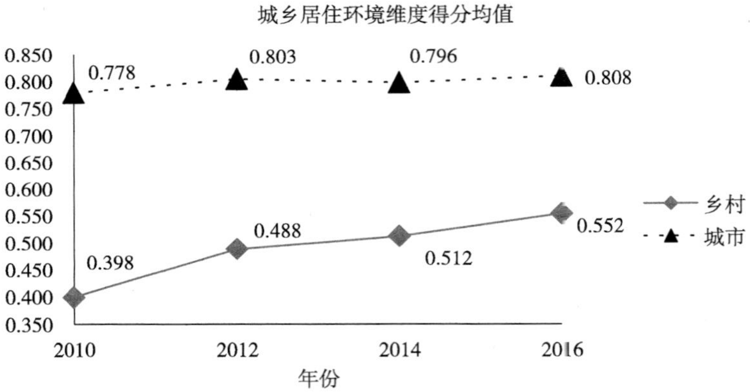

图 6–4：城乡居住环境维度得分情况

从不同地区的情况来看，根据图 6–5 所示，从发展趋势来看，东部社区、中部社区和西部社区在居住环境上基本都是呈现不断改善和提升的态势，这说明各地都在强化社区居住环境建设，并且取得了一定的成效。相比而言，东部地区的社区在居住环境的建设上处于领先的地位，中部地区的社区居次，而西部地区的社区则显落后。但是，东部地区的社区在居住环境建设上的上升空间有限，而中部地区和西部地区的社区则通过不断强化居住环境建设，总体情况提升较快，缩小了与东部地区的社区之间的差距。

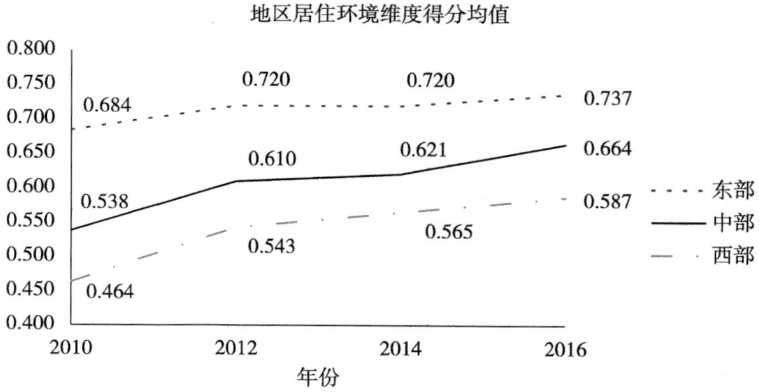

图 6–5：地区居住环境维度得分情况

三、个人健康维度

社区是由生活在一定地域范围内的人们所形成的共同体，它既是人们聚集、生活的一定区域，也是社会的基本构成单位。随着绿色社区建设的持续深入，社区的健康生态建设也成为社区绿色发展的一个重要组成部分。根据图 6–6 所示，从 2010 年开始，个人健康维度上的得分均值都在 0.5 以上。从变化趋势来看，从 2010 年到 2014 年，呈现微弱下降的趋势。但是，从 2014 年开始，出现明显的上升趋势，从 2014 年的 0.556 上升到 2016 年 0.593，上升幅度比较明显。这说明这些年来在健康、生态、绿色型社区建设上的试点和探索，已经取得了较大的成效，有着广泛的发展前景。

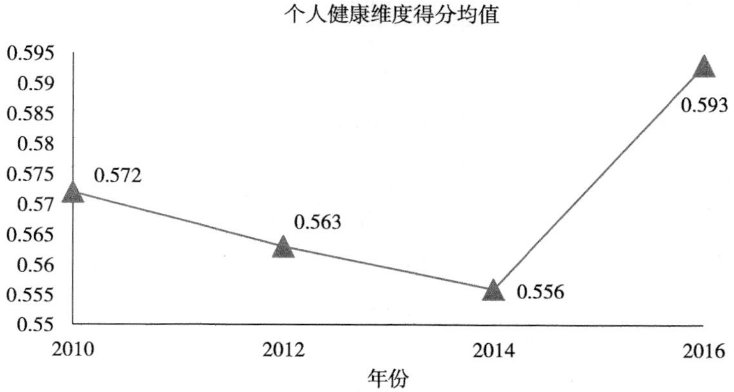

图 6–6：个人健康维度得分情况

一个健康绿色的社区，不仅只是具备良好有效的卫生保健服务，同时，还需要有清洁的空气、洁净的水、安全卫生的食物、充足并适宜的住房和运动场所、良好的生活习惯、和谐的社会互动等物质环境和文明、规范、和谐的社会环境。社区中居民文明的行为也很重要。比如，抽烟行为就可能会对于其他居民的健康产生负面影响（Duby and Langkamp，2015）。要建设一个健康绿色的社区，就需要从社区规划、建设和管理各个方面都要以人为中心，尽可能保障广大居民的健康生活和工作，在社区治理的体系中，能够将健康人群、健康环境和健康社会有机结合成一个绿色发展的整体。

根据表 6–6 所示，从均值上来说，个人健康维度得分先下降后上升，但变动范围都不大。同样，从标准差来看，个人健康维度得分的标准差较小，而且比较稳定，说明分布较为集中。一般而言，社区健康是指社区居民的健康状况及其围绕这一群体健康所创造的综合健康环境状况。可见，社区健康概念具有多个层次，既有居民个人层次上的健康，也包括影响居民个人健康的社区环境。在近些年中，社区健康已成为社区治理和绿色发展的一个重要目标和社区综合实力的重要标志。因此，社区都在注重和强化这个方面上的建设。

表 6–6：个人健康维度描述统计分析

年份	均值	标准差	最小值	最大值
2010	0.572	0.085	0.278	0.830
2012	0.563	0.074	0.205	0.800
2014	0.556	0.076	0.317	0.772
2016	0.593	0.080	0.154	0.934

根据历年社区个人健康维度得分的分布曲线来看，这些年来，社区在个人健康维度上的得分呈现比较明显的正态分布，而且彼此重合程度也比较高。这说明社区健康教育的普及，对于提升社区健康程度产生了积极作用，社区普遍都比较重视健康生态建设，相当部分社区在这方面取得了良好的成效，而且效果也比较稳定。当然，也有少数社区在这方面还比较落后，还需要进一步强化。

根据图 6–7 所示，在社区个人健康维度得分上，城镇社区要明显高于农村社区。这说明，社区在健康生态建设方面，存在着较为明显的城乡差异。

在目前我国城乡二元体制下，农村社区在经济发展、社会保障、医疗健康等水平上与城市社区相比都存在着较大的差异，农村社区的居民在健康意识方面，也不如城镇社区的居民重视。根据图 6–7 所示，总体而言，在个人健康方面，城乡社区之间的差距在缩小。这说明这些年从社会经济、医疗健康保障和社会政策等方面破除城乡二元壁垒获得了一定的成效，城乡居民在健康方面上的差距有缩小的迹象。

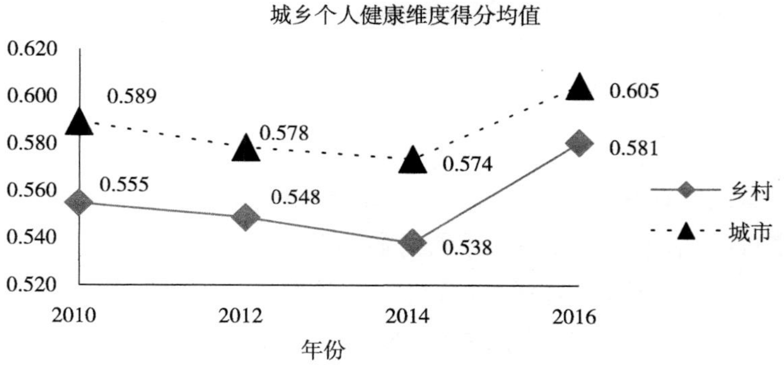

图 6–7：城乡个人健康维度得分情况

在个人健康维度上，东部社区、中部社区和西部社区之间存在着一定的差异。根据图 6–8 所示，东、中、西部地区的社区在个人健康维度上的得分均呈现出先下降后上升的趋势，这种趋势基本上是同步的。但是，从绝对数值上来看，社区个人健康维度上的得分变动范围和地区差距也不大。

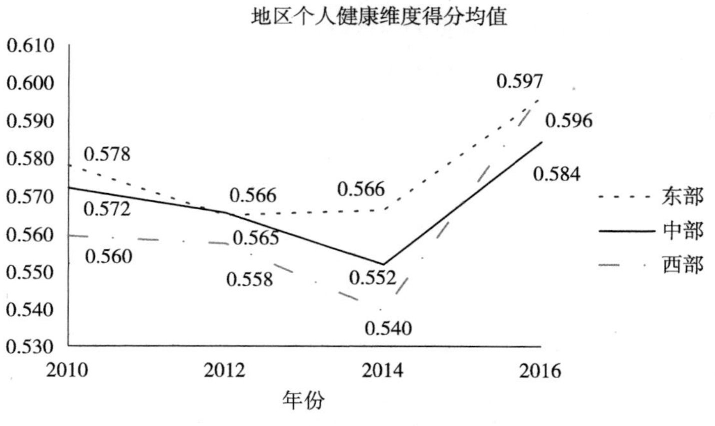

图 6–8：地区个人健康维度得分情况

社区居民的个人健康情况，受到很多因素的影响，因此，较为复杂。从不同地区社区之间的比较来看，居民健康情况差异是存在的。这说明地区气候、饮食等等情况，都会对个人健康产生一定的影响。在社区治理过程中，需要通过各种宣导方式，引导社区居民采用正确的生活方式，积极加强锻炼，注意饮食与休息，从而能够提高个人健康程度。此外，也要提高社区卫生设施的配置，确保能够及时应对一些适合在社区处理的病情。这是社区治理的重点之一，也是社区基层民生的重要内容。

小　结

社区绿色体现在社区环境和社区居民健康两个维度上，因此，可以从这两个维度进行监测。根据社区绿色指数的监测结果显示，从 2010 年到 2016 年，总体上，社区绿色指数的得分呈现上升态势，这表明总体上，社区在绿色方面的建设与治理是取得了成效。此外，城乡社区以及不同地区的社区之间，在社区绿色指数上的得分有缩小的迹象，说明在这个方面，社区都已经开始普遍重视了起来，相关的治理工作也都开展了起来，社区绿色成为社区治理的一种普遍共识。当然，在这方面，任重而道远，还有很多工作要做，还有不少可以提高的空间。社区在绿色方面的建设与治理，是个长期的过程，也不可能一蹴而就，急于求成也会产生负面影响。对于社区而言，关键是持续推动绿色建设和治理，在社区内部推广绿色、环保、可持续的理念，让社区居民人人都是绿色的建设者和捍卫者，如此才能真正使绿色社区建设深入人心，才能真正从根本上实现绿色社区建设的治理目标，社区居民对于绿色的需求才能得到真正的满足。

第七章　社区开放指数

作为社会基层组织的社区，如同社会的细胞，社区有自己的边界，同时也与外界发生着各式各样的关联与互动。因此，社区处于相对封闭和相对开放的状态。之所以说是相对的，因为没有绝对封闭的社区，也没有绝对开放的社区。春色满园关不住，一枝红杏出墙来。随着通信技术的发展以及社会网络的不断延伸，总体而言，现代社会中的社区与外界的交流与互动越来越紧密，社区的开放程度也在提升。在社区开放程度不断提高的同时，社区治理模式也在发生着变化，出现了开放式社区治理的模式，越来越多的外部组织以及外部社会资源参与到社区治理中去，带动社区治理水平的提高，提升了社区的总体运营水平。作为一种新的社区治理模式，开放式治理代表着一种新的治理理念。社区要在应用这种治理模式时，需要辅以量化监测系统，而社区开放指数就是这种量化监测系统中的一种常用方法。通过建构基于社区开放指数的量化监测系统，社区在日常营运过程中能够掌握自身对外开放的水平，从而进行有针对性的治理与建设，进而有效改善社区民生状况。

第一节　社区开放的研究与实践

社区开放有物理层面上的开放与非物理层面上的开放。物理层面上的社区开放，主要从社区空间规划和设计角度来展开讨论，强调社区物理空间不应该是封闭的，而是应该向外部空间进行开放，需要与社区之外的空间进行互通互联。这种物理层面上的社区开放，有多种方法可以用来实现这个目标（艾侠和韩珊珊，2016）。相对而言，非物理层面上的社区开放则更为复杂。作为社区的一个基层组织，社区与外界之间往往存在着一些有形或无形的阻隔，导致社区是个相对封闭的圈子。要打破这些阻隔，就需要在思维上、制度上进行大胆创新和突破，建立社区对外开放的各种管道，真正使社区成为社会关系和资源自由进出的平台。从相对封闭的社区走向开放型社区，并非一蹴而就，而是需要进行很多变革和探索。但是，封闭和开放是个辩证的过程，因此需要从辩证的角度来看待这个问题。对于改善社区民生而言，并非越开放越好，也不是越封闭越好。社区治理就是要在开放和封闭之间获得最佳的平衡。

一、开放式社区治理

社区开放的过程，也是社区治理模式发生变革的过程（刘铎，2009）。封闭型社区，一般对应的是封闭式治理。这类社区的特征就是自给自足，其建设和发展主要依靠自己的力量，在社区治理上，更多的是强调行政主导与命令执行。事实上，现在城市中很多高档社区，采用的一般都是封闭式治理模式，社区之外的人员和社会关系很难进入到这样的社区之中，社区内外存在明显的隔离感。这类封闭型社区，自成体系，但是，对于整个社会而言，不利于社会资源的最优化使用。因此，有必要在一定程度上适当打破这种封闭性。对此，国家出台了相关的引导性政策。国务院于2016年2月6日出台《关于进一步加强城市规划建设管理工作的若干意见》，提出“原则上不再建设封闭住宅小区，已建成的住宅小区和单位大院要逐步打开，实现内部道路公共化，解决交通路网布局问题，促进土地节约利用”，这个政策简称为“开放小区”政策。政策出台后，立刻引起社会各界的广泛关注。

当然，这个“开放小区”的指导性政策，主要是从物理层面引导社区走向开放，但是，物理层面上的社区开放往往需要非物理层面上开放进行配套，包括社区治理、社区决策模式等等。因此，很自然就引起了关于开放式社区治理的讨论。开放型社区则更多强调的是开放式社区治理，强调在治理过程中的多方参与和对话，鼓励社区内外进行多层次交流，鼓励外部资源和社会关系进入社区，为持续改善社区民生状况提供必要的资源保障。如果社区对外开放程度大，那么，不仅原有的宏观和微观设计可能需要进行大幅度整改，而且还会直接影响到社区中的交通、物业、环境、配套设施等方面的管理制度，对于社区治理而言是不小的挑战。要应对这些挑战，社区治理模式需要进行更新，开放式社区治理就应运而生。由于开放型社区在治理过程中会面临更多的不确定性，因此，需要采用群策群力的方式，充分调动社区内外部的积极性和资源，共同来应对所面临的各项挑战，确保社区能够平稳发展，让社区居民真正享有获得感。

二、社区开放的测量

目前关于开放的测量，国内的研究主要集中于经济开放上的测量，比如经济国际开放指数（徐朝晖和赵伟，2005）、区域对外开放指数（国家发展改革委国际合作中心课题组，2013）、对外开放度指数（赵三英，2006）以及经济对外开放度指数（孙丽冬和陈耀辉，2008），等等。这些开放的测量，采用的主要是经济相关的变量和指标，测量的主要是经济体（国家或者省级经济体）对外经济开放的程度。这些开放指数尽管不是针对社区来设计的，但是，其建构与设计的思路与方法，值得参考和借鉴。当然，社区层面上的开放与国家或地区层面上的开放，在内容与形式上都会存在较大的不同，因此，在开放指标体系构成等方面，也会存在较大不同。

社区开放是属于社会开放的一种，因此，对于社区而言，社会开放程度的测量具有更为直接的参考价值。对于社区而言，一般具有各种有形的边界。社区开放就是要突破这些边界，通过与社区外的交流与互动的方式，实现社区内外资源的互相补充，进而提升社区治理的能力，提高社区居民的生活水平。当然，社区开放也并不是无限制的，为了确保社区的平稳与和谐，对于一些可能干扰社区发展的因素，社区往往会采取屏蔽的方式，禁止其进入社区。这些为了保障社区居民生活和休息的做法，是值得肯定的做法。所以，对于社区而言，开放是在一定条件下的开放，开放的目的不是为了开放而开放，而是为了让社区居民更好地生活与休息，是为了提升社区居民的民生状况。也就是说，为了改善社区民生状况，有的社区根据实际需要不仅不会提升社区开放度，反而还会适当强化社区封闭程度。在社区治理中，因地制宜地调整和管控社区开放程度是提高社区治理能力、改善社区民生的重要手段。

第二节　社区开放指数建构

随着通信和交通技术的迅猛发展，现代社会的开放性和流动性不断增强，开放性、流动性、异质性日益成为现代社会的重要特征，也是现代社区的基本特征。作为社会基层组织的社区，在现代化发展进程中，封闭、同质、单一的社区逐步解体，而社区中的开放性、流动性、异质性特征日益凸显。对国家层面而言，开放意味着国家要与外界保持着经济文化的吐纳关系，对社区而言，开放就意味着社区要保持和外界畅通的信息、物质、人口等的交流。一个社区越闭塞，其与外界的信息、物质和人口等交流越不通畅；反之，一个社区越开放，其对外的交流活动也就越频繁与顺畅。在社区治理过程中，为了持续改善社区民生状况，社区会根据实际需要来合理调整对外开放的尺度，因此，需要辩证地来看待社区开放问题。现实中的社区，一般采取的都是有保留的务实开放，而不是一味地开放。当然，要有效条件社区开放程度，还是建立在社区监测的基础上的。社区开放指数就是通过量化的方法来测量社区的开放性和社区资源流动性及其所达成的程度。这个指数如同一把尺，可以用来测量社区开放程度。至于社区需要何种开放程度，那么，就是社区层面上的决策，根据社区的具体情况而定。

一、三个维度

社区开放是个综合性开放的概念，不仅仅是社区空间上的开放，更是社区中社会关系的开放以及社区居民思维上的开放。从社区管理体制上来说，那么，社区开放是社区管理对象日趋多样化、社区管理主体日趋多重化、社区管理手段日趋多元化、社区活动多点化的必然结果。在社区治理上，社区开放主要是相对于过去以行政力量为主导的封闭式社区治理方式而提出的，强调的是鼓励参与和多元对话、强调沟通与协助的新型社区治理模式，这是吸收来自社区外部的社会各界资源改善社区民生状况的一种基本思路。从社区的层面来建构其开放指数，那么，就需要考虑社区的基本特征。社区开放指数的基本维度包括了沟通能力、交流行为和人口流动。沟通能力维度强调的是社区居民内外沟通的能力和水平，交流行为则是测量社区中内外部交流的方式、频率和质量等，而人口流动则是用来测量社区人口流动的具体情况，即社区的流动性。因为社区的流动性和开放性密切相关，所以，人口流动也是社区开放的重要维度之一。

要真正实现社区的开放，沟通很重要。社区内外部的沟通能力越强，那么，社区开放程度也就越高。社区中公开、深入、频繁和坦诚不公的沟通是值得的鼓励和提倡等，是可以增进社区成员彼此的了解，对于新事物持有开放的心态，增加对差异性的容忍，可以令社区更加有效地运作，让社区更具有开放包容性。社区内部不可能没有矛盾，而真诚的沟通是消除误会和自我封闭的重要方法和途径。沟通方式分为正式沟通与非正式沟通。对于开放性社区建设而言，这两种沟通途径都需要。社区需要建立正式的、例行的沟通机制，鼓励社区成员内部以及与外部之间的通畅沟通，确保相关信息能够及时准确地传播与共享，便于尽快形成共识，从而推动社区发展与建设。此外，非正式沟通也很重要。社区内部以及内部与外部的各种非正式沟通管道，都应该充分利用起来，积极促进全方位的沟通与交流，从而可以大大提升社区开放的程度和水平。

行胜于言，社区要提升开放程度，不仅要鼓励社区内外部进行沟通，而且还要有交流的行动。尤尔根·哈贝马斯（Jürgen Habermas）的交往行动理论指出，社会交往行动是社会分工的必然结果，也是现代社会开放性的重要基础（尤尔根·哈贝马斯，2004）。在建设开放性社区的过程中，居民通过积极参与内外部的交流活动，能够稳定社区邻里关系，提高社区服务质量以及与外部环境的交流质量，可以有效降低人际关系冷漠等问题，社区封闭程度也会随之减少。因此，要提升社区开放程度，就要鼓励社区居民多走出去，多到外面去交流，多参与此类活动。在社区层面，一方面要多鼓励居民走出去进行交流，扩大对外交流的广度和深度，另一方面，也要积极吸引外部资源进入社区，到社区来进行交流。两方面结合起来，双管齐下以提高交流的质量，从而提高社区开放度。

社区的开放性与流动性是两个不可分割的概念，流动性大的社区，一般也是开放性强的社区。人员的流入、流出中，也是信息、资源和社会关系在社区中出入的过程。人口流动越频繁，社区内部结构变化越激烈，社区对外开放程度一般也越高。齐格蒙特·鲍曼（Zygmunt Bauman）指出，随着现代化的深入发展，人们日益进入了一个流动着的现代社会中，在其中，社会成员交流活动更加频繁，然后，在活动模式尚不及巩固成为习惯和常规之前，便已开始发生了变化，新的模式已经开始露出端倪（Best，2014）。生活的流动性与社区的开放性，相互依存，相互促进。社区的开放有利于人口流动，而人口流动则进一步推动了社区的开放与发展。当然，外来人口的流入，对于社区而言，也会带来一系列的问题。若在社区中，本地居民和外来人口能够实现有效融合的话，那么，一般而言，对于社区发展是有利的，对于改善社区民生状况会起到积极作用。

在社区层面，社区开放的主要目的不是为了开放而开放，而是为了更好地改善社区民生状况。在社区治理的工具框中，社区开放其实是一个很柔性的东西，并不是一种硬性的治理工具。但是，这种柔性的治理工具运用得当的话，可以对社区发展产生积极作用，有助于改善社区民生状况。社区开放过程中，也会涉及方方面面的利益，比如社区居民和外部人员之间的矛盾、开放对现有社区内部秩序可能带来的冲击等等。因此，社区在提升其开放程度的过程中，要善于协调各方面的关系和资源，使其朝向改善社区民生状况的方向进行整合与资源配置，才能真正让社区居民享受到社区开放所带来的实质性好处，才能真正为社区居民谋得福利。

二、指标与测量

根据上述理论分析，可以发现，社区开放指数由三个维度构成，即沟通能力、交流行为及人口流动，每个维度又由一些变量进行测量。社区开放是一种全方位、综合性的对外开放，从内容测量的角度，那么，社区开放需要测量包括经济、技术、社会、信息和文化等多个方面。它们之间有不同的内涵，但相互促进，互相影响。本研究则从社区开放的机制角度来进行测量，包括了社区沟通机制、社区交流机制以及社区人口流动机制，分别对应了三个维度。全面评估社区开放水平，需要从这三个维度进行度量，每个维度都有对应的具体变量。社区通过建立和完善相关的开放机制，那么，就可以有选择性地确定进出社区的资源，确定开放的内容。因此，对于社区治理而言，开放机制的设立和完善具有更基础性的作用。

社区居民的沟通能力是影响社区开放程度的重要因素。社区居民沟通能力越强，意味着居民越容易与外界人员发生沟通交流，接纳和吸收外界信息的能力也越强。社区居民的沟通能力由两个自变量进行刻画。第一个是普通话水平，该变量由CFPS访员观察得到。普通话是中华人民共和国通用的现代标准汉语，是国内的通用语言，普通话水平越高，说明社区居民与外界进行信息交换的能力越强（可能是直接人与人，也可能通过电视等媒介）。在成人问卷的访问员观察部分，有“受访者的普通话熟练程度”，根据“很差”到“很好”从“1”到“7”打分。第二个是语言表达能力，该变量同样由CFPS访员观察得到。社区居民语言表达能力越强，意味着居民与外界沟通交流的能力越强，也就更容易与外界进行信息的交流。在成人问卷的访问员观察部分，有“受访者的语言表达能力”问题，根据“很差”到“很好”从“1”到“7”打分。

社区居民直接的对外行为也可以很好地刻画社区的开放程度。本研究选取了两个变量指标来衡量社区居民的对外行为。第一个是人均邮电通信支出。邮电通信支出衡量的是社区居民对外信息交流的支出，因此邮电通信支出越高，说明对外信息交流越频繁。在成人问卷中有“平均每月，您家邮寄、通信支出，包括电话、手机、上网、邮寄等，一共花多少钱”的问题，根据填答的数额再乘上十二就是年度邮电通信支出金额，再除以家庭人口数，就是年度人均邮电通信支出金额。第二个是人均交通支出。交通意味着出行，出行就同时兼具着对外的信息和物质交流的含义（如外出购物，外出社交等），因此交通支出也是衡量对外行为的重要变量。人均交通支出越高，说明社区对外的信息和物质交流越频繁。在成人问卷中有“包括公交车费、汽车和摩托车油费，平均每月，您家所有人本地的交通费一共花多少钱”的问题，根据填答的数额再乘上十二就是年度家庭交通支出金额，再除以家庭人口数，就是年度人均交通支出金额。

除了信息、物质的交流，人口流动也是社区开放程度的重要指标。社区外来人口越多，说明社区越开放，越多元。我们选取了两个变量衡量社区的人口流动。第一个是区县级人口流动。变量定义为出生地不在当前社区所在区县及行政区的人数比例，比例越高，说明社区居民来自其他区县的人越多，社区也就越开放。第二个变量是省级以上的人口流动。变量定义为出生地不在当前社区所在省级行政区的人数比例。同样，该比例越高，说明社区居民来自其他省区的人越多，社区也就越开放。在成人问卷中，有“出生时，您的家庭地址是”问题，选项有六个，分别是当前居住的村居、当前居住乡镇的其他村居、当前居住区县的其他乡镇、当前居住省份的其他县区、境内的其他省份以及境外（含港、澳、台）。根据这道题目的回答情况，可以计算出上述两个变量的数值。

表 7-1 显示，对于社区而言，开放的途径和形式是多种多样的，测量社区开放程度的方法也是多样的。本研究从社区居民能力与行为的角度来测量社区开放，包括了社区居民的沟通能力、交流能力和人口流动这三个维度。一个基本的假设是，社区居民的这些行为的增加，可以提高社区开放程度。对于这样的假设，应该说，是符合客观现实的。当然，还可以从结果来测量社区开放程度。由于相关数据无法获得，因此，这里主要采用从行为角度来测量，这也是一种有效的思路。若未来可以获得社区开放的结果数据的话，

再进行补充，从开放行为和开放结果两方面进行测量，那么，就会更加全面。

表 7–1：社区开放维度及其指标

指标	单位	描述	出处
沟通能力			
普通话水平	得分评级	受访居民普通话水平均值 1= 很低 7= 很高	成人问卷
表达能力	得分评级	受访居民语言表达能力均值 1= 很低 7= 很高	成人问卷
交流行为			
邮电通信支出	元 / 人	人均邮电通信支出	家庭问卷
交通支出	元 / 人	人均本地交通支出	家庭问卷
人口流动			
区县级人口流动	人群比例	出生地不在当前家庭所在区县的人群比例	成人问卷
省级以上人口流动	人群比例	出生地不在当前家庭所在省份的人群比例	成人问卷

第三节　社区开放指数分析

开放式社区治理，需要辅以相应的量化管理工具，才能确保社区运营的高效率和高质量。在一个开放的环境中，开放式社区治理通过鼓励多方参与的方式来提升社区运营的效率和质量，通过群策群力的办法来克服和解决出现的问题与挑战，通过整合社区内外部资源的途径来强化社区的发展潜力。因此，开放式社区治理是一项综合性的系统工程，需要协调的关系比较多元，所面临的变化性也更强，对于应对风险能力的要求也就更高。在这种情况下，需要通过对社区开放指数的分析，及时发现可能存在的问题以及解决问题的方法，同时，对于社区未来发展的风险进行评估和预测，从而有效规避社区发展和对外开放过程中所随之而来的各种风险。所以，对于开放式社区治理而言，社区开放指数是一项重要的管理工具，通过对这项指数的分析，可以形成数据仪表盘，便于社区管理者及时发现和解决问题。

一、社区开放指数总体情况

对于社区开放指数的总体分析，主要是从总体层面分析社区的开放程度以及所具有的特征。趋势分析法，就是要判断社区开放指数随着年份的变化呈现何种发展趋势以及未来可能会有哪些发展趋势。换言之，趋势分析法就是通过对社区开放指数的各期得分均值的分析，从中找出发展的规律，为预测未来发展趋势提供线索的一种分析方法。此外，还需要通过结构分析方法去探究社区之间的异同情况。结构分析法是通过分析和确立样本中的社区之间在开放程度上的关系及联系方式进而认识社区整体开放特性的一种实证量化分析方法。这种分析方法，有助于判别社区在开放程度上的异同以及分布，从而更好地把握社区开放基本特征和发展规律。

（一）总体呈稳定态势

根据图 7–1 所示，总体而言，社区开放程度并不是很高，历年的社区开放指数得分均值都低于 0.5。这种局面的出现，其实是与房产政策有关。新中国成立之后，我国实行“单位制”福利分房制度，城市住房大多由政府和单位共同投资建设，而社区中的居民一般都是该单位职工以及家属。在这种政策背景下，政府大院、单位小区等具有明确成分的社区开始大量出现，而这类社区大多采用的是封闭式的治理模式。这类封闭式社区的一个显著特点就是各自相互独立，自成体系，呈块状分布。后来，实行住房政策改革，取消福利分房，逐步实行住房分配货币化，房地产市场化迅速发展，社区中居民的成分呈现多元化，但为了便于管理，这些通过市场化而建起来的社区，大多还是继续沿用比较封闭式的管理模式。物业公司根据管理的需要和业主安全的需要，往往喜欢采用封闭式社区的管理模式，这在客观上导致了封闭式社区治理的长期存在。也就是说，社区的开放程度不会太高。

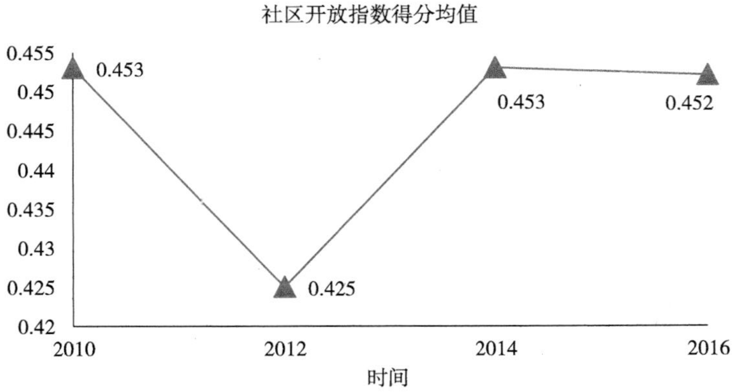

图 7–1：历年社区开放指数得分情况

根据图 7–1 所示，尽管 2012 年的社区开放指数得分情况略微偏低，是 0.425，但是，总体情况而言，社区开放程度比较稳定，基本上稳定在 0.45 水平上。这说明，社区开放程度相对比较稳定，并没有出现大起大伏的现象。社区开放有个长期过程，从长期趋势而言，社区从封闭走向开放是个趋势，但是，这个过程往往是漫长的，因为社区中有形的或者无形的边界都会存在，这些边界不仅仅存在于物理层面，还存在于人们的心理层面。唯有逐步破除这些社区的边界，才能真正走向开放，社区治理模式才能出现重大改变。所以，从短期来看，社区开放程度的提升和改变并不明显，而是处于平稳期。另外，社区从封闭走向开放，也会涉及安全、法律、产权等等的问题，这些问题的解决需要相当长的时间。

（二）内部差距较为稳定

从社区之间的开放程度比较来看，彼此之间在社区开放上的差距比较稳定。根据表 7–2 所示，社区开放指数的标准差在 0.121 到 0.134 之间，最大值和最小值之间的差距也比较稳定。这说明，总体而言，社区之间在这些年中的开放程度都比较稳定，这导致了彼此之间的差距也比较稳定。这种稳定性，其实是由开放程度的性质所决定的。一个社区从相对封闭变成相对开放，在没有外力强制干预的情况下，往往需要有个相当长的演化过程，从物理空间的改变到制度变迁，都需要时间，都是个过程。由于这个过程变化并不快，所以，总体而言，社区之间在开放程度上的差距也不会有显著变化。

表 7–2：社区开放指数描述统计分析

年份	均值	标准差	最小值	最大值
2010	0.453	0.134	0.158	0.832
2012	0.425	0.129	0.132	0.805
2014	0.453	0.121	0.164	0.870
2016	0.452	0.128	0.159	0.833

当然，相对稳定并不等于没有变化。要分析和诊断一些细微的变化，就可以通过分析所有社区的开放指数得分的分布曲线，获得具体分布特征和情况。根据历年社区开放指数得分的分布情况所示，总体而言，这四个年份的社区开放指数分布曲线的形状比较相似，彼此互相重合的部分也比较大。这

说明，这四个年份中，社区开放程度基本上没有太多变化，相对比较稳定。从分布曲线的形状看，呈现正偏态的特征，曲线右侧偏长，左侧偏短，而且不同年份的分布曲线在局部呈现比较明显的差异，这说明不同的社区在开放程度上具有个性特征，需要具体问题具体分析。

（三）城乡有差距

在开放方面，城乡社区之间存在着明显的差距，这是可以理解的。本研究主要测量的是非物理开放，而不是物理开放。因为在农村中，农村社区之间基本上并没有围墙等物理阻隔，所以，从物理开放程度而言，农村社区往往要强于城镇社区。但是，从非物理开放来看，城镇社区的居民一般更具有对外开放与包容的思维倾向，与外界的交流与互动也更为频繁。所以，在这方面，城镇社区要优于农村社区。根据图 7–2 所示，城镇社区在开放指数得分上要明显高于农村社区。城镇社区开放指数得分均值在 0.5 左右，而农村社区开放指数得分均值不到 0.4，两者之间的差距比较明显。

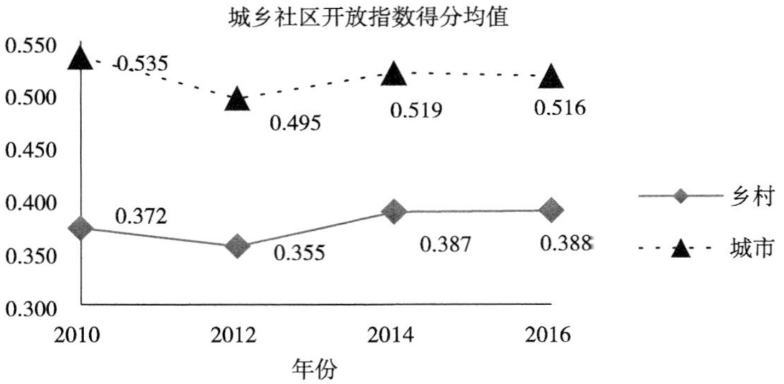

图 7–2：城乡社区开放指数情况

当然，总体而言，城乡社区在开放方面的差距有缩小的迹象。相比而言，2012 年两者的差距比 2010 年要小。此外，农村社区在社区开放方面有提升的迹象，社区开放指数得分均值从 2010 年的 0.372 上升到 2016 年 0.388。与之相对的是，城镇社区恰恰有略微下降的趋势，社区开放指数得分均值从 2010 年的 0.535 下降到 2016 年的 0.516。一升一降，结果导致两者的差距出现缩小。这说明，社区开放和社区封闭是两个辩证的过程，开放过程中有封闭，而封闭过程中也有开放。因此，对于社区开放过程要用辩证的思维去分析。

（四）地区差距在缩小

根据图 7–3 所示，东部地区的社区开放指数得分最高，其次是中部地区，而西部地区的社区开放指数得分最低。这与地区经济开放程度相吻合。东部地区经济对外开放比较早，因此，在这方面也发展得比较快，与国际社会互动与交流也比较紧密。作为东部地区社会的基层组织，东部社区相应的也比较开放，能够接受各种新思想，对外部环境的反应也比较快，交流也比较多。中部地区对外开放的步伐比东部要慢，其社区在这方面也比东部社区要落后些。西部地区有“西部大开发”，但与东部和中部相比，起点比较低，步伐也比较慢，体现在社区上，社区开放程度就相对比较落后。社区是社会经济系统重要的基层细胞，因此，社区层面的表现也在一定程度上折射出了所在地区的发展情况。

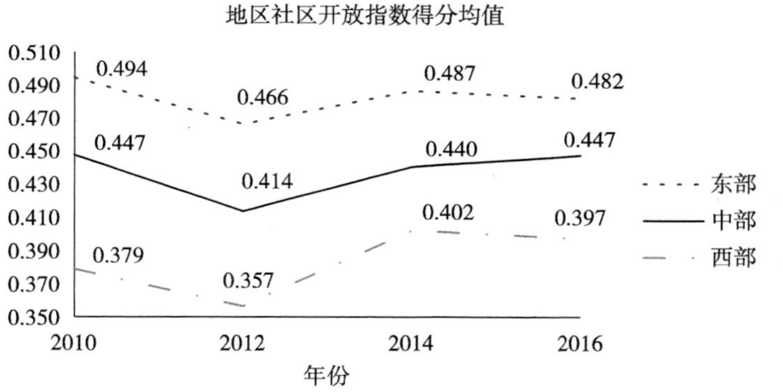

图 7–3：地区社区开放指数得分情况

根据图 7–3 所示，2012 年各地区的社区开放指数得分都比较低，之后就开始有明显的上升。2013 年实施“一带一路”倡议以来，政府出台了相关的政策，这对于整个社会而言，鼓励了社会各界放眼开世界的意识。这种开放意识体现到社会的基层组织上，对于社区开放而言，创造了一个良好的外部氛围，提供了一个很好的环境，推动和促进了社区的开放。因此，2012 年以后，各地社区在开放程度上都有明显的提升。

二、沟通能力维度

从社会开放角度来说，对于社区而言，居民的对外沟通能力是一个重要的方面。若社区居民善于对外沟通，那么，在社交活动中，更容易与别人建立起有效的关系，对于社区而言，那么，就是会密切与社区之外的社会的关联与合作，可以有效提升社区的开放程度。根据图 7–4 所示，总体而言，沟通能力维度的得分呈现上升趋势，从 2010 年的 0.576 上升到 2016 年的 0.614。这说明，总体而言，社区居民的平均沟通能力在提升。这四个年份的调查数据显示，沟通能力维度的平均得分都在 0.5 以上，2014 年以及 2016 年的得分还超过了 0.6，这说明社区居民具有一定的对外沟通能力。相对而言，2012 年的得分略低，但也达到了 0.556。对于社区而言，在物理层面难以进行变更以成为开放型社区的情况下，至少可以积极鼓励社区居民加强对外沟通，通过促进对外社会联系的途径提升社区非物理层面上的对外开放程度。对于社区而言，这是一种提升对外开放程度的软实力，也是开放式社区治理的一个途径。

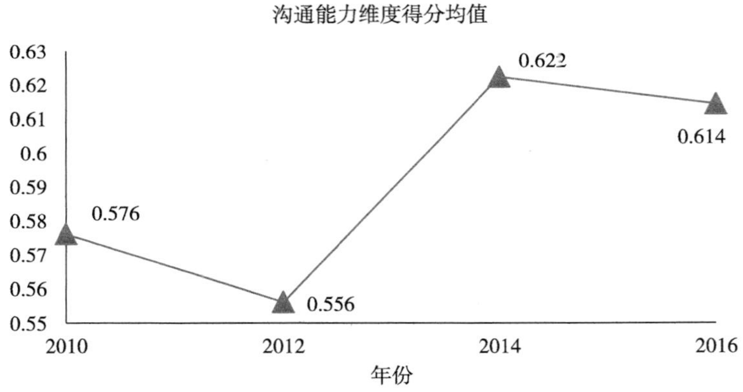

图 7–4：社区沟通能力维度得分情况

根据表 7–3 所示，社区之间在沟通能力维度得分的标准差相对比较稳定，处于 0.18 左右。可见，总体而言，社区之间在沟通能力上存在着一定的差异性，但是，这些年中，这种差异性并没有出现太大的变化，相对比较稳定。社区中居民的对外沟通能力的提升以及对外关系的建立，都需要个过程，体现了积累的特征。因此，一般而言，个人沟通能力短期内不会出现大幅度变化，相对比较稳定。随着社会积累的增多，居民个人的社会关系网络也会不断拓展，那么，个人沟通能力也会获得逐步提升，体现在社区层面，平均而言，就是社区沟通能力获得了一定程度上的提升。

表 7–3：社区沟通能力维度描述统计分析

年份	均值	标准差	最小值	最大值
2010	0.576	0.184	0.036	0.995
2012	0.556	0.182	0.078	1.000
2014	0.622	0.176	0.107	1.000
2016	0.614	0.184	0.124	1.000

从历年沟通能力维度的分布曲线情况来看，较为波动，与正态分布有一定的差距，有的还呈现出较为明显的多峰特征。这说明社区在沟通能力维度上，存在较为复杂的结构，这种结构因不同社区的具体情况而有所不同，所以，需要结合社区内外部具体情况进行综合诊断。从分布曲线的标准差来看，在前三年逐年缩小，但第四年又有微弱回升。可见，社区在沟通能力上的结构性特征，也会随着时间的变化以及内外部情况的变化而进行微调，这是环境适应性的一种体现，也说明社区沟通能力上的动态性。

城乡社区沟通能力存在着一定的差距。根据图 7–5 所示，城镇社区沟通能力明显高于农村社区。城镇社区的居民更善于沟通，具有更高的社交能力。不过，两者的差距在缩小。在 2010 年，城乡社区在沟通能力维度上的得分差距是 0.117，而到了 2016 年，两者的差距是 0.09。可见，随着互联网在农村的普及以及交通越来越便利，农村社区的居民也开始出现了更为活跃的对外沟通活动，与城镇社区在这方面上的差距在缩小。

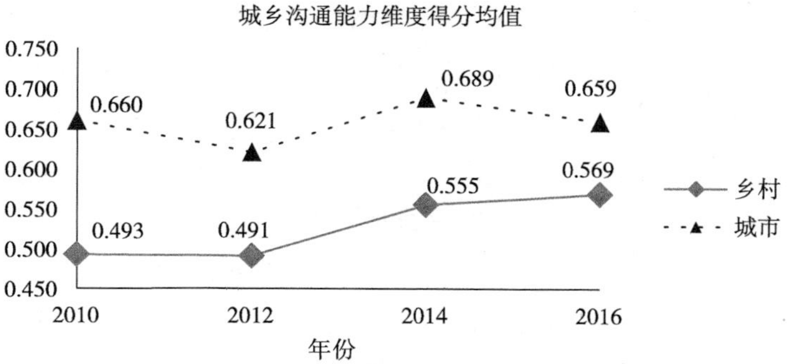

图 7–5：社区城乡沟通能力维度得分情况

从地区来看，根据图 7–6 所示，东部地区、中部地区和西部地区的社区在沟通能力维度上的得分存在明显的差异，东部地区社区得分最高，其次是中部地区的社区，而西部地区的社区得分最低。不过，从发展趋势来看，东部、中部和西部社区的沟通能力得分都基本同步，下降时同步下降，上升时也是同步上升。此外，整体而言，彼此之间在社区沟通能力上的差距在缩小。

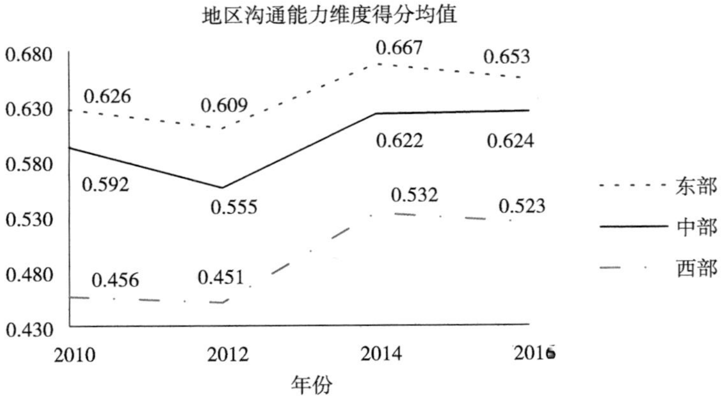

图 7–6：地区社区沟通能力维度得分情况

三、交流行为维度

根据图 7–7 所示，社区在交流行为维度上的得分均值，基本上处于 0.5 到 0.6 之间，而且发展呈现出起伏波动特征，2012 年到 2014 年处于上升的态势，而之前和之后都出现了下降的情形。这说明社区中的交流行为受到多方面因素的影响，对于内外部环境的变化比较敏感，因此，出现起伏波动的善变。交流行为的变化与调整，说明了社区居民的理性，即社区居民在做出某一交流行为之前会综合各种信息来考虑自身行为的意义和后果。美国学者菲什拜因（Fishbein）和阿耶兹（Ajzen）曾在 20 世纪 70 年代对于这种理性交流行为进行了研究，并在 1975 年提出的“理性行为理论（Theory of Reasoned Action）”。至今，这种现象还普遍存在，这个理论因此依然很有影响力（Yzer，2017）。在社区发展过程中，社区居民对外交流行为显然是一种理性的行为。

根据表 7–4 所示，社区在交流行为维度上得分的标准差在 2010 年到 2014 年之间呈现不断小幅增大的趋势，但是，2014 年以后就出现显著减少的情形。这说明社区在交流行为上，会根据内外部情况进行及时调整，导致彼此之间在这方面的差距有的时候扩大，有时却会减少。这往往是社区对于外部环境的一种主动性应对与调整，在一定程度上，体现了社区治理的主动性和灵活性。

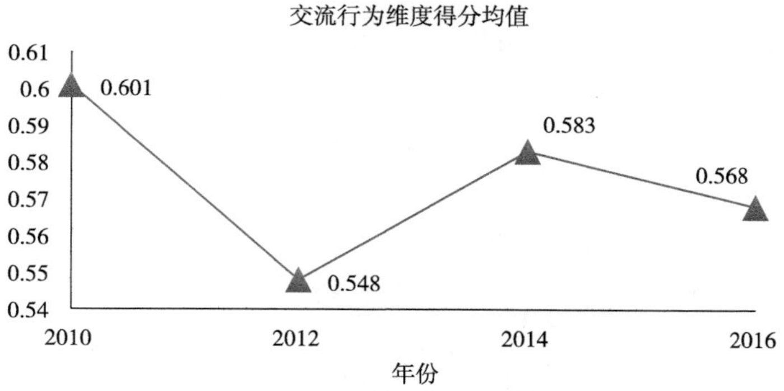

图 7–7：社区交流行为维度得分情况

表 7–4：社区交流行为维度描述统计分析

年份	均值	标准差	最小值	最大值
2010	0.601	0.110	0.013	1.000
2012	0.548	0.115	0.084	0.878
2014	0.583	0.121	0.067	0.947
2016	0.568	0.108	0.256	0.918

从历年社区在交流行为维度上的得分具体分布情况来看，这些年份的分布曲线都呈现出正态分布的特征，就是位置上有左有右，这说明在这些年中，社区之间基本结构相对问题，就是在交流行为维度上的均值有上升或下降的情形。

根据图 7–8 所示，城镇社区在交流行为维度上的得分要明显高于农村社区。这也体现了农村社区与城镇社区在交流行为上存在着差异性，这与农村社区在交流技术上的投入落后于城镇社区有关。现在，在城镇地区，越来越多的社区中利用平板电脑、互联网、物联网技术等现代交流技术，实现社区内外全天候交流网络，实时进行信息和数据上的交换与共享。相比而言，农村社区在这方面的投入比较滞后，交流工具比较陈旧，交流效率和质量比较低。当然，近些年，农村在信息技术上的投入呈增加态势，农村社区通过争取政府拨款、寻找企业资助等多种筹资渠道建设提高交流能力的开放型社区，从而逐步缩短与城市社区之间的差距。

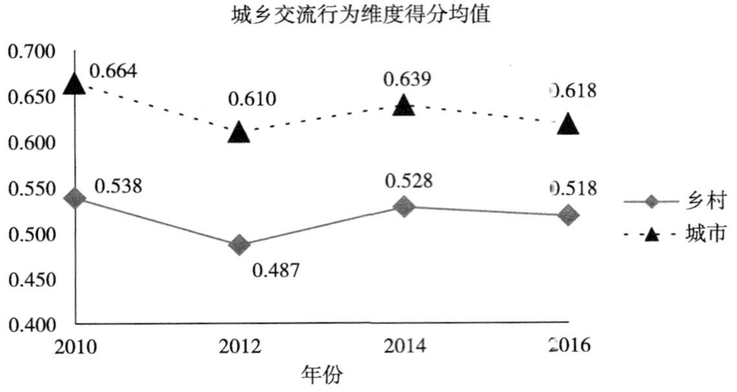

图 7–8：城乡社区交流行为维度得分情况

根据图 7–9 所示，东部、中部和西部地区的社区在交流行为维度上的得分存在明显的差异，其中东部地区的社区得分始终明显高于中部和西部地区的社区。对于中部社区和西部社区而言，2010 年到 2012 年，中部社区得分高于西部社区。但是，到了 2014 年以及 2016 年，西部社区实现了反超，超过中部社区的得分。总体而言，中部社区和西部社区的得分比较接近，都落后于东部社区。

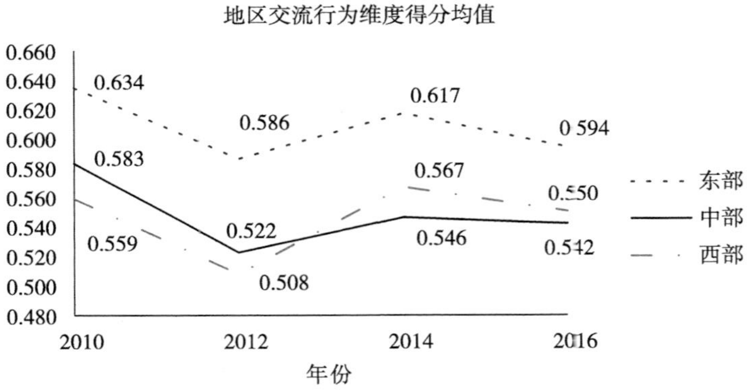

图 7–9：地区社区交流行为维度得分情况

四、人口流动维度

社区之间的人口流动，一方面对于社区治理以及所提供的服务提出了新的要求与挑战，另一方面也促进了社区的开放与社区之间的交流。可见，社区之间人口的合理流动，有利于社区的发展。但是，社区人口流动过于频繁，就会带来包括社会治安在内的一系列问题，对于社区的发展与建设而言，是个沉重的负担。所以，在社区治理过程中，一方面社区通过积极营造良好的生活、工作环境来吸引人口流入，另一方面也积极控制人口流入的规模，确保社区生活的舒适度以及良好的社区治安。这是一种平衡，体现了社区治理的智慧。根据图 7–10 所示，社区人口流动维度得分的均值处于 0.15 到 0.2 之间。这是个合理的区间，对于社区而言，既能够吸引一部分人口迁入，又可以有效控制人口流动的规模，从而实现对社区的有效治理。

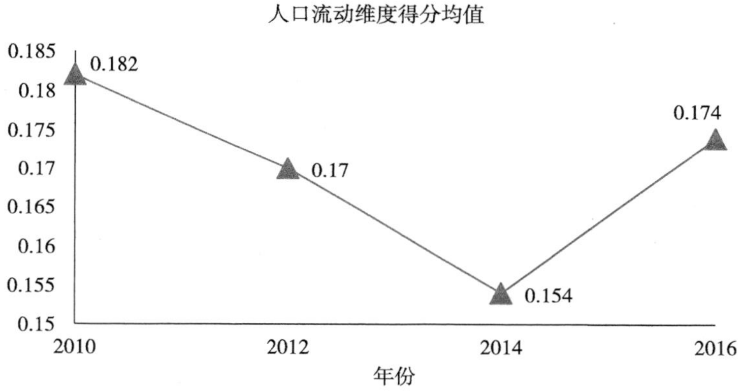

图 7–10：社区人口流动维度得分情况

从社区之间的比较来看，根据表 7–5 所示，在社区人口流动上，差距比较大。有的社区由于房地产开发等原因而整体搬迁，因此，原有社区的人口全部搬走了，而有的社区非常稳定，近些年没有人员搬出去或搬进来。可见，社区因为所处具体环境的不同，在人口流动上存在着差异性。

表 7–5：社区人口流动维度描述统计分析

年份	均值	标准差	最小值	最大值
2010	0.182	0.200	0.000	1.000
2012	0.170	0.185	0.000	1.000
2014	0.154	0.164	0.000	1.000
2016	0.174	0.198	0.000	0.993

根据历年社区在人口流动维度得分的分布，呈现出一种较为奇特的分布，具有右偏态形状的分布特征，但是又呈现波动状。这说明社区人口流动分布比较复杂。基本上，这四个年份的分布曲线形状类似，起伏波动也差不多。

这说明这些年来，社区在人口流动上的分布，基本比较稳定。

根据图 7–11 所示，城镇社区的人口流动比农村社区要更频繁。此外，从 2010 年到 2016 年期间，城镇社区人口流动呈现波动起伏的情形，而农村社区人口流动基本上保持在同一个水平。这说明农村社区人口流动比较稳定，而城镇社区由于内外部条件变化更快，推动人口流动的诱因更多，所以，人口流动更为频繁。

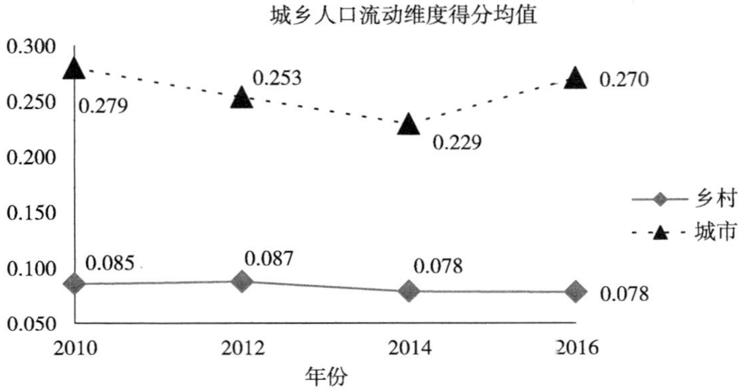

图 7–11：城乡社区人口流动情况

根据图 7–12 所示，在人口流动维度上，东部社区得分最高，中部社区得分居次，而西部社区得分最低。2014 年以后，东部、中部和西部社区都呈现出上升趋势。这说明，不同地区在社区开放上的节奏也会不同，开放的途径和模式也会存在着一定的差异性。

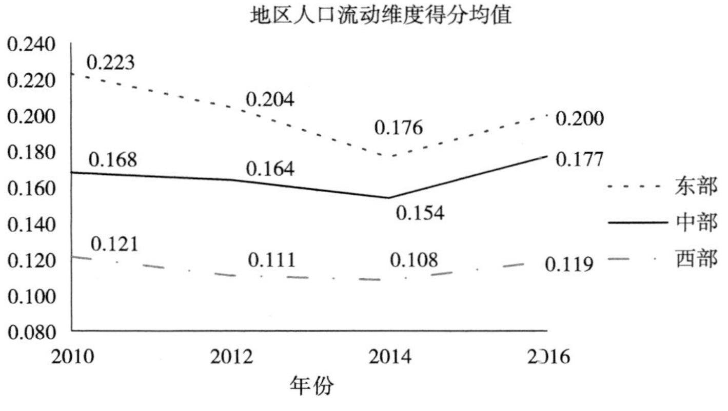

图 7–12：地区社区人口流动维度情况

总体而言，社区层面上的人口流动，具有一定的地区性差异。当然，一个基本趋势是地区之间在社区人口流动上的差异有缩小的趋势和迹象。当然，要进一步研究社区之间的人口流动，可以揭示出更多的规律来，比如人口流出社区与人口流入社区之间是否存在明显的差异等等的问题，都可以在社区层面来进行研究。当然，其前提是要有相关数据。根据2010年到2016年的CFPS数据显示，我国人口流动还是很频繁的。由于CFPS是跟踪调查，因此，样本中的家庭或者个人出现流动的情况，就需要跟踪到其新的地址进行调查。所以，CFPS调查数据是可以揭示人口在社区层面流动的部分情况。当然，对这部分的研究，超出了本研究的范围，需要进行关于社区人口流动的专项研究。

小　结

社区开放是社区治理的一个重要方面，社区通过适当的开放可以获得和整合外部资源，提高社区治理的效率，改善社区居民的民生情况。总体而言，从2010年到2016年，社区开放程度比较稳定，城乡社区在开放程度上存在着差距，不同地区之间的社区开放程度上的差距有缩小的迹象和趋势。在社区治理的实践中，社区对于不同社会资源的开放程度是不一样的。对于社区迫切需要的社会资源，一般都是会加大开放力度。对于社区已经饱和的社会资源，社区一般会控制这些资源进入社区。所以，社区开放需要辩证地看待，衡量社区开放程度是否适宜的关键标准就是对于社区居民的民生状况的改善是否具有作用以及这种作用的力度有多大。依据这个标准来设计和实施社区对外开放的方式、力度和途径，那么，社区治理才会更有效果，社区居民才可能有更大的获得感和幸福感。没有原则的开放，不仅对于社区治理无益，反而可能会对于社区居民的生活和作息产生负面影响，不利于社区民生的改善。所以，社区开放要掌握好一个度，就很重要。

第八章　社区共享指数

列夫·托尔斯泰说过，当我们爱别人的时候，生活是美好快乐的。爱别人的一个表现就是乐于和别人分享。现代社会，离群索居的人是很少的，绝大多数人居住在特定的社区，与社区中的其他居民生活在同一个社区空间中。最初，社区共享行为往往是小范围的，是一种隐形的、个体之间的行动。在信息通信技术以及地理空间定位技术的迅猛发展下，社区居民之间的共享成本越来越低，共享活动也越来越简易便捷，于是，无论是出于经济的考虑，还是因为利他的驱动，社区共享行为日渐从一种隐形的现象变成了一种显性的现象。这个过程，有时也被称为社区融合。社区融合充分体现了“共享”的价值观和互动体验，能够为社区居民营造一个互相帮助、彼此分享的社区氛围，让老百姓在和谐团结的社区中更美好地生活，有助于改善社区民生状况。同样地，共享经济发生的初衷正是在于满足人们社群意识的认同和增加社会联系的渴望。在这种时代背景下，社区共享成为共享经济中的一个重要议题，引起了政府、业界和社会大众的关注，对于社区治理也提出了挑战和更高的要求，对于社区共享的研究也成为了一股潮流。

第一节　社区共享的研究与实践

社区治理的基础是社区自治，而社区自治其实就是通过社区共建、共营与共享的方式治理社区，达到持续改善社区民生的目的。社区作为社会的基层组织，对于共享经济的兴起与发展，具有重要的作用。共享活动一般先是在小范围进行试点，而社区则是这种试点的理想地方。所以，在社区共享消费的过程中，逐渐孕育出共享经济的种子。随着信息通信技术的发展，基于社区的共享消费很快就成为一种全国性，甚至全球性的行为，共享经济就此流行起来了。随着共享经济的深入发展，社区共享的范围也在不断拓展，共享的形式也越来越多样化，关于社区共享的研究和探索也越来越多。社区共享成为一个热点话题，还与线上共享平台有关。随着互联网的迅猛发展，涌现出很多线上的共享平台。但是，任何线上共享平台都需要有线下的支持，需要有线下的支点，而社区无疑是其线下很好的支点。因此，线上共享和社区共享相结合的融合发展模式成为主流。如何与线上共享平台进行融合，对于社区治理而言，提出了新的挑战。因为一旦与线上共享平台融合，那么，社区传统意义上的边界就被打破，由此会产生一系列矛盾，需要采取有针对性的治理方法。

一、社区结构与共享

当下如火如荼发展着的共享经济，事实上与社区治理及基层民生发展密切相关。早在 1944 年，人类生态学家阿莫斯・霍利（Amos H. Hawley）教授就提出了社区其实就是一个人类生态系统，其中居民之间往往存在着共生共享的关系（Hawley，1944）。阿莫斯・霍利的研究，带有明显的自然生态学的痕迹，人类社区其实是整个自然生态系统的一个组成部分。顺着这个思路，阿莫斯・霍利进一步从人类生态系统的视角来研究社区，发现社区结构与人类共享行为之间存在着重要的联系（Hawley，1950）。在阿莫斯・霍利看来，社区中的居民之间存在着互相依存关系，会经常通过共享来维系这种依存关系，从而获得和平共处的局面。从人类生态学的角度来研究社区，为社区共享提供了重要的研究视角和理论基础。阿莫斯・霍利的研究，引起了关于利己与利他的广泛争论。在经济学中，一个经典假设就是人都是利己的，都是会采用对自己利益最大化的原则和策略来行事。但是，阿莫斯・霍利的研究表明，人其实是利他的，有与他人共享的内在动力。这种争论引导出一些有意义的结果，其中共享经济的提出和广泛应用在现实的世界中，就是一个重要的例子。

共享经济这个概念，最初恰恰是在研究社区共享的基础上提出来的，不是由经济学家提出来的，而是由社会学家提出来的。1978 年，两位社会学家马科斯・费尔逊（Marcus Felson）和琼・斯潘思（Joel Spaeth）发表了一篇重要的论文，系统阐述了社区结构与合作消费之间的关系，标志着共享经济思想的形成（Felson and Spaeth，1986）。这两位社会学家在 1974 年对 730 户位于芝加哥郊区社区的家庭进行电话调查，调查结果数据显示，这些社区中的家庭存在明显的消费分享的情形。在社区内部，居民之间的分享是很常见的事情。这说明社区居民之间不仅存在着竞争，而且还存在着明显的共生与分享。在当今的共享经济中，社区也是一个重要的场域。比如共享单车的出现，就充分体现了社区居民的共享行为。对于一些比较大的社区，内部交流与沟通，社区居民喜欢使用共享单车的方式来进行，这种方式环保而且便捷，是合作消费的一种表现。后来，这种社区内部的共享模式应用到了社区之间，于是，大规模的共享单车就出现了。

共享经济的兴起，不仅是社区发展的重要产物，还对社区治理提出了更高的要求。比如社区之中随着共享单车的增多，随之而来的是居民胡乱停放单车的困局。这种困局不仅影响了社区内部的交通，还占据了社区公共场所的用地，给其余居民的出行与生活带来了诸多的不便，甚至成为社区内部矛盾的导火索。面对这类情况，社区治理就需要与时俱进，有针对性地提出对策，予以妥善处置（Krykewycz et al.，2010）。一方面，社区需要肯定共享的行为，不能简单禁止共享活动进社区，这是逆潮流的做法，是消极治理的表现；另一方面，对于社区内部的共享单车的使用、摆放等等进行有针对性的规定和管理，规划相关的空间，作为共享单车的存放地。同时，社区还需要在提升居民素质上加强宣传和引导，提高社区居民的责任心和社会义务感。

社区的规模一般都不是很大，但是，社区共享往往会涉及方方面面的利益，甚至涉及社区之外的利益相关者。因此，在社区共享的设计上，需要充分考虑各方面的诉求和因素，需要平衡各方面的关系，才能获得多方支持，才可以获得成功。在家庭内的共享，这是早已有之，如同历史上的“孔融让梨”，这属于一种美德。但是，当共享从家庭转移到社区时，不仅仅是规模的扩大，而是属于家庭外的共享，事情就复杂了很多，需要有一套完整的体系才能实现。社区共享是属于家庭外的共享，甚至是社区内部家庭与社区外部家庭之间的共享，因此，需要有中介环节或者系统来联系这些家庭，并尽可能降低家庭之间共享的成本，才能让这种共享成为可能。在这个过程中，社区往往发挥着重要的角色和作用，通过搭建社区共享平台和机制，推动和实现家庭之间的共享活动。除了提供社区共享的便利之外，社区还需要设计相关制度来尽可能降低共享活动的风险。这种共享风险规避机制的设计和实施，是社区治理的重要内容，也是保护社区成员权益、维护社区稳定的重要途径。

二、社区共享的例子

社区空间是有限的，若社区中每个家庭都拥有自己的私家车，那么，往往出现社区拥挤堵车的现象，汽车的尾气排放也会令社区空间质量不够好，对于居民健康产生负面影响。于是，就出现了私家车共享的活动。在欧洲，就有（Community Car Share Network，简称 CCSN）。这种共享活动都是以社区为基础，在社区附近设立车共享俱乐部，让附近的社区居民在需要用车时，可以很方便短期租用这些车，避免了自己买车、为车保养等费用。对于社区而言，可以减少社区居民车拥有量，从而减少社区停车空间，减少汽车尾气排放对于空间的污染等，便于社区更为健康地发展。这种立足于社区进行车所有权共享的活动，在西欧，其历史至少可以追溯到 1990 年，截止到 2001 年，至少有 10 万西欧居民不用购买私家车而可以轻易用车（Roberts，2001）。一些专门立足于社区共享车的公司也纷纷成立，建立基于社区的共享车网络，为社区居民提供便利的用车业务。这种社区共享车的活动，很快就被复制，美国纽约等地也开始实施这种社区共享活动了（Monitor，2008），并且取得了不少好评。

在国内，悄悄兴起的“社区顺风车”，就是社区共享的一种。对于同住一个社区的居民而言，出行不一定都要自己驾车，而是搭乘顺道出行的社区其他成员的车就可以。这种社区共享的活动，车主和乘客都是生活在同一个社区中，彼此信任问题更容易解决。此举可谓是一举两得，对于车主而言，可以充分利用车内空的位置，对于乘客而言，不需要自己驾车就可以轻松出行，而且安全可靠，费用也比较低，经济实惠。于是，这种社区共享搭车业务就很快就发展了起来。与一般的顺风车相比，“社区顺风车”除了具有一般顺风车的特征之外，还具有其独特性，其独特性就在于社区。因为立足于社区，而且参与共享的人员往往都是同一个社区的居民，因此，彼此之间相对比较信任，能够解决网约车中信息不对称的问题。由于生活在同一个社区，当彼此信任进一步加深时，就形成了一种信任体系，“社区顺风车”或者“社区搭车”就成为社区居民互利互助的体现，形成了基于自发自愿的运营平台和团队，而这种运营往往是非营利的，是自助的。这与一般的顺风车或者国外的社区车共享网络的营利性有着本质上的不同。

当然，尽管是非盈利性质的社区共享，也可能为社区带来一系列的问题，对于社区治理带来新的挑战。在社区共享过程中，参与者之间的责、权、利如果没有清晰界定，一旦出现问题，就会陷入纠纷，引发社区内部矛盾，导致社区的不稳定。比如“社区顺风车”活动，由于没有市场标准，一般车主和搭乘者彼此协商分摊出行的费用。这意味着每次搭车出行，都是一次谈判活动，显然，这种社区搭车的共享活动的交易成本比较高，而且谈判不一定每次都有效。此外，一旦在搭车出行的过程中出现意外，就出现谁更应该承担责任以及承担多大责任的问题，矛盾往往就此产生。对于这些新问题与新挑战，社区在治理上也需要进行调整与创新，提出有针对性的治理方法。比如在社区搭车上，社区可以让车主在社区进行统一登记。为规范搭车过程中的行为、防止发生纠纷，社区可以制定顺风车队队规，并在社区内部进行宣传和发布。社区通过出台和完善相关的制度，对于社区共享行为予以合理引导，加以规范，确保社区共享能够发挥出积极的作用，尽可能避免社区共享发展过程中的各种风险。

当然，除了社区搭乘这种共享活动之外，社区共享的对象和标的还有很多，可以是具体的产品，也可以是特定的服务，还可能是某种情感。有时候，社区还共享股权，就出现了所谓的社区股份合作制（community share-holding cooperative system）。有的社区因此建立起社区股份合作公司，通过公司的形式把社区成员整合起来。在社区股份合作公司中，社区成员不仅共享劳力、脑力、资金，共同通过创业的方式去获得公司的成长，并以分配股权的方式共享公司成长的成果。在经济特区中，由于特定的政策和制度，这种社区股份合作制获得了长足的发展（赵同民，2009）。在改革开放的过程中，社区股份合作制曾发挥出积极作用，激活了社区的资源和人力，给社区成员提供了创业和就业的机会，提高了社区成员的收入，推动了社区的发展。

但是，在发展过程中，也存在着一些问题，其中一个主要问题是社区治理和公司治理之间的关系理不清楚。社区在通过建立社区股份合作公司途径实现社区成员的合作共享过程中，往往无法理顺公司与社区之间的关系。现代公司是法人，需要有完善的法人治理结构，而社区是基层社会组织，有其自身的社会功能和定位。但是，一旦通过建立社区股份合作公司的方式来进行发展，那么，社区治理就应该和公司法人治理分开。但现实中，由于利益关系以及社区与公司之间的各种错综复杂的联系，导致社区股份合作公司的治理结构不完善，使得公司运营效率无法获得保障，影响了公司的业绩（伍凤兰和郭启华，2004）。当社区直接或间接参与公司的治理活动时，往往使得社区治理偏离了方向，影响其社会功能的正常发挥，对于社区治理而言，会产生负面的影响。可见，社区在发展共享业务时，需要正确处理好社区治理与业务治理之间的关系。

第二节　社区共享指数建构

从宏观上讲，一个社会的共享发展就是要让广大群众都分享发展的成果，尤其要解决贫困人口的脱贫问题，让群众享有合理的收入分配机制，享有合理的社会保障体系。也就是说，社会发展的成果要让全体社会成员都能共享，这是社会公平的体现，也是社会可持续发展的重要保障。就社区来说，社区共享体现在社区内部收入分配结构、社区居民享有社会保障的情况及居民主动共享的动机等诸多方面。社区共享就是让社区成员在推动社区发展的同时都能够分享发展的成果，都能够成为社区发展的受益者。要实现这种目标，社区治理的方式就需要与时俱进，需要采用参与式社区治理的方法，鼓励更多社区成员来积极主动参与社区活动，以开放的心胸来分享，共享社区发展的各种成果。从某种意义上来说，共享型社区建设，其实就是参与式社区治理的一个目标。社区成员之间通过参与式社区治理的方式，增进彼此的理解与共鸣，缩短彼此之间的社会距离和心理距离，从而主动分享社区发展的成果，才能达到乐于共享、勤于共享、善于共享的和谐局面。

一、二个维度

共享的对立面就是独享，就是不与他人分享。社区共享应该介于独享和完全共享之间，即社区共享的最低程度就是只有独享而没有任何分享，而社区共享的最高程度是社区内部的完全共享。在现实中，独享和完全共享都很少见，一般是介于这两个极端状态的中间。社区共享内涵丰富，可以从共享参与者、共享对象、共享结果等多个角度来界定。一般而言，社区共享应该包括共享意愿，即愿意与他人分享的倾向。共享意愿最初是一个属于个体的概念，是指个人愿意分享的意愿。在社区分享中，共享意愿就不仅仅是一个个体概念，而是一个群体概念，是社区全体成员共享意愿的汇总，体现了社区共享的总体意愿。此外，社区共享不仅要有意愿，而且要有行动，因为有行动，才会有共享成果的出现。所以，共享成果也是社区共享的重要内容。因此，共享意愿和共享成果构成了社区共享的两个维度。

共享意愿是个群体概念，但是，与社区成员个体密切相关，是社区成员个体的共享意愿的汇总。那么，就会面临一个问题，即如何从个体上升到群体。把个体的意愿，上升为群体的意愿，需要根据集体行动的相关逻辑来进行（Olson，1965）。在集体行动中有个从众心理，强调个体之间的互相模仿和学习，使得个体行为成为一种群体的行为。在社区中，当社区成员通过共享而获得好处，这个信号会通过各种传播机制，被社区其他成员所感知，从而引起社区其他成员的注意。当社区其他成员逐渐发现共享是一项可以同时利己利他的活动时，就会出现模仿行为，也开始产生共享的意愿，并可能因此而产生具体的共享行动。当社区成员纷纷效仿时，那么，社区共享意愿就会不断高涨，社区共享活动的广度和深度就会不断提升。

共享成果则是从结果的角度来体现社区共享的程度。社区产生比较强烈的共享意愿之后，就会有共享的行动。对于社区共享而言，不仅行动很重要，而结果更为重要。也就是说，社区共享是结果导向的，强调的是通过共享活动让社区成员共享发展的成果。若社区成员通过共享而仅仅让少数个体受益，那么，这样的共享活动并不是一种理想的共享活动，也不是共享型社区建设的目标与发展方向。共享型社区所追求的目标是广泛的共享，多数人的共享，因此，需要从共享成果的角度来进行衡量社区共享的效果。当然，测量社区共享成果并不是静态的，而是动态的，测量的目的是为了更好地实施社区治理。这是一种由“果”导“因”的社区治理思路，就是通过测量社区共享成果来找出社区共享过程中存在的问题，及时调整社区共享的方向，纠正错误，确保社区共享朝正确的方向去发展。这种由“果”导“因”的社区治理思路，体现了社区治理上的主动性，是一种积极有为的社区治理思路。

二、指标和测量

根据上述分析，在实际测量中，社区开放指标可以由两个维度构成，即共享意愿和共享成果，每个维度又由一些变量进行描述。也就是说，社区共享体现的是意愿和行动的结合。在主观上，要有乐于分享的意愿。在客观上，要有分享的行动和结果。对于社区共享而言，两者缺一不可，彼此是互补的关系。在变量选择上，既要考虑与所测量概念的关系，又要考虑数据的可获得性。因此，最终选定的变量是这两方面综合的结果。在实际操作上，既要强调变量的完备性，即尽可能全面测量相关概念，又要强调测量体系的简单性，即所需变量数不能太多。一旦所需变量很多，那么，整个测量体系就会变得很复杂，相对而言，测量成本就会比较高，现实的可操作性和应用性就会降低，不利于推广和应用。因此，从某种意义上来说，选择变量，同时体现了科学性和艺术性。

共享意愿主要考察的是社区居民主动共享的动机和意愿。这里通过两个变量来测量社区共享意愿。第一个变量是受访者对生活的满意程度。当社区家庭中的成员对当前生活满意度更高时，就越有可能乐于分享，帮扶弱者（Olson，1965）。基于社区而言，生活满意度会显著影响社区成员的行为。随着经济、社会的发展，中国家庭居民的生活满意度有了很大的提升，其提升过程呈现出明显的非线性的特征（Easterlin et al.，2012）。这种非线性的特征表明，社区居民生活满意度对于社区共享意愿的影响会是复杂的。尽管如此，这种影响作用是不能被忽视的。第二个变量是社会捐助支出在总支出的占比。社会捐助，这是共享精神和意愿在行动上的直接体现，因此有必要将这个变量纳入其中。社会捐赠者，因为具有共享的理念，所以，比较多的捐赠者偏好匿名捐赠（Freeman et al.，2009）。一个社区之中，促发这类匿名捐赠者出现的原因是多方面的，而共享意愿是其共同的特征。值得注意的是，这里之所以选取捐助支出在总支出中的占比而非捐助支出的绝对值，是考虑到捐助支出本身还会受到收入支出水平的影响，而用比值衡量的是居民主动分享的意愿。一般而言，社会捐助支出占比越高，居民分享的动机和意愿也会越强烈。

共享成果是从结果层面来测量社区共享。对于社区而言，社区的收入分配结构及社会保障覆盖程度是社区共享体系的重要体现。一个社区只有收入分配合理、社会保障覆盖全面，才能让群众共享社区乃至社会发展的成果。因此，需要从这两个方面来选取相应的变量，用来测量社区共享成果的程度。当然，除了这两个方面之外，也还存在其他的方面。本研究重点分析这两个方面的影响，研究其发展趋势，评估其对于社区共享的作用。从社区治理的角度来说，这两个方面其实是社区在推进共享方面进行治理的两个切入口。社区通过相应的治理手段和方法，从这两个方面入手，不断提高社区在这两方面的服务水平，从而提升社区共享的程度。对于社区而言，通过积极有效的治理手段，要逐步改善社区居民在这些方面上的问题，提升社区共享成果的程度，让广大社区成员都能共享社区发展的成果。这是社区治理的目标，也是提高社区共享的重要途径。

在测量共享成果的具体指标上，本研究选取了三个变量。第一个变量是社区中参加医疗保险（包括城镇居民医疗保险、城镇职工医疗保险、新型农村合作医疗等）的人数占比。第二个变量是社区中村居 60 岁以上的受访者中领取各种养老金（包括离退休金、基本养老保险、城镇居民养老保险、企业补充养老保险、农村养老保险、新型农村社会养老保险等）的人群比例。该比例越高，说明养老保险的覆盖越全面。第三个是社区收入差距。考虑到每个社区内受访的家庭样本量较为有限，这里将变量定义为社区内家庭人均收入最高的 30% 家庭的人均收入与最低 30% 家庭之间的人均收入的比值。社区中的这个人均收入之比的比值越高，说明社区中的家庭收入分配越不平等，收入差距越大。第二个和第三个变量衡量的是社区内社会保障体系的覆盖程度。社会保障体系越完善，说明社区共享程度越高。

在进行指数计算时，这个人均收入之比变量进行了同向化。也就是说，社区内部收入差距越小，那么，社区共享程度越高。这是因为在社区层面，对于低收入家庭，比如低保户以及低保边缘户等家庭，往往会设计和采用一些共享的机制，来通过共享的方式帮助这些低收入家庭，客观上起到了提高其收入的目的，缩小与社区中高收入家庭在经济收入上的差距。比如在社区调查中发现，有的社区采用爱心资源平台的方式，资助社区中的那些低保边缘户，改善其生活水平，使其生活得更自信。对于社区家庭而言，收入中除了个人的工资收入之外，还有一部分收入包括了政府的资助、亲朋好友的资助和社会上的资助。对于工资收入低的家庭，除了有国家的低保政策之外，社区层面也会通过注入搭建爱心资源平台等途径，通过共享的方式，来帮助那些工资收入较低的家庭获得其他渠道的资助。这是社区共享的体现之一，因此，有必要把这个指标纳入社区共享指数的测量体系之中。这符合社区共享指数的基本内涵，从一个侧面体现了社区共享的程度。

根据表 8-1 所示，从分享意愿与分享行动来测量社区共享，强调的是共享的主观性和客观性互相结合。有分享的意愿，但是，并不一定就有分享的行动。有的时候，有分享的行动，但是，也可能是被迫分享的，因此，其实并没有分享的意愿。所以，一个真正的共享，应该是既有分享的意愿，又有分享的行动。本研究就是从这两方面来完成测量社区共享的，强调两者的一致性。在测量上，采用了主客观变量进行综合施测，能够较为全面地对社区共享进行衡量。

表 8–1：社区分享维度及其指标

指标	单位	描述	出处
分享意愿			
生活满意度	得分评级	对生活满意度得分均值 1= 很不满 5= 非常满意	成人问卷
社会捐助支出比	支出比例	家庭社会捐助支出占总支出的比重	家庭问卷
分享行动			
医保比重	人群比例	医疗保险参保人群比例	成人问卷
养老保险领取比例	人群比例	60 岁以上受访居民中，正在领取养老金（包括退休金及各种形式的养老保险）的人群比例	成人问卷
收入差距	收入比	社区内家庭人均收入最高 30% 家庭的人均收入均值与最低 30% 家庭的人均收入均值之比	家庭问卷

第三节　社区共享指数分析

推动社区共享，促进社区内部以及社区内外在资源、信息、智力等方面的共享，有助于社区自治共营建设，对于改善社区民生状况而言，具有积极作用。建构社区共享指数，便于对社区共享程度进行量化上的测量。社区共享的内容和形式，不同社区之间会存在着差别，但是，社区共享也存在一定的共性，一旦掌握了这些共性，据此建构社区共享指数，那么，该指数则可以从较为普遍的意义上来对社区共享进行量化测量，能评估社区在共享方面的发展程度，并预测其未来的可能发展方向和态势。这就是社区共享指数分析的重点，可以为社区治理提供重要的决策依据。关于社区共享的量化测量与分析，是社区治理的基础性的工具之一，有助于及时发现问题，掌握社区共享发展的现状，暴露发展过程中的薄弱点和瓶颈，从而及时有效地予以解决，提高社区治理的效率。

一、社区共享指数总体情况

对于社区共享指数的总体分析，有助于全面掌握和了解社区在共享方面的发展情况，便于进行相关的政策分析，可以为政策决策提供量化的依据。对于该指数的总体分析，是从整体上探讨社区共享发展的现状、路径以及未来可能的发展趋势，有助于有针对性地制定相关推动政策。对于该指数的总体分析，就是从宏观的角度来总体上评估社区在共享方面的发展特点以及内部结构，包括城乡差距和地区差距等，为实现社区共享的均衡发展提供相关的政策决策依据。

（一）总体呈上升态势

根据图 8–1 所示，从 2010 年到 2016 年，总体而言，社区共享指数呈现上升态势，从 2010 年的 0.459 上升到 2016 年的 0.491。其中 2014 年是 0.495，得分最高。这说明，这些年来社区在分享方面总体上是在强化的，社区分享也越来越广泛，分享程度也越来越深入。这种发展态势，与近些年“共享经济（Shared economy）”的兴起有关，尤其是“P2P”（Peer to Peer）的分享模式进入社区，进一步调动了社区中分散和闲置的资源的再利用。比如共享单车以及短租房的兴起，都是与社区分享密切相关的，前者充分利用了社区空间，后者是直接使社区内部的闲置房间通过分享而获得了新的价值。这些分享活动，提升了社区分享的程度和水平。在整个共享经济的发展过程中，社区是其重要的支撑。社区不仅是共享经济的需求方，同时也是共享经济的重要的供应方。从某种意义上来说，社区就是共享经济在现实中的载体。

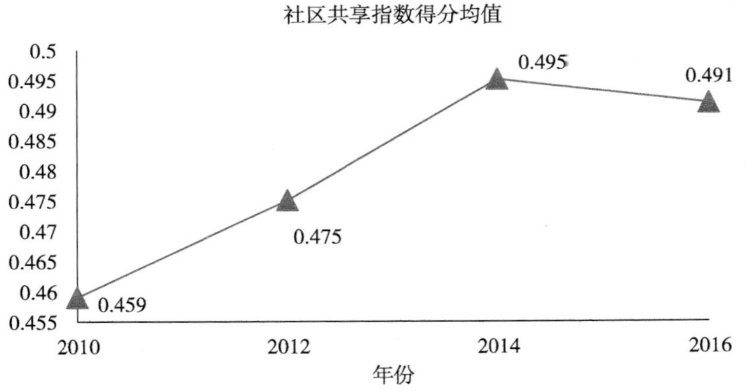

图 8–1：历年社区共享指数得分情况

根据图 8–1 所示，在这些年中，社区共享指数得分均值在 0.45 和 0.5 之间，即都是低于 0.5，这说明总体而言，社区共享程度还并不是很高，还有很大的提高空间。随着移动互联网的不断进步与发展，社区共享也在衍生出各种新的经济模式，将社区资源进行重新配置利用，以共享的方式让参与方都能受益。但是，在现实中，还有不少限制社区共享的因素，这些限制因素来自制度、心理、资源等等方面，使得社区闲置资源通过共享方式被利用的程度还是比较低。此外，要进一步提升社区共享程度，还需要在促进互信上下功夫。社区共享的核心其实是信任，唯有互相信任，才能真正实现共享。社区应该通过各种互信机制的建立与完善，促进社区居民之间的互信，这样才能进一步挖掘社区共享的潜力，真正发挥出社区共享的价值和作用。

（二）内部差距基本稳定

社区之间因为所处环境以及自身情况的不同，所以，在社区分享上也会存在差别。根据表8-2所示，社区分享指数得分的标准差都是处于0.06和0.07之间，这说明社区之间在分享存在一定的差距，但是，这种差距总体而言，还是比较稳定的。在共享经济风起云涌这个大环境下，作为社会基本组织的社区在分享上也是纷纷跟进，利用自己的特点，因地制宜地开展社区分享项目，获得了一定的成果。在社区分享的发展上，社区之间存在着差距，有的社区发展快，有的社区发展比较慢。社区在从独享走向分享的过程中，也不是一蹴而就的，而是需要有个过程，一般都是探索着向前发展，因此，不同的社区在分享上往往会有不同的发展路径，彼此之间存在着一定的差距也是很正常的事情。

表8-2：社区共享指数描述统计分析

年份	均值	标准差	最小值	最大值
2010	0.459	0.062	0.237	0.732
2012	0.475	0.062	0.264	0.743
2014	0.495	0.068	0.239	0.702
2016	0.491	0.064	0.241	0.836

根据历年社区分享指数的得分分布来看，总体而言，呈现出比较明显的正态分布的特征。2012年的分布曲线最高，而2016年的分布曲线最矮。相比而言，2014年和2016年的分布曲线比较宽。这些分布表明，2014年以来，社区之间在分享上差距比之前的年份要大一些。但是，总体而言，这种差距还是比较稳定的，并没有出现那种大起大落的波动或者震荡的现象。这说明社区之间在分享上存在一定的稳定结构。

（三）城乡共享有差异

城镇社区和农村社区，在社区共享方面，既存在着共同点，又存在着差异。在社区共享的发展上，总体而言，城镇社区发展得更快些。根据图 8-3 所示，除了 2014 年农村社区在共享上的得分要略微高于城镇社区之外，其余年份都是城镇社区的得分高。事实上，社区共享模式会在城镇与农村社区之间进行传播。随着社会经济的发展、人们消费理念的转变以及互联网信息技术的普及，"共享"理念和相关做法越来越被社会大众所接受，诸如共享单车、共享住房、共享雨伞、共享充电宝等一系列新型共享模式涵盖了人们生活的方方面面，城镇社区更是这些共享模式的重要载体。这些新型共享模式也从城镇传到农村，在农村社区中也逐渐出现和普及类似的共享活动。当然，这种传播不是单向的，而是双向的，城镇社区也在不断从农村社区中学习和吸收其共享经验。比如近些年，城镇社区就曾不断学习和借鉴农村社区的有些做法，从农村社区中引进社区农园的共享模式，可以有效缓解城市社区闲置地难以管理利用、社区缺少凝聚力、邻里间缺少沟通交流、城市社区生态环境恶化等一系列城市问题（王志芳 et al., 2017）。但是，总体而言，在社区共享上，城镇社区的发展水平要高于农村社区。

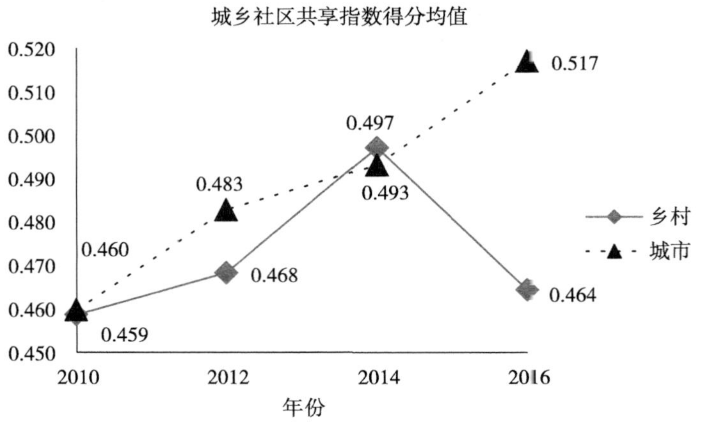

图 8-2：城乡社区共享指数得分情况

根据图 8-2 所示，在社区共享的发展上，城镇社区从 2010 年以来，呈现持续上升的趋势，这说明城镇社区共享在持续深入向前发展。不过，农村社区共享则出现一定的波折，在 2014 以后出现下降的情况。农村社区在共享上，主要是因地制宜来进行共享，比如通过农家乐的方式来进行共享住房的活动，不仅提升了收入，还让空间的房间获得了新的用途。但是，这种农村社区共享模式，往往会受到外部环境的影响，一旦农村社区的游客减少，那么，这种社区共享活动就会出现显著下降的情形。表现在农村社区共享指数上，该指数就会出现往下走的态势。此外，农村社区在探索共享的道路上，往往会受到制度上的限制。比如农村土地的共享，可以让农村闲置的土地资源被充分利用起来，从而可以有效推动农村经济的发展。于是，有些农村社区自发搞起了共享土地的活动，推出了诸如“共享农场”“旅游民宿”等多种具有浓郁农村气息的共享模式，也取得了一定的成果，在一些农村社区吸引了一定的人气。但是，这类共享往往存在制度上的问题，因此，不但很难推广和普及，还很容易受到制度环境变化的影响。

（四）地区间发展较复杂

社区共享主要是一种社会自发的活动，因此，社区在实施此类活动时，主要是根据自身特点而进行因地制宜的发展。因此，不同地区在社区共享上的发展步伐也是存在着差异。根据图 8–3 所示，东部、中部和西部地区在社区共享上的发展各有不同的路径。中部地区的社区共享从 2010 年以来呈现持续上升的态势，而东部地区和西部地区的社区共享在 2014 年之前是呈现上升的态势，但是在之后就出现了下降的情形。这种消长关系，一定程度上体现了不同地区在社区共享上的探索以及所做出的调整。对于社区治理而言，社区共享是一种新事物，因此，需要有相应的社区治理方法来予以引导，加以管理，使其能够发挥出其应有的作用。在对社区共享进行治理的过程，其实也是社区共享进行调整的过程，因此，就会出现发展速度又快又慢的现象，各地在社区共享上也会有所不同。这是社区共享和社区治理之间交互辩证发展的必然结果。

不同地区的社区共享发展速度也有所不同。根据图 8–3 所示，西部地区的社区共享发展具有明显的起伏震荡的特征。西部地区的社区共享在 2012 年到 2014 年之间获得了显著的发展，在 2012 年，西部社区共享指数得分还低于东部和中部，但是，到了 2014 年，已经超越了东部和中部社区。不过，接下来出现了迅速的下滑局面，西部社区共享指数得分再次低于东部和中部社区。这说明在社区共享的发展上，西部地区不太稳定。这种不稳定性，从一个侧面体现了西部社区共享的发展比较复杂，容易受到诸多内外部因素的影响。当然，这也说明西部社区共享处于一个探索期，需要通过不断地试错和摸索，才能找到适合当地社区发展的共享模式。

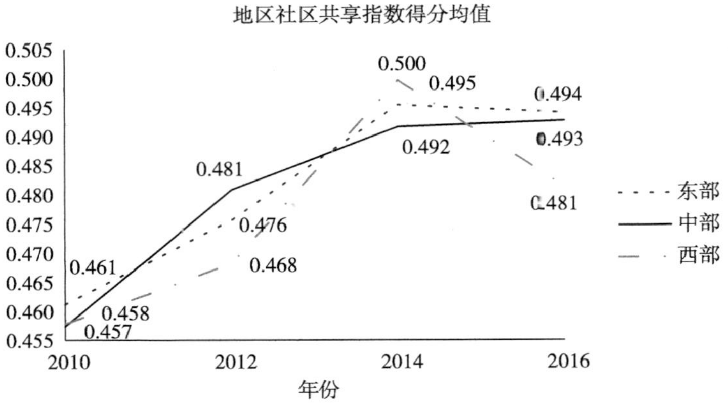

图 8-3：地区社区共享指数得分情况

二、共享意愿维度

社区共享意愿是社区中的成员在分享活动中，愿意与其他社区成员分享产品、服务、经验、信息、技能、情感等的一种倾向。共享意愿是个心理上的概念，而社区共享意愿则是属于社会心理学范畴的一个概念，强调的是社区成员在社区这个载体上进行共享的意愿。并不是每个社区成员都愿意与其他成员进行分享的，因为，这里面存在着一个心理距离（Psychological Distance）的概念（Diehl et al.，2017）。社区成员之间的心理距离比较远的时候，共享意愿一般都比较低，因此，社区共享不太活跃。反之，当社区成员之间的心理距离比较近的时候，那么，其共享意愿一般都比较高，体现在社区层面上，就是社区共享成为社区居民的一种普遍倾向。这样的社区，共享氛围浓，邻里关系也比较融洽，社区内部凝聚力比较强，建立在社区共享基础上的社区治理体制，效果也比较好。但是，社区成员的心理距离具有易变性的特征，很容易受到周围环境以及个体主观感受的影响。对于一个社区而言，社区成员个体对另一社区成员个体亲近、接纳的主观感受程度，具有易变性和不稳定性。这就决定了社区共享意愿的易变性与不稳定性。根据图 8-4 所示，从 2010 年到 2016 年，社区共享意愿维度上的得分均值基本上是围绕这 0.31 进行上下波动，这是社区共享意愿的易变性与不稳定性的体现。

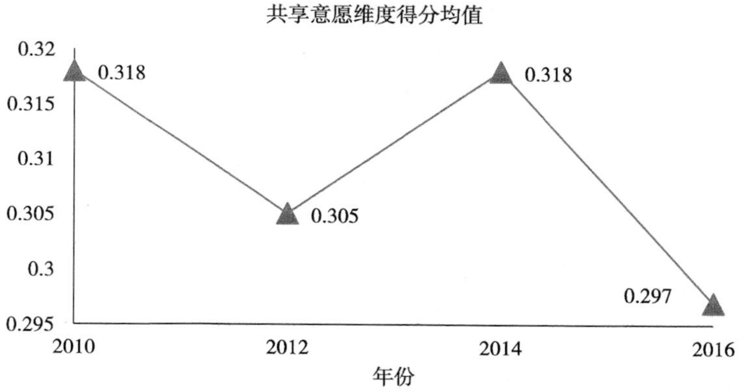

图 8–4：社区共享意愿维度得分情况

根据表 8–3 所示，从社区共享意愿得分的标准差值来看，这些年相对比较稳定，都还不到 0.1。但是，从极值大小来看，社区之间的差距还是很明显的。比如在 2016 年，社区共享意愿得分最大值是 0.919，而最小值仅为 0.001。也就是说，有的社区共享意愿很高，社区居民几乎都有和其他成员进行共享的倾向和心理准备，但是，有的社区的居民几乎没有什么共享意愿，所以，社区共享意愿总体上非常微弱，基本上没有。导致这种两极化情形出现的原因是多方面的，与社区发展的历史、社区文化、社区居民构成、社区治理模式、社区治安情况、社区信任机制等等都会有关。

表 8–3：社区共享意愿维度描述统计分析

年份	均值	标准差	最小值	最大值
2010	0.318	0.091	0.016	0.863
2012	0.305	0.080	0.039	0.869
2014	0.318	0.090	0.006	0.859
2016	0.297	0.079	0.001	0.919

根据历年共享意愿维度得分的具体分布来看，这些年基本上呈现正态分布。这四条分布曲线基本上是重合的，只是在峰值上有所差别，这说明社区之间在共享意愿上的差距，其结构还是比较稳定的。这种社区之间的结构稳定性，其实从一定程度上体现了不同社区之间在社区距离上的差异。在社区

层面，对于共享意愿的影响，除了社区成员之间的心理距离因素之外，还有社会距离（social distance）因素（Ritson and O’Brien，1969）。社区之间在因亲近或疏远程度不同而表现的不同空间距离，就是社区之间的社会距离。社区之间这种社会空间距离一般比较稳定，体现在共享意愿上，彼此之间的差距也是相对比较稳定。

根据图 8–5 所示，总体而言，城镇社区共享意愿还是比农村社区共享意愿要高。相对而言，城镇社区在社区共享方面，一般具有比较好的基础和条件，信息传播与共享比较方便，相关设施也比较齐全，外部环境也比较有利于开展共享活动，因此，社区居民也有更大的共享意愿。比较城乡社区共享意愿的发展情况，发现农村社区在共享意愿上出现了更大的起伏波动，而城镇社区则更为平缓。这说明，农村社区共享意愿具有一定的脆弱性，容易受到社区内外部因素的影响与干扰，而城镇社区共享意愿则较为稳定，不会有太大波动。

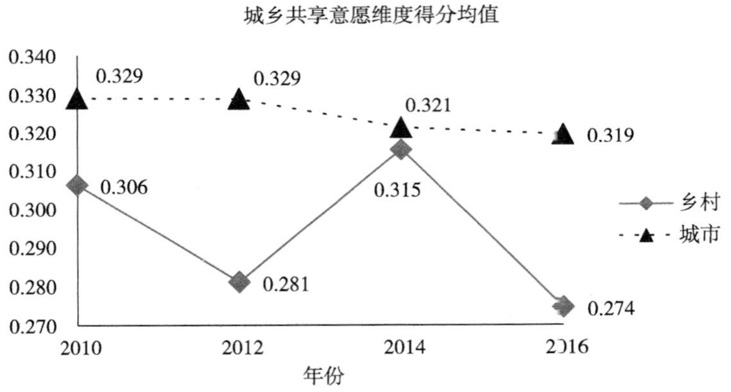

图 8–5：城乡社区共享意愿维度得分情况

根据图 8–6 所示，在社区共享意愿维度上的得分，总体而言，中部社区最高，其次是东部社区，西部社区最低。其中在 2014 年，西部社区得分还一度超过东部社区，但是之后，西部社区在共享意愿维度上的得分出现迅速下滑的情形，并明显低于东部社区和中部社区。这说明不同地区的社区在共享意愿上，存在着一定程度上的差异。造成这种差异性的因素是多方面的，既有地理空间上的因素，又有社区制度等方面的因素。

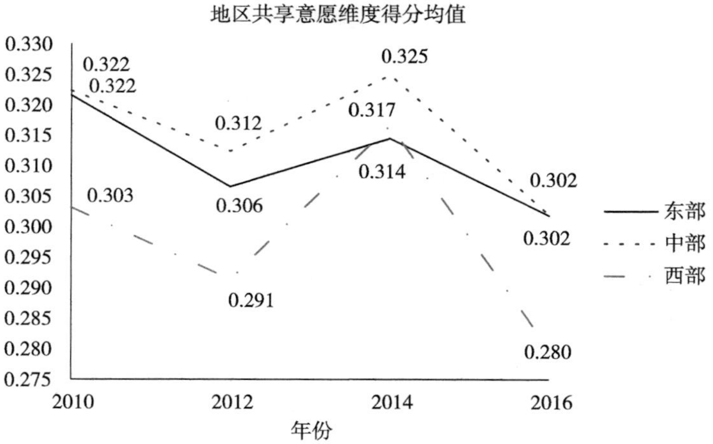

图 8–6：地区社区共享意愿维度得分情况

三、共享成果维度

社区共享不仅要有意愿，更需要有行动，而共享行动的成果如何，则是衡量社区共享程度的重要方面。根据图 8–7 所示，社区分享成果维度得分都高于 0.6，这说明总体而言，社区在共享成果方面已经达到了一定的程度。图 8–7 显示，从 2010 年以来，社区共享成果维度上的得分持续上升，这说明社区在这方面呈现出一种积极发展的态势，社区内部在分享成果上更加深入，社区分享氛围更加浓厚。社区共享成果的发展，体现了社区成员之间的互利互惠的交往机制。社区成员之间分享成果，其实是一种社会契约的体现。已经共享成功的社区成员，对于还未共享成果的社区成员，提出了一种邀约，而后者需要积极跟进，主动共享成果作为回应，如此一来，社区共享成果的行为就会产生扩散效应，社区成员互相效仿，社区共享成果也更为广泛与深入。

根据表 8–4 所示，社区在共享成果维度得分的标准差都小于 0.1，这说明社区之间在这方面存在一定的差距，但是，这种差距并不是很大，而且总体而言，也比较稳定。社区之间有差距是很正常的事情，不同的社区在分享的方式、途径、对象等等存在着不同，因此，分享的结果自然也会不一样，在共享成果上就会表现出来。

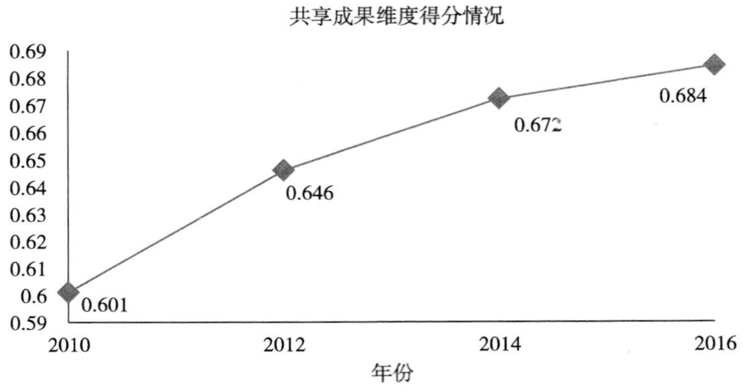

图 8-7：社区共享成果维度得分情况

表 8-4：社区共享成果维度描述统计分析

年份	均值	标准差	最小值	最大值
2010	0.601	0.082	0.328	0.969
2012	0.646	0.084	0.291	0.983
2014	0.672	0.095	0.208	0.987
2016	0.684	0.087	0.376	0.995

根据历年社区在共享成果维度上得分的分布曲线显示，总体而言呈现正态分布的特征，但是，彼此之间的差异也是比较明显。2010 年的分布曲线峰值最大，整个曲线窄而立陡，但是，之后的分布曲线都是比较宽。这说明社区在共享成果方面，不同年份的分布有所不同。也就是说，社区共享成果是个动态的过程，随着时间的变化，会进行内部结构性调整，改变社区在这个方面上的分布状态。

根据图 8-8 所示，在社区共享成果方面，从 2010 年到 2014 年，农村社区的得分要高于城镇社区。也就是说，在这些年中，农村社区在共享成果上反而要做得比城镇社区更深入。但是，2014 年以后，情况发生了变化。农村社区在共享成果上出现了下滑趋势，而城镇社区则继续保持上升的势头，并超越了农村社区。在发展趋势上，城镇社区是持续上升，而农村社区则在 2014 年以后出现下降。这种此消彼长的变化，说明了社区在共享成果上发展的动态性。

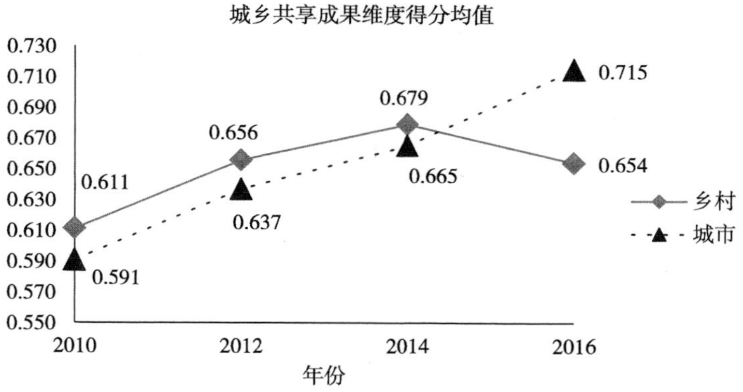

图 8–8：城乡社区共享成果维度得分情况

从东部、中部和西部地区来看，在社区共享成果的发展上，基本上还是比较接近的。根据图 8–9 所示，在 2012 年和 2016 年，三地的社区在共享成果维度上的得分很接近，基本上彼此之间没有什么差别。相比而言，在 2010 年和 2014 年，三地之间存在一定的差异，西部地区的社区共享成果得分比较高，其次是东部地区的社区，而中部地区的社区得分最低。

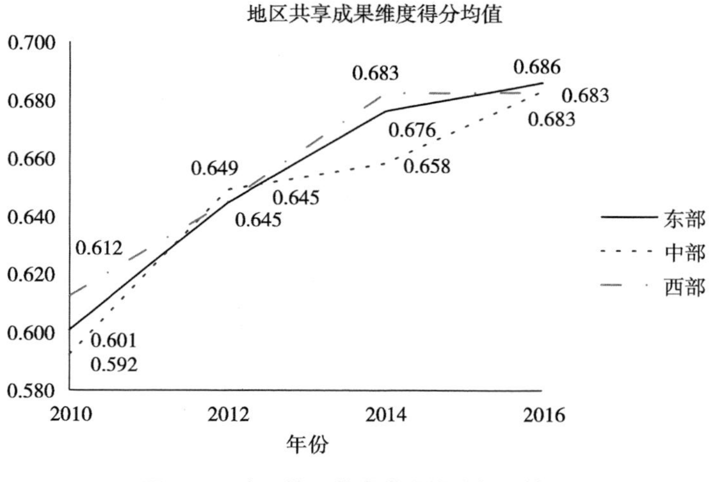

图 8–9：地区社区共享成果维度得分情况

总体而言，从 2010 年到 2016 年，无论是东部、还是中部或者西部地区，社区开放程度都呈现显著上升趋势。这表明整体而言，社区在整合内外部资源方面的能力有显著提升，通过恰当的开放途径和方式，把外部优势资源导入到社区建设中来，从而提升社区治理能力，能够显著改善社区居民的民生情况。这也说明了在共享经济席卷的背景下，无论是社区还是社会机构，共享的意识成为一种普遍共识，因此，共享的行为才能成为一种自觉和自发的社会行动。

小 结

社区共享是整个社会共享的缩影，是共享经济在社区中的体现。对于社区而言，通过共享的方式，可以缓解社区资源不足的困境，可以用较低的成本来使用和整合社会资源，从而改善社区的软硬件设施，提高社区居民的生活满意度。因此，社区共享是社区治理的重要举措，也是社区建设发展的重要途径之一。总体而言，从 2010 年到 2016 年，社区共享呈现上升的趋势。城乡社区在共享上存在着差距，不同地区的社区共享也不尽相同。可见，社区共享是需要因地制宜的，没有普适的模式，更多的是社区通过自身摸索而找到一种符合自身特点的共享模式。在共享的内容上，不同社区也会有不同的侧重。

第九章　社区民生发展指数体系

基于"五大发展理念"所建构的社区民生发展指数，是一个完整的体系，包括了社区创新指数、社区协调指数、社区绿色指数、社区开放指数和社区共享指数。由这五个社区指数，综合起来，就是社区民生发展指数。之所以是社区民生发展指数，是因为这套指数体系不仅仅用于监测社区治理的现状以及基层民生的情况，更可以用于推动社区在提升基层民生上的发展实践，因此，是一种发展的视角来建构的指数体系，而发展的动力源头就是"五大发展理念"。社区在治理过程中，要自觉地通过"五大发展理念"来指导社区建设和治理，推动社区的发展，不断改善基层民生状况。也就是说，这套指数体系不是一套"死的"指标体系，而是蕴含着发展理念、思路的"活的"指标体系。社区通过这套指标体系，不仅仅用于监测和描述现状，而是要根据指数所提供的信息来积极通过适宜的发展与建设策略推动社区的发展，推动基层民生状况的持续改善。这才是这套指数体系的目标与功能所在，也是本研究的关键目标。

第一节　总体情况

近年来，在大力开展社会建设的背景下，改善民生已成为我国社会各界广泛关注的重要话题，也是政府施政的一个重要支点。基层民生是社会民生的基础，只有不断改善社区基层民生状况，社会经济的发展成果才能及时地为广大群众所分享，才能促进和实现改善民生与经济发展的良性循环，社会民生状况的整体改善才会拥有源源不断的动力源泉。只有不断提升社区基层民生状况，整个社会才能够真正实现长期持续稳定和谐发展，广大群众的获得感、幸福感和安全感才能得到持续的提升。当然，要持续改善社区基层民生状况绝非易事，由于具体改善措施都会直接涉及群众和社区成员的利益，因此，需要及时解决所出现的矛盾和问题，协调好各方面的关系，才能凝聚社区成员的人心和共识，使其支持各项改善措施，确保各项民生改善措施能够真正落地并获得实效。改善社区基层民生是一项长期工程，不可能一蹴而就，没有终点站，只有连续不断的新起点。因此，需要有长期规划，有条不紊而有序地向前推进。

一、民生状况持续改善

根据图 9–1 所示，2010 年以来，社区民生发展指数得分总体上呈现出持续上升的态势，从 2010 年的 0.522 上升到 2016 年的 0.572。这说明，这些年来，总体而言，社区在基层民生建设方面，发挥了越来越大的作用，社区民生状态也获得了持续的改善和提升，社区民生整体质量呈现出不断提升的势头。当然，在社区基层民生方面，还有较大的提升空间。目前，社区民生指数得分均值都在 0.6 以下，处于中等发展程度，因此，还要不断提升和改善，以便能够尽早突破 0.7。当然，改善社区基层民生状况，是个系统性工程，需要多方面的投入与努力。在发展过程中，也不能急于求成，而是应该稳步推进，有序进行，逐步改善和提升社区民生情况。2010 年以来，社区民生发展指数上的逐年稳步上升表明，这些年在社区基层民生改善上的投入与举措是符合基层情况的，是务实而稳健的，成效也很明显。

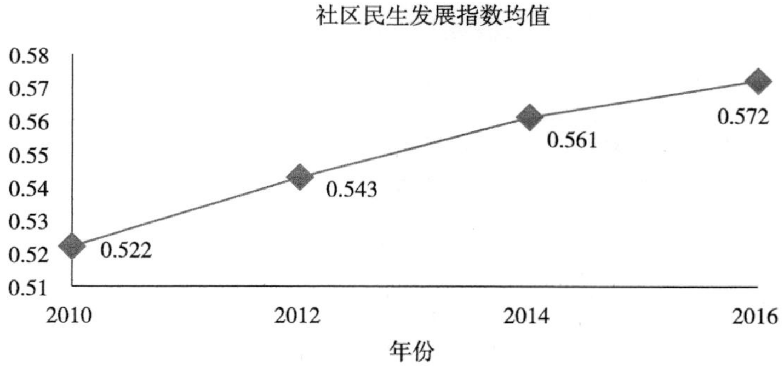

图 9–1：历年社区民生发展指数得分情况

随着我国经济社会的不断发展，社区在改善基层民生方面的作用也越来越明显，各级政府也不断加大在社区上的投入和政策倾斜，扶持社区改善民生。根据民政部发布的《2010 年社会服务发展统计公报》和《2017 年社会服务发展统计公报》，可以很清晰看到政府在社区服务建设上投入在不断增长。截至 2010 年底，全国共有各类社区服务设施 15.3 万个，其中社区服务中心

12720个，社区服务站44237个，其他社区服务设施9.6万个。截至2017年底，全国共有各类社区服务机构和设施40.7万个，社区服务中心2.5万个（其中农村1.0万个），社区服务站14.3万个（其中农村7.5万个），其他社区服务设施11.3万个。可见，在这些年中，社区服务建设有了大幅度提升，社区民生状况随之有了显著改善。

二、社区间差距较稳定

社区之间在改善和提升基层民生状况上，存在一定的差距。根据表9–1所示，这些年中社区民生发展指数得分最高的是在0.7和0.8之间，而得分最低的是在0.3和0.4之间，其标准差则在0.06和0.07之间，标准差比较小且比较稳定。可见，这些年样本社区中的民生发展指数得分，都是介于0.3和0.8之间，也就是说，样本中的所有社区的民生发展指数得分都在0.3以上，这表明社区基层民生已经有基本的保障。当然，有些社区在基层民生保障与发展方面，做得更好，其民生发展指数得分接近了0.8，这是比较高的得分值。基层民生工作做得好的社区，与相对比较落后的社区之间，存在一定的差距，且这种差距较为稳定。因此，未来除了鼓励做得好的社区进一步提升其基层民生发展水平之外，更要支持和鼓励那些在这方面比较落后的社区，改善和提升其基层民生发展速度和质量，进一步缩短与先进社区之间的差距。

表9–1：社区民生发展指数描述统计分析

年份	均值	标准差	最小值	最大值
2010	0.522	0.069	0.360	0.733
2012	0.543	0.067	0.384	0.756
2014	0.561	0.063	0.387	0.761
2016	0.572	0.065	0.387	0.743

根据历年的社区民生发展指数得分的分布情况来看，除了2014年之外，其余年份的分布曲线的形状都比较接近，与标准的正态分布曲线有一定的距离，有的具有双峰的特征。这说明，在基层民生发展程度和水平上，社区之间存在一定的差距和复杂性，而且这种差距往往具有一定的结构性。2014年的分布曲线，比较接近正态分布曲线，因此，相对而言，比较具有规律性。

三、城镇民生水平更高

根据图 9–2 所示，城镇社区在民生发展指数上的得分要明显高于农村社区。这说明，城镇地区在社区基层民生发展上，要做得更好，社区成员的满意度和幸福感也就更高。2016 年，城镇社区民生发展指数得分更是突破了 0.6，这是一个很大的飞跃。与城镇社区相比，农村社区在基层民生发展水平上相对落后，但发展也是不错的，从 2010 年的 0.479 上升到 2016 年的 0.531，进入 2012 年以后，农村社区民生发展指数就突破了 0.5，进入中等发展程度。当然，这些年中，从社区民生指数得分上的差距来看，农村社区比城镇社区少大概 0.08，而且这些年这种差距也都比较稳定。这说明农村社区和城镇社区的在基层民生改善和提升的速度方面，基本同步。

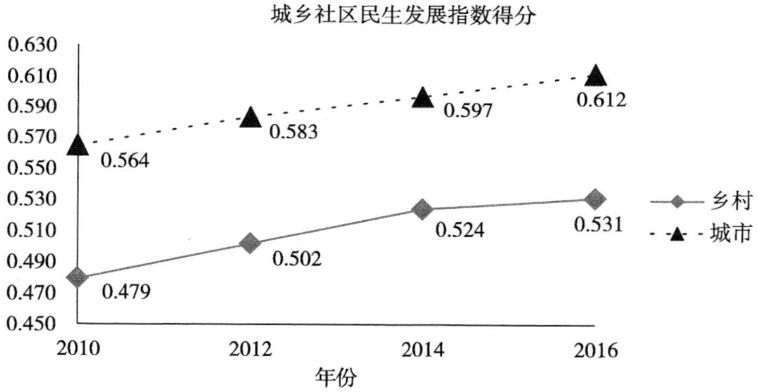

图 9–2：城乡社区民生发展指数得分情况

从总体发展趋势来看，无论是城镇社区还是农村社区，从 2010 年以来，在社区民生发展指数上的得分都呈现出明显上升趋势，上升基本上是同步的。这说明，无论是城镇地区还是农村地区，都在改善和发展基层民生上进行了大力投入，并获得了成效，使得基层民生状况获得了稳步改善。当然，以后在农村社区建设方面，还需要进一步加大投入力度，进一步改善和提升农村社区的民生状况，让农村社区的成员有更大的获得感。

四、东部民生水平最高

根据图 9–3 所示，东部地区的社区民生指数得分比较高，其次是中部地区的社区，而西部地区的社区得分最低。这说明东部社区在基层民生建设方面发展得比较快，水平比较高。相比而言，西部地区的社区在基层民生建设方面较为落后，发展比不上东部地区和中部地区。这种地区性差异，使得社区基层民生建设水平上呈现出东部、中部到西部的梯度特征。这种梯度特征，与东部、中部和西部的经济社会发展程度有关，这说明社区基层民生发展程度与其所处社会的发展程度息息相关。社区所处的经济社会环境越有利，一般而言，社区成员的获得感也会更强，社区基层民生状况也会获得改善。

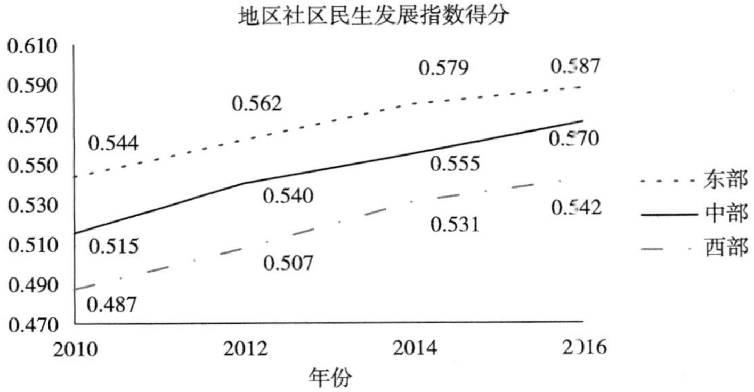

图 9–3：地区社区民生发展指数得分情况

根据图 9–3 所示，除了 2010 年西部社区在民生发展指数上的得分低于 0.5 之外，其余年份东部、中部和西部的得分都在 0.5 以上。这说明，总体而言，我国社区基层民生状况都有基本保障。从2010年以来，无论是东部社区、中部社区还是西部社区，在民生发展指数上都呈现持续上升的趋势。这说明，总体而言，我国社区在基层民生建设上是普遍加大投入，不断改善基层民生状况，成果显著，无论是东部、中部还是社区居民的获得感因此都增强。也就是说，社区基层民生状况获得了普遍性改善。之所以说是普遍性改善，是说这种改善并非仅限于个别地区的个别社区，而是东部、中部和西部所有地区的大多数社区。

第二节　结构分析

社区民生发展指数包括了创新、协调、绿色、开放和共享这五个方面，因此，在这五个方面上都有对应的指数，通过测量获得这五个方面上的指数得分来判断社区在这五大方面的发展情况，进而判断社区总体上的民生发展水平。社区在五大方面的民生发展情况，体现了社区民生的结构性特征，因此，这种监测和分析就是社区民生的结构分析，强调的是对于社区在这五大民生发展上的结构性特征。当然，这种结构性特征不是静态不变的，而是动态变化着的，会随着内外部环境的变化而变化。社区民生结构的变化并非此消彼长的关系，可能是共同增长，也可能是上升与下降并存。在社区治理上，这种结构分析有助于帮助社区找到基层民生发展的瓶颈和“短板”，根据“木桶原理”，社区可以通过加长“短板”的方式，提高社区总体的民生发展水平，获得基层民生的显著改善。此外，社区在民生指数得分上的高低次序也是一种结构，因此，有必要通过不同省份社区得分从高到低进行排序，从而确定这些省份在基层民生方面所取得的成绩和不足，推动落后的省份加大改善基层民生的工作力度，从而实现全国民生工作齐头并进的良好局面。

一、五大指数的情况

不同的年份，社区在创新、协调、绿色、开放和共享指数具体得分情况有所不同，得分高低的次序也会有所变化。根据表 9–2 所示，2010 年得分从高到低排序分别是：协调、绿色、创新、共享和开放。说明在 2010 年，社区在协调方面做得比较好，得分超过 0.6，为 0.606。社区在绿色以及创新方面也做得还可以，得分分别是 0.58 和 0.511，处于 0.5 和 0.6 之间。社区在共享和开放方面，则相对落后，得分分别是 0.459 和 0.453，都低于 0.5。

到了 2012 年，这种次序并未发生变化，依然是协调、绿色、创新、共享和开放。但是，与 2010 年相比，也出现了一定的变化。社区在协调指数上的得分从 2010 年的 0.606 上升到 2012 年的 0.68，说明总体而言，社区协调能力在提升。此外，社区在绿色方面也有所提升，得分从 2010 年的 0.58 跃升到 2012 年的 0.604，突破了 0.6。相比而言，2012 年，社区在共享和开放上依然比较落后，得分分别是 0.475 和 0.425。

到了 2014 年，高低排序的顺序并没有发生变化。与 2012 年相比，社区在协调方面进一步提升，得分为 0.709，超过了 0.7，这说明社区协调能力和水平有明显进步。社区在绿色建设与发展方面，基本与 2012 年保持接近，而在创新方面，得分比 2012 年有所增加。尽管与 2012 年相比，在开放和共享方面的得分都有所上升，但是，依然没有能够突破 0.5，说明还有较大的提升空间。

到了2016年，高低排序的顺序依然没有发生改变。这说明，这种次序结构具有一定的稳定性，在这些年中，一直没有发生过变化。与2014年相比，社区在绿色建设与发展方面，依然保持着上升态势，得分从2014年的0.605上升到2016年的0.636。同样保持上升态势的还有社区创新，得分从2014年的0.541上升到2016年的0.606，突破了0.6，是个飞跃。但是，社区在协调方面上升动力不足，出现了下降，得分从2014年的0.709下降到2016年的0.673。此外，开放和共享方面，也是止步不前，还都略有下降。

表9-2：社区指数得分情况

年份	综合指数	创新指数	协调指数	绿色指数	开放指数	共享指数
2010	0.522	0.511	0.606	0.58	0.453	0.459
2012	0.543	0.528	0.68	0.604	0.425	0.475
2014	0.561	0.541	0.709	0.605	0.453	0.495
2016	0.572	0.606	0.673	0.636	0.452	0.491

2010年到2016年间，社区在五大方面的民生发展情况，可以从雷达图中更直观体现出来。根据图9-4所示，社区绿色指数和社区创新指数的得分从2010年以来呈现持续上升的趋势，说明社区在这两大方面的民生工作成效显著，民生逐年获得改善。相比而言，社区开放指数和社区共享指数的得分都比较低，说明在这两个方面上，社区基层民生还有较大的提升空间，可以作为社区治理的重要突破口，进行集中攻关和突破。在历年的得分中，社区协调指数得分都是最高的，这说明总体而言，社区都比较重视通过协调内外部关系和及时化解矛盾等办法来改善，使得社区关系更为融洽，从而使得社区居民具有更大的获得感。

从2010年到2016年四个年份的指数得分均值中，更容易看出社区在五大方面的民生发展情况。根据图9-5所示，五大方面得分均值的雷达图比较直观地显示出协调指数得分均值最高，为0.667；其次是绿色指数，其得分均值为0.606；再次是创新指数，其得分均值为0.547；接下来是共享指数，其得分均值是0.48；最低的则是开放指数，其得分均值是0.446。

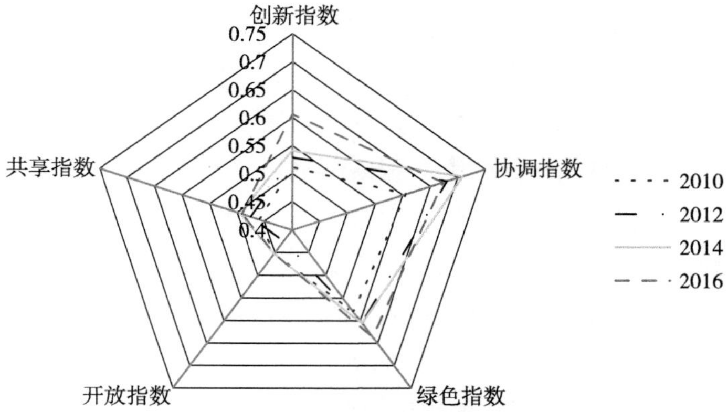

图 9-4：五大指数不同年份得分雷达图

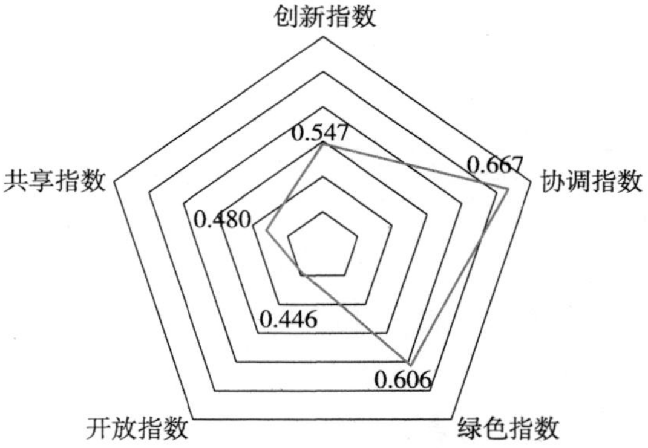

图 9-5：五大指数得分均值雷达图

二、社区排名变化

从社区在民生发展指数得分排名的高低，也能看出一些端倪，尤其是社区在基层民生发展上的进取以及追赶的格局。在基层民生不断向前发展的浪潮中，社区在基层民生发展上呈现明显的“向上竞争”（Race to the Top）态势，力求在排名上能够更靠前。当然，“向上竞争”意味着是一种此消彼长的关系，即有社区排名上升的同时必然有社区的排名是下降的。为了分析这种排名变化，这里计算了每个年份社区的民生发展指数排名，并且对排名进行跨年份比较，将社区分为排名进步或退步（包含不变）两组。之后，计算不同区域排名进步的社区比例，由此进行区域间的变化趋势比较。

根据表 9–3 所示，从 2010 年至 2012 年，东、中、西部地区的社区在民生发展指数得分上的排名进步及退步情况以及社区占比都有所变化。从进步社区的个数和退步社区的个数来看，东部地区都要高于中部和西部地区，这与样本社区中东部地区社区比中部和西部地区要多有关。因此，需要从社区占比来做进一步分析。从进步社区占比来看，中部地区进步社区占了 54.44%，进步比例最高；其次才是东部地区，进步社区占了 47.04%；之后才是西部地区，进步社区占了 46.46%。从这些占比数据来看，从 2010 年到 2012 年，中部社区进步更快些，有超过一半的社区在基层民生改善上都有明显的进步，而东部和西部地区的社区进步要稍微慢些。

表 9–3：分地区社区综合指数排名变化（2010—2012）

	进步	退步	合计
东部	119（47.04%）	134（52.96%）	253（100.00%）
中部	92（54.44%）	77（45.56%）	169（100.00%）
西部	59（46.46%）	68（53.54%）	127（100.00%）

从 2012 年到 2014 年，情况又有所不同。根据表 9–4 所示，这段时间，有过半的中部村居排名都有退步。无论是东部、中部还是西部，进步社区的占比都不到 50%，都没有过半。反之，退步社区占比都超过了 50%，都已经过半了。这说明，总体而言，在这段时间，退步社区比进步社区要多。当然，有时排名高低是个相对比较，即便是排名退步的社区，其在民生发展指数上的得分也不一定就是降低了，也可能是上升了，只不过没有其他社区上升得快。因此，相比而言就显得退步了。

表 9–4：分地区社区民生发展指数排名变化（2012—2014）

	进步	退步	合计
东部	126（49.80%）	127（50.20%）	253（100.00%）
中部	84（49.70%）	85（50.30%）	169（100.00%）
西部	62（48.82%）	65（51.18%）	127（100.00%）

根据表 9–5 所示，从 2014 年到 2016 年，情况又出现了新的变化，中部和西部地区都有过半的社区排名有进步，其中西部地区的进步社区占比是 53.54%，而中部地区的进步社区占比也达到了 52.66%。与之形成鲜明对比的

是，东部地区的进步社区占比仅为43.87%，也就是说，这个地区退步社区占比高达56.13%。这个格局可以用“东退西进”来形容和概括。导致这种局面出现的原因是多方面的，其中一个原因应该是这段时间西部和中部地区的社区在基层民生改善方面发展得比较快，出现了齐头并进的势头，因此，使得整体排名有所提升，那么，相对而言，东部地区的社区在整体排名上就会出现下降的情形。

表9–5：分地区社区民生发展指数排名变化（2014—2016）

	进步	退步	合计
东部	111（43.87%）	142（56.13%）	253（100.00%）
中部	89（52.66%）	80（47.34%）	169（100.00%）
西部	68（53.54%）	59（46.46%）	127（100.00%）

“向上竞争”有助于激发社区在基层民生建设与发展上的潜力，促进社区加大基层民生建设的力度，努力突破和克服在基层民生建设过程中的困难和阻力，克服发展中的瓶颈，从而实现民生建设上的飞跃。在社区治理的过程中，要鼓励社区在基层民生建设上进行积极的“向上竞争”，努力力争上游，不断改善和提高基层民生状况。当然，过度“向上竞争”也有不利后果，比如会鼓励社区在民生建设上的急功近利的行为，容易为了近期排名的上升而牺牲远期可持续的发展，容易冒进，等等。这些行为不利于基层民生建设，不值得鼓励。因此，在对社区的“向上竞争”进行引导的同时，需要从制度和规则上尽可能克服可能带来的不利后果，使得“向上竞争”规范而有序进行。

第三节　轮廓分析

样本中每个省份内部的社区在基层民生建设上，也都是在发生着变化。其实，变化是常态，而静止不变是特例。在社区基层民生建设上，也是这种情形，唯一不变的就是变化。省份内部，社区在民生发展指数上的得分排名有先后，不同年份之间的排名也会有变化。这是省份内部的调整，因此还是局部分析（Local Analysis）。局部分析有助于聚焦某个区域进行较为精细的分析，但是，无法分析整体的特征和属性，因此，还需要辅以全局分析（Global Analysis）。全局分析一般从整体上对对象进行分析，用于探究其整体特征。

省份分析是一种局部分析，而全局分析则是超越省份的分析，是属于跨省份分析。可见，相对于省份分析而言，全局分析是全国性分析，是更大空间尺度上的分析。由于两者之间的分析具有明显的互补性，因此，在阐述上就把两者的内容放在一起，便于对照研究。

一、排序分析

本研究样本总共是25个省份，每个省份的社区样本数也是不一样的。从各省份内部样本社区在民生发展指数排名的升降情况，可以看出基层民生的发展情况及其趋势。当然，这种分析属于轮廓分析（Contour Analysis），有助于从轮廓上把握各省份在社区基层民生建设上的大体发展情况。这种轮廓分析，具有较强的扫描作用，能够比较快了解全国各省份的大体情况，便于确定突破口再进行精细分析。表9–6是2010年、2012年、2014年和2016年共四轮调查内各省份样本社区在民生发展指数排名进步的村居数量及其占比。

根据表9–6所示，2010年至2012年，样本内江苏和广西有超过80%的社区排名有所进步，占比最高，分别是85.71%和83.33%，进步比较快。排名前三名除了江苏、广西之外，还有北京，进步社区占比为75%。这三个省区市在社区基层民生建设上发展较快，进步比较明显。当然，这三个省区市的样本社区个数都比较少，都低于十个。最后三名为吉林、河北和山西，进步社区占比分别是25%、27.27%和32.14%。相对而言，这三个省份在社区基层民生建设方面较为落后，提升速度较慢。因此，还需要进一步加大投入和提升力度，加快基层民生的各项保障工作，进一步提升社区基层民生的水平。

2012年至2014年，样本内吉林有超过80%的社区排名有所进步，占比最高，达到了83.33%；其次是四川，进步社区占比达到了72%；居第三位的是湖北，进步社区占比是66.67%。这说明，这三个省份在这段时间内社区基层民生状况改善最为明显，提升幅度比较大，效果也很好。进步社区占比最低的倒数三个省份分别是黑龙江、贵州和广西，进步社区占比分别是13.33%、16.67%和16.67%。这说明这三个省区社区基层民生状况改善并不明显，总体而言，进步缓慢，有的社区维系现状，而还有社区出现退步的情形。这也说明，社区在基层民生上要常抓不懈，否则不进则退，可能出现滑坡退步的迹象。

2014年至2016年，样本内天津、重庆和黑龙江排名进步社区占比最高。

其中天津尤为突出，所有社区的社区民生指数得分上的排名都进步了，即100% 的进步。第二名是重庆，进步社区占比为 87.5%，进步明显。第三名是黑龙江，进步社区占比为 80%。值得注意的是，在 2012 年到 2014 年间，黑龙江的进步社区占比还是倒数第三，到了 2014 年之后，黑龙江大有奋起直追之势，其大多数的社区排名都有明显上升，进步社区占比显著提升。进步社区占比最低的倒数三个省份分别是湖南、山东和四川，进步社区占比分别是26.32%、27.27% 和 32%。

表 9-6：省区市社区民生进步情况

社区民生发展指数进步比例							
		2010—2012		2012—2014		2014—2016	
	村居数	进步数	进步比例	进步数	进步比例	进步数	进步比例
北京市	4	3	75.00%	1	25.00%	2	50.00%
天津市	3	1	33.33%	1	33.33%	3	100.00%
河北省	33	9	27.27%	21	63.64%	13	39.39%
山西省	28	9	32.14%	10	35.71%	17	60.71%
辽宁省	57	30	52.63%	23	40.35%	26	45.61%
吉林省	12	3	25.00%	10	83.33%	6	50.00%
黑龙江省	15	11	73.33%	2	13.33%	12	80.00%
上海市	51	25	49.02%	28	54.90%	24	47.06%
江苏省	7	6	85.71%	2	28.57%	4	57.14%
浙江省	11	5	45.45%	6	54.55%	4	36.36%
安徽省	11	5	45.45%	7	63.64%	6	54.55%
福建省	7	5	71.43%	2	28.57%	3	42.86%
江西省	11	5	45.45%	5	45.45%	4	36.36%
山东省	22	10	45.45%	13	59.09%	6	27.27%
河南省	61	42	68.85%	32	52.46%	31	50.82%
湖北省	12	5	41.67%	8	66.67%	8	66.67%
湖南省	19	12	63.16%	10	52.63%	5	26.32%
广东省	58	25	43.10%	29	50.00%	26	44.83%
广西壮族自治区	6	5	83.33%	1	16.67%	4	66.67%
重庆市	8	3	37.50%	2	25.00%	7	87.50%

续表

社区民生发展指数进步比例							
		2010—2012		2012—2014		2014—2016	
四川省	25	11	44.00%	18	72.00%	8	32.00%
贵州省	12	7	58.33%	2	16.67%	9	75.00%
云南省	14	8	57.14%	7	50.00%	9	64.29%
陕西省	9	3	33.33%	3	33.33%	7	77.78%
甘肃省	53	22	41.51%	29	54.72%	24	45.28%

由此可见，各个省区的社区在改善和提升基层民生方面，发展的速度和力度在不同的年份有所不同，因此，会出现不同省区在社区基层民生建设与发展上的前仆后继的格局和局面，发展稍微慢一点的，很快就被别的社区所超越。这种“向上竞争”的态势，总体而言，是有利于促进社区之间在基层民生建设上的良性竞争，有利于基层民生的改善。当然，对于社区治理而言，也是个挑战。社区需要合理分配其资源，确保在关键议题上进行有效投入与治理，从而保障基层民生状况的持续改善与稳步提升。

二、空间分析

美国南加州大学（Universityof Southern California）社会学教授韦尔蒂·利菲弗（D. Welty Lefever）早在1926年就提出了通过标准差椭圆（Standard Deviational Ellipse，简称SDE）的分析方法来分析社会现象，发现这种方法可以比较精细地揭示出特定社会现象在各种空间分布上的整体特征（Lefever，1926）。后来，标准距离（Standard distance measures）的方法也得到了不断完善（Bachi，1962）。标准差椭圆方法（SDE）可以清晰地描述某种社会现象在空间分布上的全域结构和轮廓，除了可以确定该社会现象在空间上的核心点之外，还可以进一步确定空间分布上的核心－边缘结构。根据这种方法，可以识别和确定椭圆的重心，就是特定社会现象在全局空间上的中心点。此外，椭圆长轴能够反映特定社会现象的主要展布方向，椭圆的形状（通过长短轴的比值体现）能够描特定社会现象在空间上的宏观分布形态。

标准差椭圆分析结果的参数，主要包括了中心坐标的经度和纬度、短轴长度、长轴长度、扁率以及方向角度。中心坐标经纬度数据，是用来确定和识别分布的中心位置。椭圆的长半轴表示的是数据分布的方向，短半轴表示的是数据分布的范围。长短半轴的值差距，就是扁率，是用来测量数据分布的方向性，扁率越大，表示数据的方向性越明显。短轴长度是用来测量分布的离散程度，从而确定分布的向心力。短轴越短，分布的离散程度越小，分布的向心力越强，反之亦然。方向角度是指长轴从顶点开始按顺时针测量的旋转角度。

对于中国社区民生发展指数进行标准差椭圆分析，基本参数汇总在表 9–7 中。根据表 9–7 所示，2010 年到 2012 年，社区民生发展指数空间分布中心有从北向南偏移的迹象，尽管也存在从东向西偏移的情形，但相对而言，比较微弱。从 2012 年到 2014 年，社区民生发展指数空间分布中心从东向西存在着明显的偏移，但是从北向南偏移并不明显。从 2014 年到 2016 年，社区民生发展指数空间分布中心呈现出较为明显地从西向东偏移的情形，相比而言，从南向北偏移并不明显。从短轴长度变化来看，从 2010 年到 2014 年，短轴持续变长，说明这些社区在基层民生发展程度上的离散程度在变大，即社区之间的基层民生发展差距有扩大的迹象。但是，从 2014 年到 2016 年，短轴长度在变小，这说明社区之间在基层民生发展上的差距开始有缩小的迹象。从扁率来看，从 2010 年到 2012 年，扁率增大；从 2012 年到 2014 年，扁率减少；从 2014 年到 2016 年，扁率又增大。这说明整体而言，扁率呈现波浪起伏状，也就是说，社区在基层民生建设上存在着动态调整的过程。从方向角度来看，也呈现出波澜起伏状，但是，其变动与扁率变动正好相反。

表 9–7：社区民生发展指数的标准差椭圆分析参数

年份	中心坐标		短轴（公里）	长轴（公里）	扁率	方向角度
	经度（东经）	维度（北纬）				
2010	115.02599	33.60615	681.8032	1094.918	1.6059	28.1324
2012	115.01181	33.58591	680.5733	1098.0055	1.6134	28.2232
2014	114.87109	33.57744	681.9182	1086.561	1.5934	28.6764
2016	114.92731	33.58377	681.0218	1091.9328	1.6034	28.6189

若在地图上把社区民生发展指数空间分布中心画出来的话，那么，就可以更加直观地看清楚其偏移的方向和路线。图 9–6 就是历年中心点在地图空间上的具体位置，其中横坐标是东经，坐标刻度单位是 0.02 度，而纵坐标是

北纬，坐标刻度单位是 0.01 度。根据图 9–6 所示，从 2010 年到 2016 年，社区民生发展指数空间分布中心呈现出“南下 – 西行 – 东移”这三个阶段性变化。这种变化移动路径体现了这些年中国社区在基层民生发展上的整体情况，是个动态的过程。

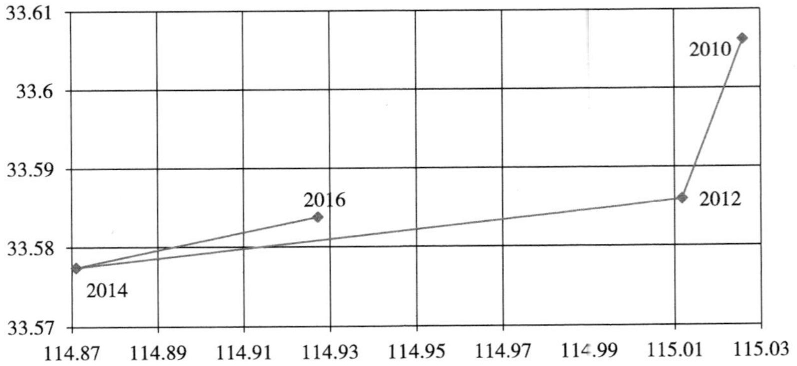

图 9–6：社区民生发展指数中心点在地图上的具体分布

根据图 9–7 所示，2016 年社区民生发展指数的标准差椭圆显示，这个椭圆呈现东西扁、南北长的形状。这说明从整体来看，南部社区和北部社区之间在基层民生发展水平上存在一定的差距。相对而言，东部社区和西部社区在基层民生发展水平上的差距则较小。这个椭圆的中心点就是 2016 年中国社区民生发展指数空间分布的中心点。根据图 9–7 所示，长轴的方向是东北、西南向，而短轴的方向是东南、西北向。这说明总体而言，社区分布是东北、西南向的，就是长轴的方向。

从社区创新指数情况来看，根据表 9–8 所示，从 2010 年到 2012 年，空间分布中心到纬度基本上保持不变，但经度有所增大，即其空间分布的中心出现了几乎水平从西向东移动的情形，基本上是向右水平移动。从 2012 年到 2014 年，出现新的变化，空间分布的中心的经度和纬度同步降低，意味着空间分布的中心沿着西南方向移动。从 2014 年到 2016 年，空间分布的中心的经度和纬度继续持续降低，空间分布的中心基本上是继续沿着西南方向移动。从短轴长度来看，从 2010 年到 2016 年，基本上呈现出持续变短的趋势，这说明总体而言，社区在创新方面的差距在持续减少，社区的向心力在持续增强。扁率和方向角度呈现出波动起伏的情形，这说明整个过程都处于动态调整之中。

图 9-7：2016 年社区民生发展指数的空间分布及其中心点

表 9-8：社区创新指数的标准差椭圆分析参数

年份	中心坐标		短轴（公里）	长轴（公里）	扁率	方向角度
	经度（东经）	维度（北纬）				
2010	114.84299	33.54066	681.80125	1085.95717	1.5928	28.29457
2012	114.86681	33.5427	680.45673	1089.93013	1.6018	28.20098
2014	114.82211	33.51518	681.3742	1080.26697	1.5854	28.38804
2016	114.72974	33.52274	681.98002	1089.71321	1.5979	28.80034

图 9-8 是社区创新指数中心点的位移图示，其中横坐标是东经，坐标刻度单位是 0.02 度，而纵坐标是北纬，坐标刻度单位是 0.005 度。根据图 9-8 所示，总体而言，从 2010 年到 2016 年，社区创新指数的空间分布的中心呈现“东移－西南下移”的特征。从 2010 年到 2012 年呈现明显的东移特征，接下去就出现了沿着西南方向下移的情形。从具体的情况来看，西南方向下移的路线，并不是严格意义上的南偏西四十五度线，而是在该线还要偏西。这种偏移路线表明，从 2012 年以后，社区在创新方面有整体向西、向南偏移的趋势，说明西南地区的社区在创新方面有较为显著的提升。

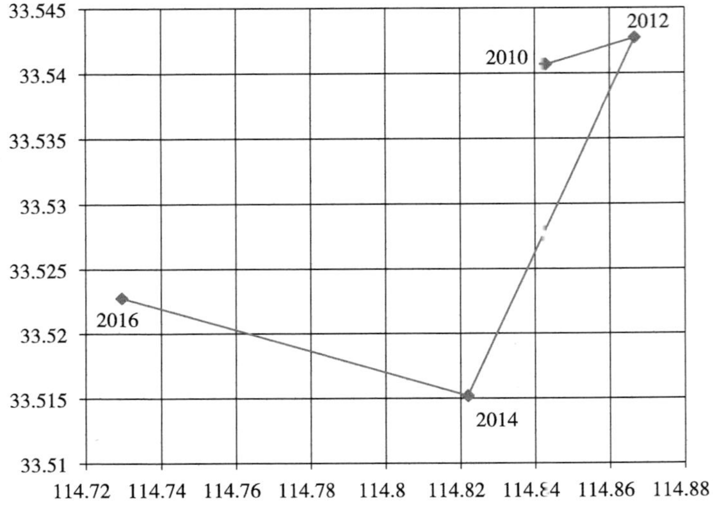

图 9–8：社区创新指数中心点在地图上的具体分布

根据图 9–9 所示，2016 年社区创新发展指数的标准差椭圆显示，这个椭圆呈现东西扁、南北长的形状。这说明从整体来看，南部社区和北部社区之间在基层创新上存在一定的差距。相对而言，东部社区和西部社区在基层创新上的差距则较小。根据图 9–9 所示，长轴的方向是东北、西南向，而短轴的方向是东南、西北向。这说明总体而言，社区分布是东北、西南向的，就是长轴的方向。这个椭圆的中心点就是 2016 年中国社区创新发展指数空间分布的中心点。比较图 9–7 和图 9–9，两者的椭圆形状大同小异，这说明，两者在空间上的分布特征基本相似。

从社区协调指数情况来看，根据表 9–9 所示，从 2010 年到 2012 年，空间分布中心到纬度略微降低，但经度有所增大，即其空间分布的中心出现了从西向东移动的情形，基本上是向右下移动。但是，从 2012 年到 2014 年，空间分布的中心的经度和纬度都显著减少，这意味着出现朝西南方向移动的情形，即向左下方移动。从 2014 年到 2016 年，空间分布的中心的经度和纬度又出现显著增加的情况，空间分布的中心则沿着东北方向移动，即向右上方移动。从短轴的长度来看，从 2010 年到 2016 年，呈现出严格的持续减少的情形，这说明社区在协调方面的差距越来越小，社区总体的向心力越来越强。扁率和方向角度呈现出波动起伏的情形，这说明整个过程都处于动态调整之中。

图 9-9：2016 年社区创新指数的空间分布及其中心点

表 9-9：社区协调指数的标准差椭圆分析参数

年份	中心坐标		短轴（公里）	长轴（公里）	扁率	方向角度
	经度（东经）	维度（北纬）				
2010	114.78765	33.68542	679.57762	1094.23361	1.6102	28.94921
2012	114.84934	33.66929	679.87781	1093.08538	1.6078	28.93931
2014	114.80069	33.56995	682.35512	1083.68023	1.5881	28.43725
2016	114.88313	33.63878	681.36906	1081.74622	1.5876	28.78059

图 9-10 是社区协调指数中心点的位移图示，其中横坐标是东经，坐标刻度单位是 0.02 度，而纵坐标是北纬，坐标刻度单位是 0.02 度。根据图 9-10 所示，总体而言，从 2010 年到 2016 年，社区协调指数的空间分布的中心呈现“东移 – 南下 – 东北上移”的特征。从 2010 年到 2012 年呈现明显的东移特征，接下去 2012 年以后则出现了沿着西南方向下移的情形。但是，这种移动趋势并未持续很久，2014 年以后则迅速折返出现了朝东北方向移动的趋势。这种折返式移动，表明社区在基层协调方面的任务很繁重，所面临的情况也是比较多元，每一年可能都有每一年的新问题，因此，各地社区在处理和协调基层关系上，每一年都会有新的变化。

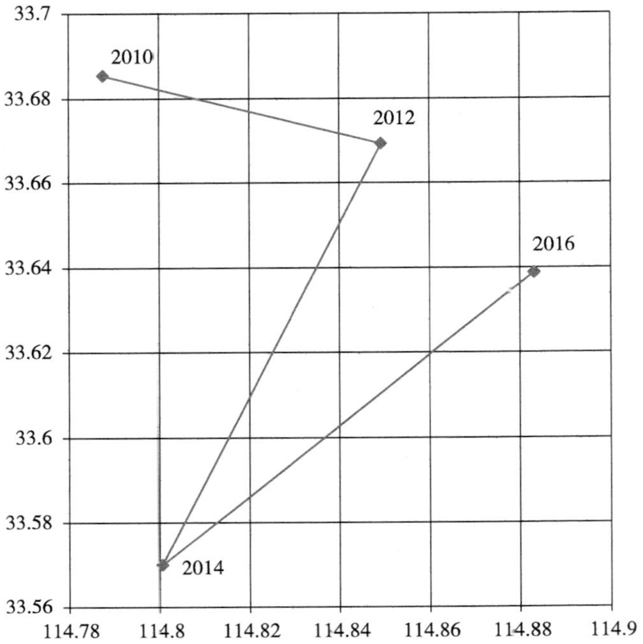

图 9–10：社区协调指数中心点在地图上的具体分布

根据图 9–11 所示，2016 年社区协调发展指数的标准差椭圆显示，这个椭圆呈现东西扁、南北长的形状。这说明从整体来看，南部社区和北部社区之间在基层关系协调上存在一定的差距。相对而言，东部社区和西部社区在基层关系协调上的差距则较小。根据图 9–11 所示，长轴的方向是东北、西南向，而短轴的方向是东南、西北向。这说明总体而言，社区分布是东北、西南向的，就是长轴的方向。这个椭圆的中心点就是 2016 年中国社区协调指数空间分布的中心点。比较图 9–7、图 9–9 和图 9–11，这些椭圆形状大同小异，这说明，这些指数在空间上的分布特征基本相似。

从社区绿色指数情况来看，根据表 9–10 所示，从 2010 年到 2012 年，空间分布中心的经度和纬度都降低，即其空间分布的中心出现了朝西南方向偏移的情形，呈现向左、向下移动的路线。但是，从 2012 年到 2014 年，经度继续变小的同时，纬度却出现了显著增加，因此，空间分布的中心出现朝西北方向移动的情形，即向左、向上移动。从 2014 年到 2016 年，纬度增加的同时经度却不断减小，空间分布的中心则沿着东南方向移动，即向右下方移动。从短轴的长度来看，从 2010 年到 2014 年，呈现持续变短的趋势，而之后又有略微变长地方情形。这说明，总体而言，社区在绿色减少上的差距缩小是大势所趋，但发展过程并不是直线的，有时会逆向调整。扁率和方向角度呈现出波动起伏的情形，这说明整个过程都处于动态调整之中。

图 9–11：2016 年社区协调指数的空间分布及其中心点

表 9–10：社区绿色指数的标准差椭圆分析参数

年份	中心坐标		短轴（公里）	长轴（公里）	扁率	方向角度
	经度（东经）	维度（北纬）				
2010	115.18632	33.4674	685.96084	1090.75852	1.5901	27.55079
2012	115.02975	33.36711	685.10178	1090.52528	1.5918	27.76958
2014	114.8221	33.51518	681.37429	1080.26697	1.5854	28.38804
2016	114.90473	33.33802	681.47821	1092.12278	1.6026	27.76151

图 9–12 是社区绿色指数中心点的位移图示，其中横坐标是东经，坐标刻度单位是 0.05 度，而纵坐标是北纬，坐标刻度单位是 0.05 度。根据图 9–12 所示，总体而言，从 2010 年到 2016 年，社区绿色指数的空间分布的中心呈现“西南下移 – 西北上移 – 东南下移”的特征。从 2010 年到 2012 年呈现明显的朝东南方下移的特征，接下去 2012 年以后则出现了沿着西北方向上移的

情形，而且移动距离比较大。但是，这种移动趋势并未持续很久，2014 年以后则迅速折返出现了朝东南方向下移的趋势。可见，社区在绿色建设方面，总体而言，存在比较大的波动起伏情形，这与各地社区在绿色建设上的资源配置不是很均衡有一定的关联。当然，还有其他多种因素。

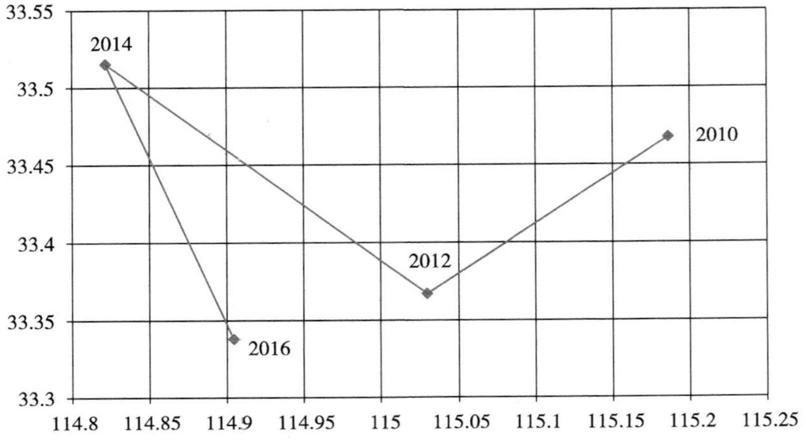

图 9–12：社区绿色指数中心点在地图上的具体分布

根据图 9–13 所示，2016 年社区绿色指数的标准差椭圆显示，这个椭圆呈现东西扁、南北长的形状。这说明从整体来看，南部社区和北部社区之间在绿色建设上存在一定的差距。相对而言，东部社区和西部社区在绿色社区上的差距则较小。根据图 9–13 所示，长轴的方向是东北、西南向，而短轴的方向是东南、西北向。这说明总体而言，社区分布是东北、西南向的，就是长轴的方向。这个椭圆的中心点就是 2016 年中国社区绿色指数空间分布的中心点。比较图 9–7、图 9–9、图 9–11 和图 9–13，这些的椭圆形状大同小异，这说明，这些指数在空间上的分布特征基本相似。

从社区开放指数情况来看，根据表 9–11 所示，从 2010 年到 2012 年，空间分布中心的经度和纬度都有所增加，即其空间分布的中心出现了朝东北方向偏移的情形，呈现向右、向上移动的路线。但是，从 2012 年到 2014 年，经度和纬度出现明显下降的情形，因此，空间分布的中心出现朝西南方向移动的情形，即向左、向下移动。从 2014 年到 2016 年，纬度明显增加的同时经度也有微弱增加，空间分布的中心则沿着东北方向移动，即向右上方移动。从短轴的长度来看，从 2010 年到 2016 年，呈现变长、变短又变长的特征。

这说明，总体而言，社区在开放程度上的差距不是很清晰，时而变大，时而变小。扁率和方向角度呈现出波动起伏的情形，这说明整个过程都处于动态调整之中。

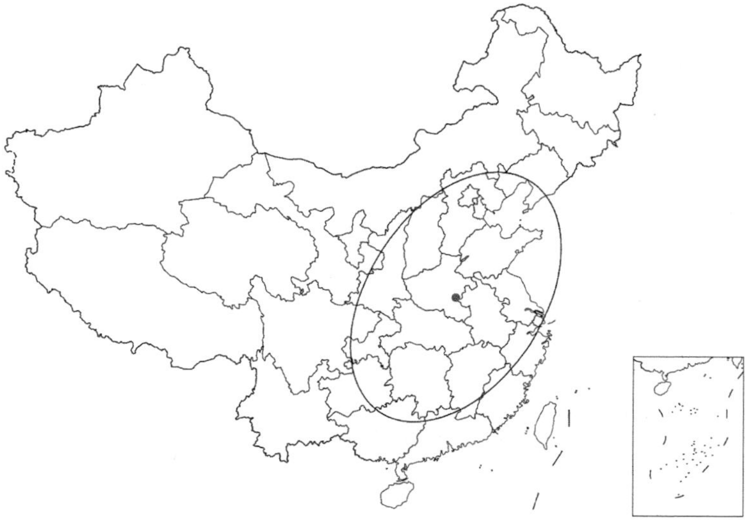

图 9–13：2016 年社区绿色指数的空间分布及其中心点

表 9–11：社区开放指数的标准差椭圆分析参数

年份	中心坐标		短轴（公里）	长轴（公里）	扁率	方向角度
	经度（东经）	维度（北纬）				
2010	115.55236	33.82386	675.86041	1118.83617	1.6554	27.24996
2012	115.6076	33.86909	672.74074	1132.6165	1.6836	27.6499
2014	115.40389	33.80589	683.12101	1115.90359	1.6335	28.28786
2016	115.45144	33.92553	677.30757	1119.51484	1.6529	28.42844

图 9–14 是社区开放指数中心点的位移图示，其中横坐标是东经，坐标刻度单位是 0.05 度，而纵坐标是北纬，坐标刻度单位是 0.05 度。根据图 9–14 所示，总体而言，从 2010 年到 2016 年，社区开放指数的空间分布的中心呈现“东北下移 – 西南下移 – 东北上移”的特征。从 2010 年到 2012 年呈现明显的朝东北方上移的特征，接下去 2012 年以后则出现了沿着西南方向下移的

情形，而且移动距离比较大。但是，这种移动趋势并未持续很久，2014 年以后则迅速转向出现了朝东北方向上移的趋势。可见，社区在开放方面，总体而言，存在比较大的波动起伏情形。

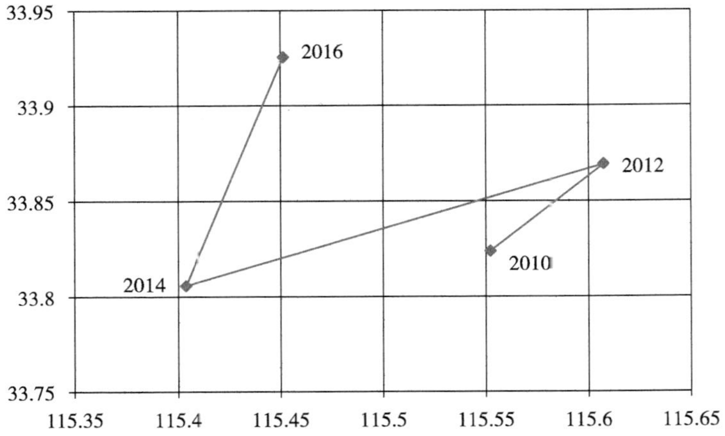

图 9–14：社区开放指数中心点在地图上的具体分布

根据图 9–15 所示，2016 年社区开放指数的标准差椭圆显示，这个椭圆呈现东西扁、南北长的形状。这说明从整体来看，南部社区和北部社区之间在开放程度上存在一定的差距。相对而言，东部社区和西部社区在开放程度上的差距则较小。根据图 9–15 所示，长轴的方向是东北、西南向，而短轴的方向是东南、西北向。这说明总体而言，社区分布是东北、西南向的，就是长轴的方向。这个椭圆的中心点就是2016年中国社区开放空间分布的中心点。比较图 9–7、图 9–9、图 9–11、图 9–13、图 9–15，这些的椭圆形状大同小异，这说明，这些指数在空间上的分布特征基本相似。

从社区共享指数情况来看，根据表 9–12 所示，从 2010 年到 2012 年，空间分布中心的经度有所增加，但纬度基本保持不变，即其空间分布的中心出现了朝东水平偏移的情形，呈现向右移动的路线。但是，从 2012 年到 2014 年，经度出现明显的下降，而纬度仅有很微弱下降的情形，因此，空间分布的中心出现朝西南方向移动的情形，即向左而略微向下移动。从 2014 年到 2016 年，经度和纬度都有明显增加，空间分布的中心则沿着东北方向移动，即向右上方移动。从短轴的长度来看，从 2010 年到 2014 年，呈现出变短的特征，但是 2014 年之后又有微弱变长的迹象。这说明，总体而言，社区在共享程度上的差距再缩小，但有时也有略微小幅度反弹。扁率和方向角度呈现出波动起伏的情形，这说明整个过程都处于动态调整之中。

图 9–15：2016 年社区开放指数的空间分布及其中心点

表 9–12：社区共享指数的标准差椭圆分析参数

年份	中心坐标		短轴（公里）	长轴（公里）	扁率	方向角度
	经度（东经）	维度（北纬）				
2010	114.84299	33.54066	681.80125	1085.95717	1.5928	28.29457
2012	114.86681	33.5427	680.45674	1089.9403	1.6018	28.20098
2014	114.59197	33.51435	679.7975	1074.9474	1.5813	29.83028
2016	114.77903	33.58594	680.64848	1078.96509	1.5852	29.40622

图 9–16 是社区共享指数中心点的位移图示，其中横坐标是东经，坐标刻度单位是 0.05 度，而纵坐标是北纬，坐标刻度单位是 0.03 度。根据图 9–16 所示，总体而言，从 2010 年到 2016 年，社区开放指数的空间分布的中心呈现“东移 – 西南下移 – 东北上移”的特征。从 2010 年到 2012 年呈现明显的朝东北平移的特征，接下去 2012 年以后则出现了沿着西南方向明显下移的情形，而且移动距离比较大。但是，这种移动趋势并未持续很久，2014 年以后则迅速转向出现了朝东北方向上移的趋势，而且移动幅度也是比较大。可见，社区在共享方面，总体而言，存在比较大的波动起伏情形。

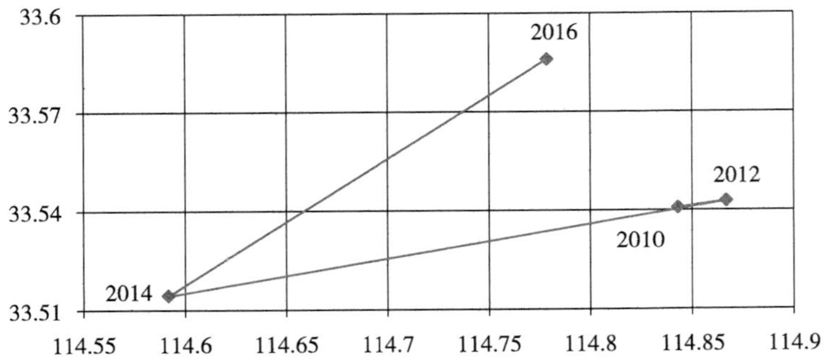

图 9–16：社区共享指数中心点在地图上的具体分布

根据图 9–17 所示，2016 年社区共享指数的标准差椭圆显示，这个椭圆呈现东西扁、南北长的形状。这说明从整体来看，南部社区和北部社区之间在共享程度上存在一定的差距。相对而言，东部社区和西部社区之间在共享程度上的差距则较小。根据图 9–17 所示，长轴的方向是东北、西南向，而短轴的方向是东南、西北向。这说明总体而言，社区分布是东北、西南向的，就是长轴的方向。这个椭圆的中心点就是 2016 年中国社区共享空间分布的中心点。比较图 9–7、图 9–9、图 9–11、图 9–13、图 9–15、图 9–17，这些的椭圆形状大同小异，这说明，这些指数在空间上的分布特征基本相似。

图 9–17：2016 年社区共享指数的空间分布及其中心点

从总体而言，社区在创新、协调、绿色、开放、共享这五个方面在空间中心点分布上有何种特征？为此，先计算出 2010、2012、2014 和 2016 年这些年份中每个指数的空间中心点的经纬度数据进行平均值计算，获得其平均值，即是 2010 年到 2016 年间每个方面指数的平均化之后的空间中心点，可以称之为每个指数的综合空间中心点。然后，把这些综合空间中心点再在地图上画出来，就得到了图 9–18。图 9–18 是五个方面指数综合空间中心点的空间位置图示，其中横坐标是东经，坐标刻度单位是 0.1 度，而纵坐标是北纬，坐标刻度单位是 0.05 度。根据图 9–18 所示，创新、协调、绿色和共享这四个方面的综合空间中心点在地图上的位置比较接近，但是，开放的综合空间中心点则出现明显的离群现象，远离其他四个方面的综合空间中心点分布区，而是在较远的东北部上方。这说明，社区在开放程度上具有比较特殊的发展模式。

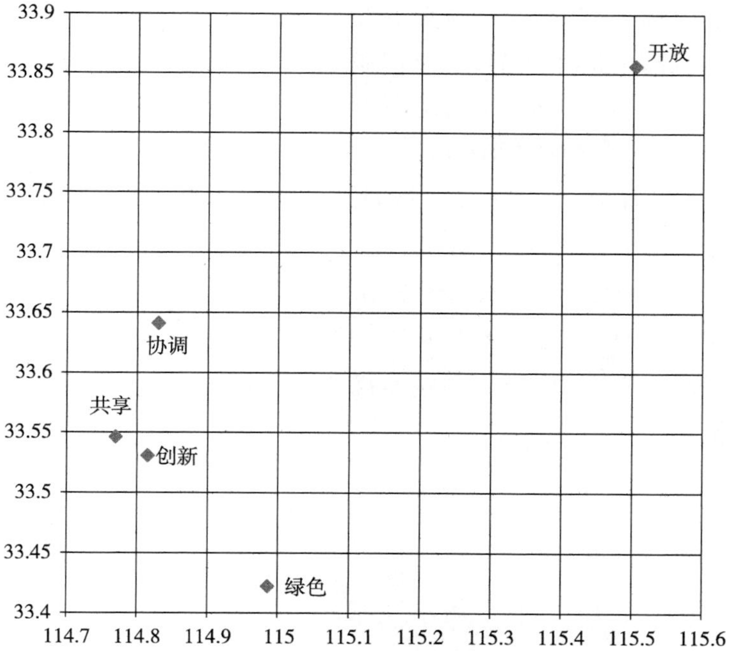

图 9–18：五大指数空间中心点在地图上的具体位置

从地理空间的位置来对社区创新、社区协调、社区绿色、社区开放和社区共享进行分析，有助于从全局的角度来思考和研究我国社区治理上的总体情况，便于精准地判断大势，从而制定有针对性的政策。在现实中，这些社区层面的情况，其空间中心点的位置也是会随着情况的变化而发生变化的，因此，可以从其位置的变化轨迹来分析社区层面的治理活动在空间上的整体位移情况，从而予以积极有效的引导或者应对，进而确保基层民生状况可以得到持续而有效地改善和提升。这是空间分析的优势所在，体现了一种全局观和大局的视野，对于全国性的社区治理政策的制定，可以提供重要的客观依据。

小　结

我国基层民生获得持续改善，居民获得感持续提升。2010 年以来，我国社区民生发展指数得分总体上呈现出持续上升的态势，从 2010 年的 0.522，2012 年上升到 0.543，2014 年上升到 0.561，2016 年则上升到 0.572。这说明，这些年来，总体而言，社区在基层民生建设方面，发挥了越来越大的作用，社区的民生状态也获得了持续的改善和提升，社区民生的整体质量呈现出不断提升的势头。当然，在社区基层民生方面，还有较大的提升空间。目前，社区民生指数得分均值都在 0.6 以下，处于中等发展程度，因此，还要不断提升和改善，以便能够尽早突破 0.7。当然，改善社区基层民生状况，是个系统性工程，需要多方面的投入与努力。在发展过程中，也不能急于求成，而是应该稳步推进，有序进行，逐步改善和提升社区民生情况。2010 年以来社区民生发展指数上的逐年稳步上升表明，这些年在“五大发展理念”的指导下，社区基层民生改善上的投入与举措是符合基层情况的，是务实而稳健的，成效也很明显。

第十章　改善社区民生的若干建议

通过提升社区治理能力来持续改善社区民生状况是一项系统工程，需要不断根据社会与社区发展的新情况，探索新的治理模式。社区治理模式的创新，主要是在两个方面进行突破。一个方面就是提高社区治理的成效，社区能够在新的形势下，提高反应和处理问题的能力，确保社区的和谐与稳定。另一个方面就是绿化、节能型社区建设，就是通过新技术和新治理理念来提升社区可持续发展能力，同时，也可以降低社区治理的成本。这两个方向，就是当前社区治理模式创新的两个关键突破口，也是社区治理与建设的主攻方向。为了实现上述方面的突破，社区需要在新发展理念的指导下，不断在治理模型上进行探索和创新。在大数据的时代，通过数字化管理来提升社区治理的效率是当前社区治理模式创新的一个趋势。通过精准的掌握相关数据，社区可以在治理过程中及时发现问题并采用有针对性的措施，在第一时间就把问题解决。当然，社区治理要从发展的角度去推进和实施。社区治理不是为了治理而治理，而是为了社区民生发展而进行治理。社区的发展，不仅仅是指社区经济上的发展，更重要的是社区可持续发展。所以，在探索社区治理新模式的过程中，要坚持社区可持续发展观，践行新发展理念，以治理促发展，用发展来强化治理。如此，才能探索出适合新时代、符合我国国情、具有我国特色的社区治理新模式。

第一节　践行新理念促民生发展

要持续改善社区民生状况，第一要务就是要保持社区的发展。社区的发展是多方面的，不同的社区所采取的发展路径和模式也各有千秋。从社区治理的角度来看，社区民生发展主要还是围绕着社区创新、社区协调、社区绿色、社区开放和社区共享这五个方面来展开的。这五个方面既是社区民生发展的理念，也是社区民生发展的途径和重要内容，是社区治理过程中所必须坚持的基本原则。落实到社区民生发展的具体实践，那么社区应该如何践行发展新理念来提升社区治理能力和成效，进而有效改善社区民生状况？为了研究这个问题，接下来将通过实证研究的方法，开展关于社区治理过程中社区民生发展的若干问题专项研究。具体而言，在社区创新中聚焦于社区创业问题，在社区协调中聚焦于“民生清单”问题，在社区绿色中聚焦于绿色生态社区建设问题，在社区开放中聚焦于外来人口治理问题，在社区共享中聚焦于社区捐助问题。之所以选择这些主题，是因为之前在社区进行实地调查和访谈过程中，发现在社区治理实践中存在着类似的问题，需要进行深入系统的研究。根据这些专项研究，提出有针对性的社区治理建议，改善社区民生状况。

一、基本研究方法

这些社区民生专题研究，主要还是围绕社区创新、社区协调、社区绿色、社区开放和社区共享这些方面来开展。在这五个方面中，从每个方面选择一个重点专题，进行专项研究。这些专题的研究，对于社区治理和社区民生发展而言，意义重大，具有直接的政策和实践意义。根据这些研究，结合我国的具体国情，在社区民生发展和社区治理上，提出有针对性的具体政策建议。每一个社区都是在特定的社会时空中存在和发展的，具有社会性，也具有时间性和空间性。因此，在研究上，采用了时空社会科学的研究范式。时空社会科学是一种跨学科研究的知识体系，可对时间、空间和社会系统进行整合研究，进而从中揭示社会现象的运行规律（顾佳峰，2020）。在实证研究的过程中，空间回归方法和传统的回归方法会一起进行，一方面有助于进行比较，另一方面有助于进行多视角的检验，使得结论更有说服力。

在实证方法上，一般需要对社会现象进行空间自相关性检验。所谓的空间自相关（spatial autocorrelation），是指一些变量在同一个分布区内的观测数据之间潜在的相互依赖性。在社区层面，邻近的社区之间在民生发展和社区治理上，往往是互相影响的，并非彼此独立。社区在治理上的一些好的做法，往往会很快传播到邻近的社区，被邻近的社区所模仿，即存在所谓的空间扩散和溢出。在统计上，从空间全局上对这种空间自相关的检验常用的方法就是计算 Moran’s I 值并进行显著性检验。Moran’s I 指数的计算公式为：

$$I = \frac{n}{\sum_{i=1}^{n}\sum_{j=1}^{n} W_{ij}} \frac{\sum_{i=1}^{n}\sum_{j=1}^{n} W_{ij}(x_i - \overline{x})(x_j - \overline{x})}{\sum_{i=1}^{n}(x_i - \overline{x})^2}$$

其中，X_i 表示空间单位 i 的变量，W_{ij} 表示空间单位 i 和 j 的区位相邻系数（若 i 与 j 相邻，则 $W_{ij}=1$；若 i 与 j 不相邻，则 $W_{ij}=0$），n 表示区域内空间单位个数。Moran's I 值在 -1 和 1 之间。若 Moran's I 值大于 0，表示空间正相关性，其值越大，空间相关性越明显；若 Moran's I 值小于 0，表示空间负相关性，其值越小，空间差异越大；若 Moran's I 值等于 0，则社会现象在目标空间上的分布呈随机性。

在进行回归分析时，若对目标变量的 Moran's I 值的检验是显著的，那么，一般会采用空间回归模型来进行估计和模拟。在分析横截面空间数据时，常用的空间回归模型就是空间滞后模型（Sptial Lag Model）和空间误差模型（Spatial Error Model）。在开展空间实证研究时，通常也会采用普通最小二乘法线性模型。采用普通最小二乘法线性模型（OLS）、空间滞后模型（Sptial Lag Model）和空间误差模型（Spatial Error Model），其对应的回归方程式分别是：

$$Y = X\beta + \mu \qquad \text{公式一}$$

$$Y = \rho WY + X\beta + \mu \qquad \text{公式二}$$

$$Y = X\beta + \text{£¨}I - \gamma W)^{-1}\mu \qquad \text{公式三}$$

其中 Y 是应变量，就是一个 $n\times1$ 的向量，这里是指社区健康变量，$n = 549$。X 就是自变量矩阵，是一个 $n\times k$ 的数据矩阵。W 就是空间邻近矩阵。常用的是空间邻近矩阵是一阶邻近矩阵（the First Order Contiguity Matrix）。在这种空间权重矩阵中，邻近社区之间的空间权重定义为 1，不邻近的社区之间的空间权重定义为 0。所以这是一个由 0 和 1 所组成的堆成矩阵。此外，有些研究也会采用反距离空间权重矩阵，即距离越远的社区之间的关系越疏，这是一个 $n\times n$ 矩阵。采用何种空间权重何种矩阵，主要是根据研究对象的空间分布特征以及研究问题的需要而定。本研究采用的是一阶邻近矩阵。WY是空间滞后因变量，公式二就是空间滞后模型。在这个模型中，空间滞后因变量作为一个自变量，进入模型，ρ就是这个特殊自变量的系数，即空间自回归系数。β是自变量X的系数，反映的是解释变量对应变量的影响。公式三是空间误差模型，γ是空间误差系数。由于要进行空间回归，因此，还用到了549个社区的经纬度数据。

二、大力扶持社区“双创”

社区民生发展的一个很重要的内容就是大力发展社区经济。社区经济是整个社会经济的有机组成部分，是实现社区建设目标的核心要素，也是持续改善社区民生状况的重要保证。社区经济是在区域范围内，推动社区基本建设和满足社区内人员的物质和精神文明建设，满足社区产品和服务的经济活动的总称（严陆根，2013）。在“大众创业、万众创新”的社会浪潮下，社区经济活力被不断激发，社区逐渐成了一片创新创业的基层沃土。那些扎根于社区的小微企业，成为社区创业的一个重要的形式，为推动社区经济的发展作出了重要的贡献。在社区层面，小微企业的出现，不仅为社区创业者带来了经济上的收入，而且还为社区提供了就业的机会，提升了社区整体形象，为新型社区的建设提供了重要的创新路径。这就是社区治理中的“创业惠民、创业富民”的思路，让创业成为持续改善社区民生状况的重要推动力。当然，在发展过程中，社区创业也存在一定的问题，比如小微企业的脆弱性、创业活动的风险性和未来不确定性等等，这些问题都需要在社区治理过程中加以重视，要避免使其成为影响社区稳定的因素。

（一）社区创业

社区创业，简而言之，就是指在社区层面上发现别人不曾发现的机会，并把这一机会变为生意的过程（Johannisson，1990）。社区创业可以分成生存型创业和机会型创业（Campbell-Hunt et al.，2010）。生存性型创业是指社区居民在没有其他合适的工作机会情况下而为了生存而去创业，比如社区中的一些下岗职工等，在无法再就业的情况下，就去进行社区创业。这种类型的社区创业，是一种被动的创业，首先需要解决的是生存问题。机会型创业是指社区居民因为发现了具有吸引力的机会而去主动出击进行创业，比如社区中一些年轻人看到互联网上的商机而去创业。这种类型的社区创业，是一种主动的创业，解决的不仅仅是生存的问题，而是希望获得更大的发展空间。从社区创业的结果来看，生存型创业的成功率并不比发展型创业的成功率低。对于生存型社区创业而言，创业是一种谋生的手段，因此，在创业过程中，会不辞辛苦，甚至是奋不顾身。这种类型的社区创业，具有极其顽强的韧性。

从社区发展的总体情况来看，发展社区创业，有助于活跃社区经济，提高社区居民的收入，改善社区民生状况。对于社区创业的引导和管理，也是社区治理的重要内容。社区创业是社会创业的重要组成部分，是社会创业体系的重要基础（Somerville and Mcelwee，2011）。近些年，政府出台了不少鼓励“双创”的政策，积极扶持社会创业活动。但是，由于社区创业的复杂性以及创业环境的变化性，社区创业者在创业过程中面临不少问题和挑战。为了帮助社区创业者，有的社区建立了社区创业指导中心，将政府小额创业贷款、减免税收优惠政策、创业培训和项目推荐等功能集中在社区创业指导中心这个平台上，便于社区创业者能够及时获得相关的社区服务，为社区创业者的诞生和成功创业提供社区层面上的支持与保障。这是一种积极的探索，相关的经验需要及时加以总结。对于社区创业的研究，还需要继续深入。

（二）变量、数据和检验

根据表 10–1 所示，为了研究社区创业的治理情况，这里把社区中参与个体经营的比例来作为因变量，作为测量社区创业的指标，通过计算社区中从事个体经营的家庭数除以社区样本数来获得。该数据来自 CFPS 家庭问卷。自变量包括了社区居民对政府的评价、对未来的信心程度、县内人口流动和社会捐赠情况。对政府的评价是通过计算社区居民对区县级地方政府的评级均值得到，其中 1 是“很好”而 5 是“很差”，在计算中进行了同向化处理，数据来自 CFPS 成人问卷。对未来的信心是通过计算社区中居民对于未来信心程度得分均值得到，其中 1 是“很没信心”而 5 是“很有信心”，数据来自 CFPS 的成人问卷。县内人口流动通过计算每个社区的出生地不在当前家庭所在区县的人群比例来获得，这个数据来自 CFPS 的成人问卷。社会捐助是通过计算社区中家庭社会捐助支出占总支出的比重的均值来测量的，数据来自 CFPS 的家庭问卷。样本社区就是 549 个社区，数据都是 2016 年的数据。

通过对这些变量的 Moran’s I 值的计算和统计检验发现，所有变量的 Moran’s I 值都是正的，而且都是显著的。这说明，在这些方面上，邻近社区之间存在着互动关系和某种程度上的空间依赖性。社区创业的这种空间特征，其实与社区所处的商圈有关。一般在社区中创业，往往会租用社区底商的空间，服务的对象主要是社区以及社区附近的居民。为了确保有足够的客源，邻近社区在商圈中的定位各有不同，但又互相有联系。因此，邻近社区之间往往形成诸如饮食一条街、发廊等多功能的商圈，共同去吸引更多的消费者进入这个区域进行消费，提高社区创业的成功概率。社区创业的这种区位空间特征，是形成邻近社区空间依赖性的主要原因之一。

表 10–1：社区创业的 Moran' s I 检验

	Moran' s I 值	P 值
社区创业	0.099***	0.002
政府评价	0.181***	0.001
对未来信心程度	0.2703***	0.001
县内人口流动	0.166***	0.001
社会捐赠	0.062**	0.042

（三）回归分析

根据表 10–2 所示，在进行回归分析时，这里采用了普通回归模型、空间滞后模型和空间误差模型，对应的 R 平方值分别是 0.364、0.495 和 0.584。从 R 平方值的大小来判断，空间回归模型要优于普通回归模型。在空间回归模型中，空间误差模型要优于空间滞后模型。所以，在解释时可以采用空间误差模型，而其他两个模型作为参照。空间回归结果显示，无论是空间滞后模型还是空间误差模型，得到的空间回归系数的估计值都是正的，且都是显著的。这说明了邻近社区在社区创业上存在明显的互相依赖性和正向互动，导致这种局面出现的原因是多方面的，邻近社区之间在创业上的竞争与合作客观上可以密切彼此的联系，而社区经济的互补性也是促进邻近社区互相依赖的重要因素之一。

根据回归结果所示，政府提供的公共服务越好，社区创业也就越活跃。高效优质的政府服务可以为社区创业活动营造良好的氛围，促进社区创业的发展。对于未来的信心越足，社区创业就越活跃。创业是一项指向未来的活动，是否投身创业在很大程度上取决于潜在创业者对于未来的预期。县内人口流动越多，社区创业越活跃。创业者为了寻找更好的创业机会，会用“以足投票”的方式到更适合创业的社区进行创业。社区中的捐赠越多，社区创业也就越活跃。创业需要经费和资金。若社区层面上获得资金的渠道越多，那么，对于社区创业而言，显然具有积极推动作用。

表 10–2：社区创业回归结果汇总

	OLS 回归模型	空间滞后模型	空间误差模型
截距项	–0.122* (0.050)	–0.139*** (0.022)	–0.133*** (0.031)
政府评价	0.041*** (0.006)	0.04*** (0.006)	0.041*** (0.007)
对未来信心程度	0.023* (0.077)	0.023* (0.067)	0.026* (0.052)
县内人口流动	0.095** (0.011)	0.095*** (0.009)	0.104*** (0.007)
社会捐赠	2.663*** (0.000)	2.634*** (0.000)	2.626*** (0.000)
空间回归系数		0.237*** (0.005)	0.293*** (0.001)

（四）社区治理建议

推动社区创业是激活“双创”的重要基础，社区是小微企业创业和个体创业的重要载体。对于社区创业，在社区治理过程中，要进行鼓励和扶持的同时，也要加以有效管理，发挥社区创业在改善社区民生状况上积极作用，尽可能要去克服社区创业可能带来的不利后果。根据上述实证研究结果，从社区治理的角度，通过扶持社区“双创”来持续改善民生，可以从如下几个方面来进行落实和推进。

其一，社区需要做好政府和社区创业者之间的联结纽带，加强社区对“双创”工作的重视，做好对社区“双创”的各项服务工作，在社区层面营造有利于“双创”的良好氛围。过去，在社区工作的一些人对社区经济的认识度不足，把社区治理的重点放在社区维稳上，没有意识到社区经济对所在地区的经济重要性和对社区居民生活需求的满足。由于社区创业主要服务的对象就是社区居民，有助于满足社区居民在生活等方面上的需求，对于提升居民的生活幸福度而言，具有积极作用。社区创业需要政府的支持，也需要社区的支持。政府和社区若能够对社区创业提供良好的服务，那么，对于社区创业而言，就会具有明显的促进作用，对于改善社区民生状况也会有积极租用。

在具体措施上，社区要开展各项社区创业援助活动，积极宣传政府的相关政策。对于社区创业者，社区可以免费提供创业培训，发放有关创业优惠政策宣传资料，并对社区内的创业者进行摸底调查，对于需要帮扶者及时提供社区层面上的帮助。根据社区创业者的具体情况，社区可以邀请一些创业专家到社区与创业者进行研讨，或者举办创业专题讲座，帮助社区创业者开阔思路。对于经历失败或挫折的社区创业者，社区要及时出面予以抚慰，帮助其走出失败的阴影，使其能够东山再起。通过落实和推进这些举措，即便是小社区，也能搭建起创新创业的大舞台，进而实现“创业惠民、创业富民”的社区民生发展目标。

其二，社区要积极宣传政府促进“双创”的相关政策，多给社区创业者以信心，多给创业者鼓劲。我国目前鼓励大众创新创业，也出台了一些优惠政策，比如提供无息贷款等。这些政策，可以为创业者提供必要的资助，减少创业的成本和个人负担，为创业保驾护航，提高创业的成功率，让创业者对于未来具有更大的信心。但是，通过对一些社区实地调研发现，有相当比例的社区居民并没有听过和社区创业相关的优惠政策的消息，可见，社区对此的宣传力度不够。对此，社区在治理过程中，要积极做好相关的宣传工作，让社区中的潜在创业者都能够及时掌握政府的相关鼓励和优惠政策，提振创业者对未来的信心，进而激活社区创业的能量。社区要免费提供国家新一轮对创新创业的优惠扶持政策以及申请“小额担保贷款”政策的相关宣传资料，帮助社区创业者走上自主创业之路，打开致富之门。

其三，合理保持社区的开放性，确保有序的人口流动。外来人口的到来，往往也会带来创业的想法和创业的资源。对于外来人口，社区要予以有效管理，既要发挥其在创业等方面的智慧和能量，为促进社区经济的发展作出贡献，也要克服外来人口流入所带来的可能消极后果，做好与本地人的融合工作，和谐共处，共同发展。

其四，在社区层面积极整合社区内外的力量和资源，搭建社区创业资源平台，鼓励社会各界的捐赠，并与社区创业的项目进行对接，解决社区创业资金不足的短板，为社区创业“输血”。社区可以创立联结社区内外的创业公益基金，广泛吸纳来自社会上的各种捐赠，凝聚社会方方面面的资源，让更多社区创业者，能参与到、享受到这些资源，让社区创业项目能够生生不息地循环下去，形成社会资源和社区创业之间的良性循环。

三、落实“民生清单”

在改善和提升社区民生的过程中，会出现各式各样的矛盾，这就需要在社区治理时通过有效的社区协调机制来化解矛盾和冲突，提高老百姓的获得感。为了让社区居民生活得更加体面、更有尊严，社区在治理过程中要善于倾听社区居民的心声，根据老百姓的实际民生需求，建立“民生清单”，并逐项加以落实。根据亚伯拉罕·马斯洛的层次需求理论，人的需求从低到高依次分为生理需求、安全需求、社交需求、尊重需求和自我实现需求五种需求。当广大老百姓满足了温饱的需求后，就会追求社会地位和社会尊重。因此，社区治理就要努力在这些需求上满足社区居民，才有可能让居民满意度获得提升。这里以社区居民追求社会地位这一具体民生需求为研究对象，研究社区中哪些因素会对这一需求产生影响。在此基础上，提出社区协调的具体建议。

（一）民生清单

在政府民生工作中，“清单”管理可以有效提高社会治理的效率，对于改善社会民生状况而言，成效显著（赵承 et al.，2008）。社区治理一般处理的都是社区中的日常事务，属于社会微观治理的范畴。在社区治理过程中，需要处理复杂的矛盾关系。处理不好的话，就会使得社区内部矛盾和冲突升级，就会影响社区的安定与和谐，对于社区民生会产生负面效应。为了精准掌握社区居民的民生需求，合理调配社区资源，提高社区治理能力，有的社区开始采用建立社区“民生清单”的办法，来逐项落实，进而有效改善社区民生状况，取得了一定的成效，也积累了一定的经验。在这个过程中，社区需要协调好各方面的关系和资源。社区只有做好社区协调工作，才能稳步推进和落实社区“民生清单”，才能持续提升社区的满意度和获得感。从改善社区民生状况的意义上来说，社区“民生清单”的建立和落实过程，其实就是社区治理的过程。

社区在实施“民生清单”进行治理的过程中，要注意对清单上的事项根据其轻重缓急进行排序，重要的事情往往是社区居民都迫切希望解决的事情，要排在清单的靠前位置，予以优先解决。对于社区“民生清单”事项的排序，不能靠拍脑袋做决定，而是要通过对社区的调查。在社区调查中，社区“民生清单”由社区居民填写，包括基础设施类、创业就业类、绿色生态类、阳光帮扶类、文化娱乐类、邻里互助类、党员活动类。居民把自己相关类别的愿望与民生诉求填写在清单内，社区进行统计和汇总，进而确定社区“民生清单”的具体内容。社区在落实“民生清单”上，不能为了落实而落实，而是要通过落实“民生清单”来改善社区民生状况，让老百姓过得有尊严、有地位，生活有获得感。这个才是社区实施“民生清单”治理的目标所在。在社区协调上，“民生清单”可以提供指引，使得社区协调更有方向感和针对性，取得更好的成效。

（二）变量、数据和检验

衡量一个人是否感觉到被尊重，一般采用的都是主观性指标，因为，这是一种主观感受。这里用社区居民对社会地位感知程度来作为因变量。该数据来自 CFPS 成人问卷。自变量包括了社区参加医疗保险的比例、社区参加养老保险的比例、看病点医疗水平情况以及社区中因贫富差距而受到不公平对待的情况。医疗保险参保人群比例的数据来自 CFPS 成人问卷。60 岁以上受访居民中，正在领取养老金（包括退休金及各种形式的养老保险）的人群比例，就是社区参加养老保险的比例，这个数据来自 CFPS 成人问卷。看病点医疗水平情况是指社区居民经常看病点的医疗水平的均值，其中 1 是“很好”而 5 是“很不好”，在计算中进行了同向化处理。一年内社区中因性别受到不公正对待的人群比例，用来测量因贫富差异而受到不公平对待的程度，数据来自 CFPS 成人问卷。样本社区就是 549 个社区，数据都是 2016 年的数据。

根据表 10–3 所示，通过对这些变量的 Moran’s I 值的计算和检验发现，所有变量的 Moran’s I 值都是正的，而且都是显著的。这说明，在这些方面上，邻近社区之间存在着互动关系。不同社区的社会地位情况，往往与社区所处的街道和片区有关。邻近社区往往具有类似的房价、社区环境和社会保障，因此，在社区居民所感知的社会地位上，存在着相似性。当然，“城中村”是属于例外的情形，邻近的社区之间往往呈现出巨大的差距。

表 10–3：社会地位 Moran’s I 检验

	Moran’s I 值	P 值
社会地位	0.1547***	0.001
医疗保险	0.1291***	0.001
养老保险	0.0627**	0.033
看病点医疗水平	0.1205***	0.001
因贫富差距而受到不公平对待	0.3842**	0.001

（三）回归分析

根据表 10–4 所示，通过做回归分析，普通回归模型、空间滞后模型和空间误差的 R 平方值分别是 0.158、0.487 和 0.573。从 R 平方值的大小来判断，那么，空间回归模型要优于普通回归模型，空间误差模型要优于空间滞后模型。所以，在解释时可以采用空间误差模型，而其他两个模型作为参照。根据空间回归模型结果来看，无论是空间滞后模型还是空间误差模型，得到的空间回归系数的估计值都是正的，且都是显著的。这说明了社区居民追求社会地位的民生需求，具有一定的普遍性，邻近社区在这方面存在着互相关联性。

表 10–4：社会地位的回归结果汇总

	OLS 回归模型	空间滞后模型	空间误差模型
截距项	2.011** （0.031）	0.674 （0.491）	2.159** （0.019）
医疗保险	1.802*** （0.009）	1.682** （0.011）	1.658** （0.014）
养老保险	1.073** （0.041）	0.957* （0.057）	0.959* （0.058）
看病点医疗水平	0.661** （0.019）	0.642*** （0.018）	0.671** （0.016）
因贫富差距而受到不公平对待	–1.629*** （0.001）	–1.435*** （0.002）	–1.741*** （0.001）
空间回归系数		0.282*** （0.001）	0.318*** （0.001）

根据回归结果所示，社区中参加医疗保险的居民比例越高，社区居民越

觉得自己的社会地位比较高。病有所医是老百姓的迫切希望。参加医疗保险，可以让老百姓无后顾之忧，有助于提升老百姓的获得感。社区中参加养老保险的居民比例越高，那么，社区居民越觉得自己的社会地位比较高。参加养老保险，老有所养，年纪大了有保障，老百姓的获得感自然就会高，对于社会地位的感知也会比较好。社区居民对看病点医疗水平的认知越高，社区居民越觉得自己的社会地位比较高。但是，当老百姓因贫富差距而受到不公平对待时，则会对社会地位的感知产生负面影响。任何人遭受了不公平对待，都会具有某种委屈感，会觉得自己的社会地位还不够高。

（四）社区治理建议

在社区治理过程中，一些社区尝试采用“民生清单”来提高社区治理能力，改善社区民生状况。这种社区治理的方法，也被称为是清单式社区治理法，是所谓的社区“微治理”工具框中的重要治理工具。然后，在现实的社区治理实践中，有些社区只是在“晒”社区民生清单上下功夫，并没有真正去落实“民生清单”，更不敢于让广大群众从中“挑刺”。结果，所谓的清单式社区治理法流于形式，并没有达成持续改善社区民生的预期目的。在社区调查中发现，有的社区在落实“民生清单”的过程中，执行能力不足，执行方式不恰当，结果，社区“民生清单”并不能有效转化为老百姓的幸福清单，社区居民的获得感依然没有显著提升。根据上述实证研究的结果，社区要有效落实“民生清单”，切实提升老百姓的获得感，因为感到自己有社会地位而获得尊重，那么，就需要从如下几方面提高社区治理的成效。

其一，加强社区宣传，扩大医疗保险覆盖面。医疗保险与社区民生问题的关系密切，是帮助老百姓解决“就医难，看病难”的重要保障。在社区层面，要扩大医疗保险的覆盖面，就需要提升社区居民的参保意识。在这方面，社区要通过多样化的宣传手段，充分利用宣传横幅、新媒体网络、社区广播等途径实施全方位的宣传。同时，通过组织座谈会、宣讲会等形式，宣传医保相关的普及政策性及相关知识，不断提高社区居民的参保积极性，提高医疗保险的覆盖面，让国家的医疗保险制度能够深入民心、深入社区民生服务体系，让广大老百姓在看病就医上没有后顾之忧，拥有实实在在的获得感。

其二，多途径推广养老保险知识。社区可以根据社区具体的情况因地制宜设立社区养老保险工作站，通过定期开展养老保险知识展览、科普养老保险知识讲座等形式，向社区居民科普养老保险等相关知识。同时，社区要做好对居民的摸底工作，要掌握每个社区居民的基本资料以及对养老保险的可能需求，有针对性地推送消息和介绍养老保险的相关信息。当社区居民有关于养老保险具体内容的疑惑而需要咨询和寻求帮助时，社区要及时为群众答疑解惑，或者为社区居民推荐养老保险专业人士，让居民能更深入全面地了解养老保险，了解养老保险能对老百姓未来养老生活提供更好的保障，便于社区居民作出正确的参保决策。

其三，加大力度，提升社区医疗服务水平。为了能够及时地为社区成员提供公共卫生和基本医疗服务，一些社区医院陆续建立了起来。社区医院是初级医疗体系的重要组成部分。但是，由于经费和人才上的限制，有的社区医院的医疗条件还比较差，社区居民就医满意度较低。为了让社区居民更好地获得医护与救治，社区要推荐条件和设施更好的社区医院给社区居民，建立社区医院的信息共享平台，解决医院和患者之间信息不对称的问题。社区需要定期收集和汇总社区居民的就医需求和建议，及时反馈给社区医院，督促社区医院加强投入，改善医疗软硬件，提高医疗服务水平。一旦出现医患纠纷，社区要在居民和医院之间做好协调工作，帮助双方达成共识，避免矛盾的激化，最终形成和解。

其四，要做到社区居民人人平等。在社区治理过程中，社区居民之间的矛盾不可避免。一旦产生了矛盾，社区调解员必须保持公正，坚持制度面前人人平等、执行没有例外。社区协调过程中，不会出现因人而异的情形，不会让老百姓因为收入比较低而受到歧视，也不会袒护高收入居民。无论是贫穷和富有，都同等得到对待，都享有同等的尊重。如此，社区协调才可能真正解决问题，才可能让各方都满意，才可能达成和解的共识，才可能让每一个社区居民都有社区归属感。生活在这样的社区，无论贫穷与富有，老百姓都有获得感，都能够活得有尊严，这才能够让广大老百姓满意。

四、加快社区绿色建设

老百姓对于绿色生态社区的需求，不仅是出于居住舒适的需要，而且还是出于居住健康的需要。根据世界卫生组织的定义，社区健康就是在社区环境中通过环境的、社会的和经济的资源，促进社区居民愿望和需求的满足以维持人们的情感和身体健康。作为社会的基层卫生保障机制，社区健康成为世界各国公共卫生的重要议题（Stokols，1996，Kok et al.，2015）。在社区健康建设上，中国投入了大量的资源，并不断完善相关政策，获得了显著成效（Jones-Smith and Popkin，2010，Li and Fu，2017）。中国在社区健康上的举措和改革，也引起了学界的高度关注（Wang et al.，2011，Ma et al.，2018）。中国拥有世界上规模最大的、覆盖城乡的基本医疗保障系统，大病保险制度惠及10亿多居民。中国把社区健康建设视为基层民生建设的重要内容，积极调动社区的积极性，从社区层面做好疾病预防和卫生的工作，对于实施“健康中国”的国家战略，提供了重要的基层支撑。这些经验，对于广大发展中国家做好社区健康建设，具有重要的借鉴意义。绿色生态社区建设，是社区民生发展的重要举措，是有效保障社区居民健康的社区活动，是一项重要的社区治理内容。

（一）社会生态学

社区在开展绿色生态建设过程中，不能蛮干，要有规划，要进行系统性的建设，这就需要相关理论作为指导。社会生态理论（social ecological theory）在20世纪70年代被提出来以后，逐渐成为指导绿色生态社区建设的重要理论（Bronfenbrenner，1977，Torres and Simovska，2017）。由于公共卫生与健康问题越来越复杂，因此，从单一的视角去开展研究无法满足现实的需要，而是应该从多层次、多视角进行综合研究，而社会生态学则提供了这样的分析方法（Stokols，1996）。社会生态学强调环境对个人的影响，建构了包括个体内层次、人际层次、组织层次、社区层次、政策层次的相对完善的社会生态模型（McLeroy et al.，1988）。在加强社区绿色建设来改善社区民生状况上，社会生态学提供了一个很好的理论框架，可以指导社区层面上绿色生态建设，提升社区主力能力，改善社区民生状况。

社会生态学把社区绿色生态环境分成无形的和有形的（Maya Jariego，2016）。无形的往往包括社区文化、社区素质、社区凝聚力等，而有形的则包括社区类型、社区环境、社区制度等。一般认为，社区素质越好、社区凝聚力越强，那么社区健康也就越好（McLeroy et al.，1988）。有形的社区环境上的研究主要集中在社区类型、社区年龄、社区生活条件、社区居住环境和社区制度等方面（Zhang and Smith，2007，Liu et al.，2017，Kok et al.，2015）。此外，社区环境中还有一个很重要的要素就是社区的地理特征。地理上邻近的社区之间，可能存在着某种互动（Kulldorff，1999，Penney et al.，2014）。因为国情不同，中国的社区具有一定的独特性，在社区健康建设上，形成了自己的特色（Wen and Gu，2011）。社区健康是社区民生的重要组成部分，是老百姓生活质量的重要体现。社区通过绿色生态建设，来改善和提升社区健康程度，这是社区民生发展的重要途径，也是社区治理的重要内容。这里通过研究社区绿色生态建设与社区健康的关系，来探讨如何推进社区绿色建设，进而来持续改善社区民生状况。

（二）变量、数据与检验

在实证研究中，社区健康是通过社区内受访者对于其身体健康自我评价的均值来衡量，这是因变量。受访者身体状况自我评价打分分成三类，其中1= 健康，2 是一般，3= 不健康。因此，其得分均值在 1 到 3 之间，越接近于3，那么，总体而言，越不健康。为了方便分析，这里对健康得分均值进行反向计算，用 3 减去上述健康得分均值，得到了社区健康的测量值。这个值应该在 0 到 2 之间，越接近 2，说明社区健康程度越好。

在自变量中，社区人力资源水平通过社区中 22 岁以上人群中接受过高等教育的比例，这个比例越高，意味着社区的人力资源水平越高。社区凝聚力用社区前景和社区满意度两个变量来衡量。社区前景通过社区中受访者对未来信心程度得分均值来测量，其中 1= 很没信心，5= 很有信心。社区满意度是通过社区内受访者对生活满意度得分的均值来衡量，其中 1= 很不满意，5= 非常满意。城乡差异是虚拟变量，1 代表城镇，0 代表乡村。社区居住情况以受访者房屋购买时间的均值来衡量。社区生活条件用做饭用水和做饭燃料两个变量来衡量，其中做饭用水用社区内被调查家庭做饭主要水源为自来水、纯净水或过滤水的家庭比例来衡量，而做饭燃料用社区内被调查家庭做饭主要燃料为柴草和煤炭的家庭比例来衡量。社区居住环境用吸烟人数比例和饮酒人数比例两个变量来测量。吸烟人数比例用社区内过去一月有过吸烟经历的人群比例来衡量，而饮酒人数比例用社区内过去一月每周喝酒超过三次的人群比例来衡量。社区卫生保障用社区内医疗保险参保人群比例来衡量。样本社区就是 549 个社区，数据都是 2016 年的数据。这些变量的描述统计分析汇总在表 10–5。

根据表 10–5 所示，社区中所有的变量的 Moran’s I 值在统计上都是显著的，即都存在显著的空间自相关性。这说明邻近社区彼此之间存在着各种各样的关联性，彼此之间是不可分割的，共同组成了一个社会生态系统。而且，这些变量的 Moran's I 值都是为正的，这说明邻近社区在基层健康建设上存在着彼此促进的良性关系，好的政策和做法会很快地溢出到周围到社区，推动和促进了周围社区的健康建设。也就是说，社区在健康建设上存在着明显的空间溢出效应（Spatial Spillover Effects）。

表 10-5：社区健康 Moran's I 检验

	Moran's I 值	P 值
社区健康	0.1139***	0.001
高等教育比例	0.2352***	0.001
对未来信心程度	0.2643***	0.001
生活满意度	0.2411***	0.001
城乡差异	0.1997***	0.001
房屋时间	0.1065***	0.001
做饭用水	0.2586***	0.001
做饭燃料	0.4904***	0.001
吸烟人数比例	0.0738***	0.004
饮酒人数比例	0.2371***	0.001
医疗保险	0.1513***	0.001

（三）回归分析

通过做回归分析，普通回归模型、空间滞后模型和空间误差的 R 平方值分别是 0.203、0.385 和 0.502。从 R 平方值的大小来判断，那么，空间回归模型要优于普通回归模型，空间误差模型要优于空间滞后模型。所以，在解释时可以采用空间误差模型，而其他两个模型作为参照。根据空间回归模型结果来看，无论是空间滞后模型还是空间误差模型，得到的空间回归系数的估计值都是正的，且都是显著的。这说明了社区居民追求健康的民生需求，具有一定的普遍性，邻近社区在这方面存在着的互相关联性。

表 10–6：社区健康的回归结果汇总

	OLS 回归模型	空间滞后模型	空间误差模型
截距项	1.084*** （0.000）	1.092*** （0.000）	1.092*** （0.000）
高等教育比例	0.216*** （0.009）	0.228*** （0.006）	0.218*** （0.007）
对未来信心程度	0.062* （0.059）	0.062* （0.059）	0.062* （0.058）
生活满意度	0.083*** （0.000）	0.083*** （0.000）	0.083*** （0.000）
城乡差异	–0.123*** （0.000）	–0.121*** （0.000）	–0.122*** （0.000）
房屋时间	–0.003** （0.034）	–0.003** （0.031）	–0.003** （0.032）
做饭用水	0.086*** （0.004）	0.089*** （0.003）	0.087*** （0.004）
做饭燃料	–0.029 （0.414）	–0.031 （0.369）	–0.028 （0.418）
吸烟人数比例	–0.236*** （0.004）	–0.234*** （0.004）	–0.233*** （0.004）
饮酒人数比例	–0.052 （0.54）	–0.045 （0.588）	–0.049 （0.56）
医疗保险	–0.048 （0.574）	–0.048 （0.568）	–0.045 （0.593）
空间回归系数		–0.022 （0.476）	0.123 （0.617）

根据表 10–6 所示，接受过高等教育的人群比例高的社区，社区健康程度越高。这是因为接受过高等教育的人群越重视健康，也越容易获得保持健康的知识，对于社区健康的要求也就越高（Groot and Van Den Brink，2007）。在一个社区中，接受过高等教育的居民比例越高，社区居民素质也越高，越容易达成促进社区健康建设的共识，更愿意参与到社区健康的建设行动中，社区整体的健康程度就会比较高（Wallerstein and Duran，2010）。

对未来的信心，有助于健康（Maibach and Murphy，1995）。社区居民对未来越有信心，那么，这样的社区前景越美好，社区健康程度也就越高。社区居民对生活满意度越高，社区健康程度也就越高。可见，对于社区健康而言，居住环境等硬件设施很重要，对于居民精神层面上的关心同样重要，因为居民精神状态会影响其健康的意识，进而影响到社区健康（Huxley et al.，2016）。因此，在社区治理建设过程中，要加强对社区居民在思想上的引导，多宣传“正能量”，鼓励其积极乐观地生活。

城乡差异的回归系数是负的且显著，这说明城镇地区的社区健康程度还不如农村地区。究其原因，是多方面的。与农村社区相比，生活在城市中的居民，会面临更多的竞争，普遍会感觉生活压力比较大，因此，对自己的健康评估会比较低。比如当农民工从农村到城市打工和生活过程中，普遍感觉精神压力大（Zhong et al.，2018）。在农村，中国自 2004 年针对农村与农民推行的新型农村合作医疗制度，获得了良好的成效，使得农村社区的健康程度有了显著的提升。

社区居民居住的房间越旧，社区健康程度越低。新建社区一般更注重健康规划和设计，所以，社区越新，一般社区健康就越高。此外，由于社区新陈代谢，留在一些老旧社区的居民往往都是年老者或者身体状况不太好者，这客观上也造成了旧社区健康情况较差的局面。

社区饮用水质量对于社区居民的健康会有重要作用（Ashbolt，2015）。社区居民中做饭主要水源为自来水、纯净水或过滤水的家庭比例越高，社区健康程度也就越高。2000 年以来，中国实施了一系列农村供水工程建设，改善了农村饮水质量，为提高农村社区健康发挥了重要作用。2018 年底，中国农村已建成 1100 多万处供水工程，服务 9.4 亿农村人口，全国农村自来水普及率达 81%，提前实现了联合国千年发展目标。此外，社区做饭以及取暖的方式与健康的关系也受到关注（Zhang and Smith，2007）。不过，本研究结果显示，社区居民做饭时用何种燃料，对社区健康的影响不显著。

吸烟对健康对危害，有目共睹（Liu et al.，2017）。社区居民中吸烟比例越少，那么，社区健康程度越高。社区居民高频率饮酒人数比例对社区健康的影响不显著。此外，社区居民医疗保险参保人群比例对社区健康的作用并不显著。另外，空间回归的系数都不显著，这说明邻近社区之间的互动关系并不密切。主要原因是中国的社区在健康建设上，更强调因地制宜，根据自己社区的特点来实施有针对性的举措，所以，邻近社区之间在健康建设上并不存在明显的空间依赖性。

（四）社区治理建议

社区绿色生态建设包括有形的和无形的两方面，包括形而下的物质层面和形而上的精神层面。在形而下的物质层面，具体的举措包括加快老旧社区的翻修更新工作、改善社区饮水质量、禁止在社区内吸烟等。在形而上的精神层面，鼓励社区居民积极向上的生活方式、对于未来充满信心、鼓励社区居民接受高等教育等等。这些举措对于提升社区健康水平、改善社区民生状况都有直接促进作用。在社区治理上，具体的举措如下：

其一，切实提高社区饮水质量。社区应该加大生活饮用水知识的宣传力度，向广大社区居民普及水源地的环境保护与饮用水卫生知识，鼓励居民积极参与饮用水卫生安全的社会监督活动，加大对供水水质的监管力度，为社区居民提供安全的水、洁净的水、健康的水。对于那些老旧社区，一般供水设施都可能存在年久失修的情况，供水设备比较陈旧。对此，应该加快这些老旧社区管道的修缮和更换，防止管路老化、生锈，防止出现漏管、爆管都情形，避免造成管道对社区饮用水的二次污染。

其二，积极做好社区控烟活动。社区居民的健康与社区的空气质量息息相关。在社区中，吸入二手烟、三手烟都会对社区居民的健康构成严重损害。因此，在社区全面做好控烟工作是社区治理的重要内容。社区要加强控烟宣传工作，切实加强社区控烟治理工作。社区可以通过张贴控烟宣传标语、办黑板报、社区宣传橱窗展示、召开社区专题会议、开展社区禁烟知识竞赛活动、严格控制户外吸烟活动、设立社区无烟日，最终把社区建成无烟社区。

其三，加快老旧社区改造进程。一些老旧社区，由于房屋年久失修，生活设施日趋老化，社区居民的生活质量被侵蚀，社区民生状况堪忧。对此，社区可以通过搭建社区共同体平台，通过社区共同体来汇聚政府、企业、社会组织团体的专项资金，吸引和整合社区内外资源，运用参与式协商规划，针对老旧小区普遍存在的共性问题，对房屋建筑本体共用部位、小区公共部分进行梳理，如明确楼体加固翻新、基础设施升级、“三线”整治等基础完善项目、社区绿地的美化等等，从而有效提升社区环境品质，使老旧社区更加绿化、生态化。由于老旧社区改造需要大量的资金，调动多方共同参与老旧社区改造是破解这一难题的一剂良药，有利于构建并推进社区多元化治理模式，形成“共建、共治、共享”社区治理新格局，助力老旧社区向现代绿色生态社区的转型与改造。

其四，社区要加强针对居民的绿色生态教育。社区中存在的一些生态问题，归根到底其实就是人的价值取向问题。要建设绿色生态社区，就必须对居民的价值取向进行引导，让“绿色生态文化”成为根植于内心的修养，成为广大居民无须提醒的自觉。社区要鼓励居民对于知识的追求，鼓励社区中的年轻人去接受高等教育，树立起正确的人生观价值观。社区也可以结合学校，通过由学生、教师、社区管理者和社区居民组成的绿色团队，提供绿色领导力和生态管理示范，鼓励在社区中探索和试点各种绿色生态的做法，比如设立“社区绿色账户”等，通过实践来教育广大居民，使其建立起绿色生态的环保意识。

五、加强流动人口管理

任何社区都不是绝对的封闭，也不是绝对的开放。对于社区而言，要改善社区民生状况，就要在开放和封闭之间取得一个平衡，一方面要确保能够获得社区民生发展所需的各种社会资源，另一方面要确保外来因素不至于扰乱社区秩序而影响到社区的安宁与稳定。社区开放的一个体现就是流动人口迁入社区，使得社区居民越来越多样化，社区文化也日趋多元化。流动人口在为社区经济发展作出贡献、促进社区民生改善的同时，也可能带来社区治安、文化冲突等一系列问题。因此，社区要对外来人口加强管理，实施精细化治理，既要发挥外来人口对社区民生发展的积极作用，又要克服外来人口可能带来的消极作用。在对外来流动人口进行精细化治理的过程中，要根据外来流动人口的特征和迁徙规律采取“疏”的方式，而不是采取“堵”的方式。也就是说，要对于外来流动人口加以引导，因势利导地予以治理，才能取得良好的成效。

（一）社区吸引力

人口流动的重力模型（gravity model）表明，人口流动会受到迁入地和迁出地因素的影响，也会受到两者之间的距离的影响（Slater and B，1985）。迁入地的吸引力和迁出地的推力是影响人口流动的重要因素（Lewer and Berg，2008）。由于迁入地吸引力对人口流动具有重要的作用，因此，对于迁入地吸引力的研究，是流动人口研究中的重要内容（李萍和谌新民，2011）。对于流动人口而言，一个地区的吸引力越大，那么，迁入的流动人口数就会越多。这种吸引力效应，具有累积性，从而导致流动人口聚集。比如，在中国，“北上广深”对于大多数年轻人而言，具有异乎寻常的吸引力，因此，每年，都有源源不断的年轻人迁入这些地区，在这些地区形成越来越严重的人口聚集现象。从社区人口迁徙来看，那么，社区吸引力无疑是影响社区人口流动的重要因素。

社区是人们居住的地方。因此，社区吸引力主要是指社区生活吸引力。社区生活吸引力源于生活环境，由生活硬环境和生活软环境两大因素构成。社区生活硬环境涵盖收支水平、消费水平、配套设施、住房条件、社区绿色生态化程度、交通便利性等因素，这些因素都会直接影响居住者的生活质量，影响社区居民的民生状况，而优质的生活质量是社区吸引和留住人口的有利因素。社区生活软环境是指生活相关的社区保障体系、社区政策、社区文化、社区制度、社区氛围、思想观念、邻里关系等等这些外部因素和条件的总和，是引起人口流动的社区差别的重要因素。这些因素都会影响社区居民的生活满意度。一般而言，社区居民的生活满意度越高，那么，社区民生状况也就越好，社区吸引力也就越大。

社区人口流动程度是社区开放的一个体现，但是，对于社区而言，并不是越开放越好。在一些社区中，随着外来流动人口的到来，往往会与社区本地人口之间产生矛盾和冲突，给社区安定会带来一系列消极影响。因此，为了保障社区民生状况，一般社区都会对外来人口加以管理和必要的限制。社区治理的目的不是仅仅为了吸引更多的外来人口的加入，而是吸引对社区民生发展有利的优质外来人口的加入。这才是社区吸引力研究的重点，也是提高社区治理能力、持续改善社区民生的重要途径。

（二）变量、数据与检验

根据表 10–7 所示，这里采用县内人口流动来衡量社区开放的指标，这是衡量社区开放程度的一个方面。县内人口流动通过计算每个社区的出生地不在当前家庭所在区县的人群比例，来获得县内人口流动在社区层面上的情况。这个数据来自 CFPS 的成人问卷。自变量分别是人均收入、生活满意度和住房情况。人均收入通过计算社区内家庭人均年收入的均值得到，单位是万元，数据来自 CFPS 家庭问卷。生活满意度通过计算社区居民对生活满意度得分均值获得。在问卷调查中，其中 1 是“很不满”，而 5 是“非常满意”。这个数据来自 CFPS 的成人问卷。人均住房面积是通过计算社区内家庭人均住房面积的均值而获得，单位是平方米，数据来自 CFPS 的家庭问卷。样本社区就是 549 个社区，数据都是 2016 年的数据。

通过对这些变量的 Moran’s I 值的计算和检验发现，所有变量的 Moran’s I 值都是正的，而且都是显著的。这说明，在这些方面上，邻近社区之间存在着互动关系。县内人口流动在社区层面具有明显的空间依赖性特征，邻近社区之间存在着一定的联系。原因是多方面的，比如邻近社区在发展程度上比较接近，对于社区外的人口而言，都具有类似的吸引力；社区迁入人口之间往往存在着关系，比如亲戚朋友关系，希望住得比较近，因此，在选择迁入社区时，会选择比较接近的社区居住。这些因素都可能导致县内人口流动具有明显的空间邻近性特征。

表 10–7：人口流动的 Moran’s I 检验

	Moran’s I 值	P 值
县内人口流动	0.1584***	0.001
人均收入	0.128***	0.001
生活满意度	0.3451**	0.033
住房条件	0.1202***	0.001

（三）回归分析

社区在治理外来人口的过程中，要从哪些方面入手？要注意哪些事项？对于这些问题的回答，需要通过多元分析的方法来进行探究。通过做回归分析，普通回归模型、空间滞后模型和空间误差的 R 平方值分别是 0.142、0.435 和 0.569。从 R 平方值的大小来判断，那么，空间回归模型要优于普通回归模型，空间误差模型要优于空间滞后模型。所以，在解释时可以采用空间误差模型，而其他两个模型作为参照。无论是空间滞后模型还是空间误差模型，得到的空间回归系数的估计值都是正的，且都是显著的。这说明，邻近社区在外来县内人口迁入上，存在着正向的空间依赖性。一个社区县内迁入人口越多，对于周围邻近社区会产生正的溢出效应，使得周围邻近社区的县内迁入人口也随之增加。

表 10–8：人口流动的回归结果汇总

	OLS 回归模型	空间滞后模型	空间误差模型
截距项	−0.13** (0.018)	−0.145*** (0.006)	−0.129** (0.027)
人均收入	0.096** (0.019)	0.076** (0.049)	0.067* (0.087)
生活满意度	0.053*** (0.002)	0.046*** (0.004)	0.051*** (0.004)
住房条件	0.004*** (0.001)	0.004*** (0.001)	0.004*** (0.001)
空间回归系数		0.296*** (0.001)	0.35*** (0.001)

根据表 10–8 所示，上述回归结果显示，社区的人均收入越高，那么，县内人口迁入也就越多。社区居民经济收入越高，一般，社区建设得越好，对于社区外的人口的吸引力也就越大。社区居民生活满意度越高，那么，县内人口迁入也就越多。人口的流动，其实是老百姓"用足投票"，当然会选择生活满意度高、住得舒服的社区去迁入。住房条件越好，那么，县内人口迁入也就越多。人均住房面积大的社区，对于外来人口的吸引力比较大，主要有两方面原因：其一，居住条件好，生活质量高，吸引一些高收入阶层的迁入；其二，由于居住面积比较大，有些家庭选择出租其中的部分房间，导致社区内居住的外来人口比较多。

（四）社区治理建议

对于社区民生发展而言，外来人口迁入带来的影响有正面的，也有负面的。从正面来看，随着外来人口的到来，可以为社区带来资源，在一定程度上，有助于促进社区的发展，促进社区的多元化。从负面来看，有的外来人口可能很难融入社区中去，容易产生矛盾和冲突。对于社区而言，要通过对外来人口的精细化管理，尽可能发挥其积极作用，克服可能带来的负面影响，促进外来人口与本地人口的有序融合，形成和谐共处的良好局面，共同为社区发展贡献心力。具体而言，在对外来人口进行精细化治理时，可以采取如下措施：

其一，做好社区服务的各项工作，提高社区居民的满意度，吸引具有资源和特长的优质流动人口迁入社区，进一步带动社区的发展。当越来越多优质流动人口迁入社区，社区经济会变得更活跃，社区居民的收入也会有所提高，社区民生可以获得改善。

其二，切实做好社区流动人口摸底调查工作，对于社区流动人口的相关信息要能够及时精准掌握。精准数据是高质量决策的基础，是高效社区治理的支撑。在社区层面，要完善社区内集就业登记、房屋、计划生育、社会治安、子女入学等管理功能一体化的社区流动人口综合信息服务平台，对于每一位迁入社区的人口予以追踪，实施精细化管理。

其三，加强对社区出租房的管理。当社区居民的租房空间比较充足的情况下，往往会选择出租部分房间。若社区出租房管理不善，容易出现安全隐患，对社区民生构成潜在的威胁。对此，社区要做好出租房的排查，对社区中的出租房人员信息进行核对并及时进入数据库，仔细排查出租户内的各种可能的安全隐患，对于社区中的出租房屋户等信息要做到精准掌握，不能使出租房成为社区治理的死角。同时，还要对外来人口进行消防安全、平安创建、遵纪守法等相关知识的宣传，督促并提醒出租房主自觉依法出租、依法登记，遵守房屋租赁管理规定，积极主动协助社区做好出租房屋服务管理工作。

其四，要做好对外来人口的社区服务工作，帮助其尽快融入社区大家庭之中，使其真正成为社区的一员。由于对于外来人口的社会保障制度还不完善，因此，外来人口在社区中会遇到各种困难，比如子女就学问题、就业问题、医疗问题等等。在这些方面，社区都要通过多方协调的方式，帮助解决外来人口子女就学问题，扩展外来人口的就业空间，提供外来人口在防病救治上的便利。在社区调查中发现，有的社区通过搭建人口救援中心的方式，给予外来流动人口更多表达诉求与求助的机会，建立相应的沟通渠道，充分发挥民办学校、党团工会、志愿者队伍以及社工组织等的作用，增强流动人口与社区原住民之间的交流、互动与互助，促使流动人口更好、更快地融入社区生活，有效维护了社区和社会稳定和谐。这类措施在实施过程中，尽管也会有阻力，但是，总体而言，效果还是不错的，值得推广。

六、搭建爱心资源平台

社区共享是实现社区互助的重要机制。为了提供社区中的弱势群体的民生保障，一般政府会通过出台惠民政策来积极改善社区中的弱势群体的生活，通常采用的是“自上而下”的做法。但是，政府的资源毕竟是有限的，社区可以通过搭建爱心资源平台的做法，采用“自下而上”的方法，通过自治共建的模式，汇集社区内外的社会资源，弥补政府资源的不足，对社区中的弱势群体提供精准的帮扶和资助，改善其生活状况。社区层面这种互助平台的建立，对于解决社区民生难题、完善社区治理、建设共享的和谐社区与社会发挥着重要作用。在前期的社区实地调查过程中，就发现社区通过搭建爱心资源平台的方式，有效解决了边缘低保户的问题，促进了社区的和谐与安宁。这种做法，值得在所有社区进行大力推广。

（一）自组织理论

自组织理论（Self-organizing Theory）是关于在没有外部指令条件下，系统内部各子系统之间能自行按照某种规则形成一定的结构或功能的自组织现象的一种理论（Chertow and Ehrenfeld，2012）。一般而言，在开放系统中才有可能实现自组织，因为一个系统从无序向有序转化的过程中需要与外界进行能量、物质和信息的交换（Yates et al.，2012）。社区爱心资源平台是个社区层面上的互助平台，一般是在社区引导下，采取自我管理、自我服务、自我约束的方式，通过自治共建来整合社区内外部的社会资源，为社区弱势群体提供帮扶和资助。所以，社区爱心资源平台其实是个社区自组织，是通过社区内部成员的沟通协商的方式，在自我管理上达成相应的共识，消除个体间的分歧差异，化解可能的冲突和矛盾，达到合作自治和自我发展的过程。

在爱心资源平台的建设和发展过程中，社区也可以借助这种社区自组织的力量而循序发展，从而实现持续改善社区民生的目的。自组织不需要外部力量的干预，依靠其自身就可以完成自我协调、自我维系，进而实现组织和谐的发展状态（Ashby，2004）。社区爱心资源平台的建设和发展，可以有效整合社区内部和外部的资源，能够深入挖掘和利用社区的场地资源、人力资源以及社区外部的社会资源等，实现社会资源和社区弱势群体需求之间的精准对接，进而提高社会资源的社会效益，增进了社会福祉。在社区治理上，社区爱心资源平台的建设可以有效提升社区居民的参与感，激发社区居民的社会捐助热情，因此，这是衡量社区自治成熟的重要标准，是提升社区治理能力的重要举措，能够有效推动社区居民积极参与到社区建设和治理中来，为持续改善社区民生状况而作贡献。同时，社区爱心资源平台还能在一定程度上实现自我管理、自我服务的功能，在社区和居民之间以及社区内部和社区外部资源之间搭建良性互动、互助的纽带。

（二）变量、数据与检验

根据表 10–9 所示，社区共享可以体现在多个方面，有物质上的共享，也有精神上的共享。这里研究的是物质上的共享。社会捐助是通过社区中家庭社会捐助支出占总支出的比重的均值来测量的，数据来自 CFPS 的家庭问卷。自变量包括对未来的信心程度、县内人口流动和省级以上人口流动。对未来的信心是通过计算社区中居民对于未来信心程度得分均值得到，其中 1 是“很没信心”而 5 是“很有信心”，数据来自 CFPS 的成人问卷。县内人口流动通过计算每个社区的出生地不在当前家庭所在区县的人群比例来获得，这个数据来自 CFPS 的成人问卷。省级以上人口流动通过计算社区中出生地不在当前家庭所在省份的人群比例，数据来自 CFPS 的成人问卷。样本社区就是 549 个社区，数据都是 2016 年的数据。

通过对这些变量的 Moran’s I 值的计算和检验发现，所有变量的 Moran’s I 值都是正的，而且都是显著的。这说明，在这些方面上，邻近社区之间存在着互动关系。当一个社区在社会捐助上取得了不错的成绩，周围邻近的社区也会很快就知道这个消息，发现这种效果不错，就会模仿这个社区采取相似的举措去吸引社会捐助，进而提高获得社会捐助的可能性。可见，邻近社区之间往往在社会捐助上出现亦步亦趋的现象。此外，由于邻近社区往往属于同一个街道。在街道层面，一般都会经常分享一些社区好的做法，在接受社会捐助上的一些好的做法也会在街道所辖社区推广，促进了邻近社区之间在这方面的学习效应。这些都是邻近社区在接受社会捐助上存在空间依赖性的原因。

表 10–9：社会捐助的 Moran’s I 检验

	Moran’ s I 值	P 值
社会捐助	0.062**	0.042
对未来信心程度	0.2643***	0.001
县内人口流动	0.3451**	0.033
省级以上人口流动	0.2389***	0.001

（三）回归分析

要想促进社区居民积极参与社区共享活动，那就需要研究可能有哪些因素会影响居民的社会捐助。通过做回归分析，普通回归模型、空间滞后模型和空间误差的 R 平方值分别是 0.142、0.435 和 0.569。从 R 平方值的大小来判断，那么，空间回归模型要优于普通回归模型，空间误差模型要优于空间滞后模型。所以，在解释时可以采用空间误差模型，而其他两个模型作为参照。无论是空间滞后模型还是空间误差模型，得到的空间回归系数的估计值都是正的，且都是显著的。这说明，邻近社区在社会捐助上，存在着正向的空间依赖性。当一个社区的居民都踊跃参与社区捐助活动，乐意去帮助别人时，这个社区就会形成乐于助人的社区风气和氛围，这种社区风气和氛围是可以突破社区物理边界，对邻近对社区产生影响，使得邻近社区居民也愿意参与到社会捐助活动中去。

表 10–10：社会捐助的回归结果汇总

	OLS 回归模型	空间滞后模型	空间误差模型
截距项	-0.016^{***} （0.001）	-0.017^{***} （0.001）	-0.021^{***} （0.001）
对未来信心程度	0.004^{***} （0.001）	0.004^{***} （0.001）	0.005^{***} （0.001）
县内人口流动	0.014^{***} （0.001）	0.013^{***} （0.001）	0.012^{***} （0.001）
省级以上人口流动	0.018^{***} （0.002）	0.019^{***} （0.001）	0.03^{***} （0.001）
空间回归系数		0.148^{*} （0.077）	0.412^{***} （0.001）

实证研究表明，社区居民对未来的信心越足，越愿意实施社会捐助。对未来充满信心的人，更愿意去主动帮助别人，提供力所能及的社会捐助。无论是县内人口流动还是省级以上人口流动，对于社会捐助而言，都有正面促进作用。外来人口的到来，有助于提高社区的多元化，促进社区内部的交流与融合，激发社区居民的社会捐助意愿。

（四）社区治理建议

社区内部邻里之间的相互关爱与互帮互助，是和谐社区建设的重要环节，是推动社区民生发展的重要因素，是提高社区治理能力和成效的重要支撑。在社区共享的过程中，要以新发展理念为指引，以持续改善社区民生状况为目标，充分激发社区居民的社会捐助意愿，有效整合社区慈善资源，在社区搭建起一个联系邻里友谊、关爱互助的爱心资源平台。具体而言，可以有如下举措：

其一，推动社区内部的各种关爱活动的开展，提升社区居民对于未来美好生活的向往和信心。在社区治理过程中，要在社区层面开展社区互助和公共服务，促进本社区成员之间物质与精神交流沟通、关爱互助，从而让社区居民对于美好的未来都充满着信心，因此，就会有更强的社会捐助的意愿。社区治理不仅要激发广大居民的社会捐助意愿，更应该创造条件让这种社会捐助意愿转化为实际行动。这就要求社区不断完善爱心资源平台，通过这种爱心资源平台来实现互助信息共享、物物交流、爱心捐助和社区志愿者服务等这些功能，让广大居民的社会捐助成为一种推动社区民生发展的内在力量。社区通过建立和完善爱心资源平台，形成邻里之间互助互爱、守望相助的良好氛围，实现爱心资源的社区化和最优化发展，持续改善社区民生状况，推动社会整体和谐。

其二，社区要关心外来人口的生活情况，帮助外来人口尽快融入社区。外来人口的到来，不仅为社区带来了资源，也会带来新的想法和多元化的文化。社区文化的多元化，有助于产生新的爱心捐助想法和需求，也可以为爱心捐助提供更多的资源。社区要通过爱心资源平台来整合社区内外部的社会资源，包括整合外来人口的社会资源。

其三，社区要通过爱心资源平台加强对社区内弱势群体的帮扶力度，改善其民生状况。在政府资源不足的情况下，社区通过创建爱心资源平台的方式，积极发动社区附近的企业、商家、社工组织、志愿团体和爱心居民捐赠日常生活用品以及其他财物，根据实际需求发给社区急需帮助的下岗失业人员、困难家庭、边缘低保户等弱势群体，帮助其度过难关，改善其生活状况。

其四，社区在建设爱心资源平台的过程中，可以通过创建“爱心簿”的方式，及时记录下社会捐助和帮助的情况，并予以公示表彰，进而引导社会各团体组织、企事业单位和社区居民的广泛参与，提高捐助与互助的档次与水平，增进社会捐助的力度。除了线上平台建设之外，社区还要积极组织线下的帮扶活动，积极组织邻里关怀慰问、扶弱助困等活动，突出家庭的参与性，强调社区内外部的资源整合。如此，在社区的社会捐助和帮助上，就形成了线上和线下整合的良好局面，能够实现捐助物资和弱势受助群体之间的精准对接，提高社会捐助和帮扶的效率，进而持续改善社区民生的状况。

第二节 提升社区量化治理能力

在大数据时代，社会变化越来越快，社区治理的难度也越来越大。在这种背景下，社区需要不断提升自身的综合能力，才能及时发现、分析和解决出现的新老问题，才能有效改善社区基层的民生状况。在社区治理的各种能力中，一个很重要的能力就是量化治理能力。所谓的社区量化治理能力，就是社区通过数据采集、数据分析来精准识别问题、分析问题并有效解决社区问题的能力。社区量化治理能力注重客观事实，是在对客观情况有精准掌握的前提下进行决策，从而可以提高社区决策的质量，进而可以有效解决社区所面临的问题。社区中有不少“拍脑袋”式决策，由于脱离实际情况，结果效果自然就不好。要克服这种弊端，就需要提升社区量化治理能力，强调实事求是的社区治理观，尊重客观现实，分析和解决现实中的问题。这是一种务实的社区治理模式，也是社区可持续发展的重要保障。

一、提高社区组织的话语权

社区是最接近群众社会生活的基层组织，能够近距离听到社区居民的心声和诉求。但是，社区在整个公共管理体系中的级别很低，因此，往往缺乏必要的话语权，一般都是“上面怎么说，下面怎么做”，很少能够自下而上地传递群众的需求，并且形成对于上级的影响。这种局面，很大程度上限制了社区的治理能力，也不利于社区基层民生状况的改善。导致社区话语权比较少的原因是多方面的，其中一个很重要的原因是社区在向上反映问题时，缺乏强有力的依据。社区在向上级汇报和反映问题时，很少能够通过具体的调查数据来全面反映问题，所以，相关的报告递上去之后，很少能够引起上级部门的重视。结果，社区的话语权自然就越来越少了，社区治理工作也越来越被限制在社区本级上，对于上级部门缺乏应有的影响力。

社区研究主要有两种方法，就是定性研究和定量研究。在社区治理过程中，大多采用定性研究的方法。相比而言，定量研究方法，可以采集到具有说服力的社区一手数据，根据这些高质量的社区调查数据，就可以形成有分量的分析报告。高质量的社区调查数据，本身就具有说服力。基于这些数据所产生的报告，说服力和分量就更强。当社区向上级有关部门递交这样的分析报告时，就更容易引起上级相关部门的重视和关注，从而影响其决策。如此一来，社区的话语权自然就提升，社区在公共管理中的作用，就会自然体现出来。这是社区量化治理能力的体现，也是社区治理的重要进步。一旦形成了这种局面，那么，社区治理工作就会更容易得到上级有关部门的支持，改善社区基层民生状况的工作就会更容易向前推进。

当然，社区话语权不仅仅针对上级部门，还针对社区的各种利益相关者。当社区需要相关资源时，就需要提供具有说服力的方案或者报告。如果这类方案或报告都是基于高质量的社区调查数据而形成的，那么，其说服力就强，获得社区利益相关者支持与配合的概率就会高。比如对于社区内部居民之间的矛盾，若社区从客观调查数据入手，向居民说清楚利害关系，明确居民支持的重要性，一般情况下，更容易树立社区在居民心目中的权威性，也就更容易获得居民的支持和配合。在与社区外部利益相关者互动过程中，若相关方案是建立在客观调查数据之上的，那么，更容易获得社区外部利益相关者的认同，也就更容易获得其支持。可见，社区话语权并非仅仅是一种行政体系所赋予社区的权力，更重要的是一种源自社区自身内在的说服力和影响力。

二、强化社区资源整合能力

社区自身的资源是有限的，因此，需要各方面社会资源来充实和强化，进而提升社区治理能力。但是，由于社区是基层的组织，因此，调动社会资源的能力也是有限的。在这种情况下，社区唯有通过不断提升有限资源的最大化使用，才能获得治理的具体成效，才能改善社区居民的民生状况。也就是说，社区除了一般性功能之外，还有一个很重要的功能，就是资源的优化配置。在社区所承担的各项任务中，需要根据轻重缓急来有效配置有限的社会资源，才能减少社区内部的矛盾，才能提升社区居民的获得感和满意度。

社区资源整合的一个基本原则资源使用的价值最大化，就是把有限的资源优先配置到价值高的地方。社区需要评估不同的民生项目，优先保障群众急需解决的问题。也就是说，需要给社区民生项目按照优先等级排个序。社区要确定民生项目的优先等级，就需要做好调查活动，从客观事实出发，实事求是地精确了解和掌握社区居民的需求，根据群众的需要来确定不同民生项目的优先顺序。也就是说，需要对社区中的民生项目有个量化的评估，客观分析这些项目对社区居民的重要性程度。在此基础上，做出判断和取舍，以及确定主次轻重缓急的顺序，才是社区治理的合理方法，也是提高社区资源利用率的重要途径。

不仅在实施民生项目之前需要做好量化评估，而且在落实每一个具体项目之后，也需要对项目进行事后量化评估，形成量化报告。社区通过向利益相关方提供这种量化评估报告，清楚展现所实施民生项目的效益、价值和影响，说明在该项目上的投入是值得的。这有助于社区继续向利益相关者获得更多的支持，从而进一步推进社区民生建设，提升社区治理的能力。可见，对于社区民生项目的量化评估，是社区整合各方面社会资源的重要支撑。社区民生项目的量化评估是社区量化治理能力的重要组成部分，是提升和确保社区民生项目质量的重要制度保障。对于评估得分不理想的社区民生项目，要及时总结和反思，吸取经验与教训。对于评估得分高的项目，则要不断总结成功经验，并作为样本进行推广。随着社区中评估得分高的民生项目的不断增加，社区基层民生状况自然就会不断得到改善，群众的满意度就会不断提高。

三、加强量化研究能力培养

为了提升社区治理能力，为社区配备专业的社区工作者是一项重要的制度。当受过专业训练的社区工作者进入社区之后，可以发挥其专业能力，及时诊断社区中的问题，提出有针对性的解决方案，从而为有效解决社区问题提供重要的智力支撑。但是，传统的社区工作者的培养，主要注重的是定性研究能力。相对而言，定量研究方法的重视度不够。结果导致所培养出来的社区工作者，往往重视定性分析，而忽视定量分析。在社区治理过程中，定性分析固然不可少，但是，基于客观数据的量化分析也很重要。要精准识别社区中的问题，并根据客观实情进行分析和诊断，最终找出合理有效的解决问题的方法，就要求社区工作者要有过硬的量化分析能力，根据客观数据找到问题的突破口，进而有效解决问题。

当然，对于社区工作者量化分析能力的提升，需要有个过程，可以根据社区工作需要，对于社区工作者进行系统的量化研究培训。在具体操作上，可以委托专业的量化研究机构，开发出适合社区工作者的量化研究课程。这些课程根据不同的难度，从浅到深，从简单的数据分析到复杂的数据建模，形成一个适合社区工作的量化课程体系。这类课程要理论结合实际，具体方法要和社区工作结合起来，相关数据要来自社区，具体数据分析方法要和社区实例相结合。如此，就能理论结合社区实际，对于社区工作者的量化分析能力的提升和培养，才会更有帮助。社区工作者可以分批接受这类量化研究课程的培训，逐步提高社区工作整体的量化分析能力。这种量化分析能力，是社区量化治理能力的重要基础，是提升社区基层民生工作成效的重要支撑。

社区量化治理能力其实是社区工作者在治理过程中运用量化思维和量化分析方法来提升社区治理成效的能力。在大数据时代，数据既是社区治理的重要资源，也是社区治理的重要工具。基于社区客观数据的治理模式，能够有效提升社区解决问题的能力，对于改善社区民生状况有很大帮助。基于“五大发展理念”的指数化社区管理系统，其实就是社区量化治理的重要构成。社区治理是建立在客观数据和量化分析基础上的，不是人为主观的判断，因此，可以使社区治理的相关措施更加符合客观实际情况，更能够帮助社区居民解决其面临的具体问题，从而可以显著改善社区基层民生状况。

四、促进量化与质性方法融合

在社区治理的过程中，量化研究是很重要的方法，通过获得社区民生情况的一手数据，来精准研判社区所面临的问题，进而实施有针对性的治理活动解决问题，改善社区民生状况。但是，任何一种方法都有其局限性，量化方法也不例外。无论多么科学的社区监测系统，在对社区民生状况进行监测时，都不可避免会存在着测量误差。因此，社区治理不能机械地去运用数据来实施治理，而是要对数据进行深入分析，要洞悉数据背后的含义。在这个过程中，往往就需要辅以质性研究的方式，通过在社区中进行观察、对话、倾听等方式，来思考现象背后的规律，进而透过现象看本质，找出问题的根源所在，从而高效地解决社区中所存在的问题。可见，强调社区量化治理并不意味着这是唯一一种高效的社区治理方法，并不排斥社区中其他形式的治理方法。事实上，要确保社区量化治理获得预期成效，在社区治理实践中，恰恰需要与包括质性方法在内的其他治理方法进行有机搭配，形成社区治理中的组合拳，才能真正发挥出社区量化治理的威力来。

从方法上来看，一般而言，量化方法比较擅长研究和处理社区中的具有结构化的问题，而质性方法比较擅长分析和处理社区中那些非结构化问题。尽管现在有很多量化技术可以把非结构化问题转化为结构化问题，但是社区关系复杂多变，社区问题也是时刻都在变化着，因此，总有一些社区非结构化问题无法有效转化为结构化问题，就需要通过质性方法来加以研究，并及时提出应对之策。所以，社区治理既有科学性，也有艺术性。通过建构科学的社区监测系统来实施社区量化治理，这在很大程度上体现的是社区治理的科学性。社区民生情况复杂多变，通过质性方法来及时把握住社区民情的变化，并予以灵活应对，这在一定程度上体现的是社区治理的艺术性。比如有些社区问题具有演变的特征，质性方法中的扎根研究就可以比较有效地分析社区问题的来龙去脉，从而找出问题的根源所在，进而提出解决问题的对策。

从社区民生发展的角度来看，社区民生发展指数是从数量的角度来对社区民生发展程度提供了一种衡量。当然，社区民生发展指数也包含了对社区民生发展质量的衡量，比如社区居民对生活的满意度、对未来的信息程度、对社会地位的感知程度等等，这些实际上都是在测量社区民生发展的质量。因此，这套指数本身就包含了对社区民生发展数量上的测量，比如人均收入、住房面积等等，也包含了对社区民生发展质量的测量，是“量”与“质”的统一。所以，在社区治理上，也要实现量化方法与质性方法有机统一，共同来提高社区民生发展的“质”与“量”。

可见，社区量化治理并不是只有量化方法，而是量化方法和质性方法的互补与融合，量化中有质性研究，而质性研究中也有量化数据。所以，社区量化治理不能机械地“唯数据论”，而是要采用数据和非数据的方法，对于社区民情进行客观分析，揭示现象背后的规律，才能有效提高社区治理能力，才能及时解决社区民生问题，推动社区民生的发展。因此，社区量化治理不仅包含了基于数据的精准治理，而且还包含了基于质性研究的综合施治。在方法上，强调的是量化方法和质性方法的有机融合。如此一来，社区治理工具箧中就有更多的工具可用。当面对社区民生问题时，根据问题需要采用所需的治理工具，才能有效改善社区民生状况。这是社区治理能力提升的表现，也是社区综合施治的必然要求。

第三节　建立和完善社区治理监测体系

有效的监测是高效治理的重要保障。对于社区而言，监测体系可以及时提供社区发展的现况以及可能存在的问题，从而指引社区有针对性地设计和实施各项治理活动。从某种意义上来说，社区监测体系就是社区治理的“眼睛”，是全天候掌握社区情况的“雷达”。工欲善其事，必先利其器。社区治理要获得预期成效，就需要建立和完善社区治理监测体系，建立起关于基层民生状况的数据链。在此基础上，形成基于客观数据的社区治理的决策机制，提高社区决策能力，从而提升社区治理的水平和效率。在大数据时代，这种基于数据的决策机制显得尤为重要。社区层面上的决策，要预防和避免先拍脑袋决策、再拍胸脯保证、最后拍屁股走人的“三拍”式决策，而是应该采取基于客观实情的科学决策，是要能够切实解决社区问题的决策。

一、设计社区调查

在大数据时代，社会经济数据的来源主要有两方面：大数据和调查数据（即所谓的“小”数据）。在社区治理监测方面，可以通过互联网舆情监测的方式获得相关社区的大数据。但是，更主要的是通过社区调查的方式获得关于社区情况和基层民生状况的调查数据。因此，就要设计、实施针对社区的调查活动，并建立起例行调查的机制。这类调查应该采用第三方评估的方式来进行，邀请第三方专业调查机构进行设计和实施调查，并及时提供评估报告。第三方评估机构，一般都是专业的调查机构，具有中立性的立场，可以比较客观公正地监测社区发展的具体情况，并提供社区监测以及基层民生状况的高质量数据。目前，包括北京大学中国社会科学调查中心这样的学术性专业调查机构，都有能力承担社区监测任务，建立起完整的社区监测体系，为社区决策和社区治理提供强有力的数据支撑。

在社区调查的设计上，可以采取普查的方式，也可以采取抽样调查的方式。若采用普查的方式，就可以对全国所有社区进行全覆盖的调查，建立起全国所有社区的监测系统和网络。当然，对于社区实施普查，所需经费大，正需要投入大量人力。所以，一般还是会采用抽样调查的方式来进行社区调查。从目前我国所有社区中，抽取一定数量的样本，对于这些样本社区进行调查，再根据调查所得的数据进行总体层面上的推断，从而掌握社区总体上的基本情况。对于社区进行抽样调查，所需经费会比普查要少得多，因此，现实中的可操作性比较强。在抽样数目上，可以根据研究的范围和预算的经费，综合评估考虑后而定。抽样具有科学性，也具有一定的艺术性。在现实中，抽样还需要考虑到预算的情况。

社区调查可以采用截面调查（Cross-sectional Survey）的方式，也可以采用跟踪调查（Panel Survey）的方式。截面调查的样本不是固定的，每做一次截面调查，都需要重新抽样。跟踪调查的样本是固定的，是对固定样本的不同时期的调查。所以，跟踪调查一般就是在基线调查时完成抽样工作，确立了调查样本，然后对于这些样本进行跟踪调查。对于社区调查而言，要反映社区在民生方面的改善情况，一般都会采用跟踪调查，因为跟踪调查数据可以体现出时间上的趋势性，便于进行发展态势的分析。当然，在调查设计上，跟踪调查会更为复杂。随着社区的搬迁与合并，以及新社区的诞生，这些都会对跟踪调查的样本产生影响，就需要及时完善样本库。若对社区中的家庭和个人进行跟踪调查时，由于当前我国家庭或者个人流动率比较高，因此，要进行跟踪调查，成本会更高。

二、测量工具开发

社区监测体系主要的目的是测量社区基层民生的情况，获得基层民生的一手数据，作为改善基层民生的重要决策依据和行动指引。也就是说，测量的目的不仅仅是为了测量，而是为了提升基层民生水准，是为了社区发展。为实现这个目的，就需要建立基于“五大发展理念”基层民生监测和测量体系，从而确保社区自觉地用创新、协调、绿色、开放、共享的“五大发展理念”作为社区治理的指导思想，并在上述五个领域进行社区建设和治理，改善基层民生状况，提高社区居民的获得感。要建立基于“五大发展理念”基层民生监测体系，就需要在社区调查的测量工具上，开发出基于“五大发展理念”的调查问卷。这是一个很关键的一步，因为，作为测量的主要工具，调查问卷设计的合理与否，会直接影响到整个监测系统的信度和效度。

在开发基于“五大发展理念”的调查问卷时，需做好操作性定义（Operational Definition）工作。“五大发展理念”所包含的创新、协调、绿色、开放、共享，具有一定的宏观性，属于概念的范畴。这些具体的概念，可以应用到很多的地方，比如国家层面、地区层面、组织层面等。在不同的层面，这些概念的内涵会有所不同，具体内容也是有所差异。因此，在进行社区治理的监测体系建构之前，首先需要从社区层面来界定上述五个概念，明确其具体在社区层面的内涵。在此基础上，要进行操作性定义，就是从抽象的概念转化为可测量的具体指标。从社区层面来测量“五大发展理念”对民生发展和改善的提升作用，需要把这“五大发展理念”从一个抽象的概念变成具体的指标，因为只有具体的指标才可以被测量。这个转化过程，其实就是概念指标化的过程，是从抽象到具体的过程。

在调查问卷设计与开发过程中，一般是需要从多个角度来测量“五大发展理念”，所以，每一个发展理念都会对应着多道题目。这些题目根据一定的规则整合起来，就是一份调查问卷。当然，除了上述这些题目之外，还需要一些关于人口、经济与社会等信息，因此，需要设计对应的题目。所有这些题目整合起来，就是一份基于“五大发展理念”的调查问卷。当然，这还仅仅是一份问卷的初稿。在现实中，还需要对这份调查问卷初稿进行反复测试。测试范围从小到大，从小范围的内部测试到较大范围的实地测试。实地调查问卷测试就是找些具体的社区进行实地测试调查，根据调查反馈情况来分析现有调查问卷所存在的问题，并进行有针对性的完善。

三、实施社区调查

要提升社区治理能力，就需要有高质量的社区民生监测数据。如果数据质量低，不仅对于社区决策无益，反而可能误导社区决策，削弱社区治理能力，造成社区内部更大的矛盾。因此，对于社区治理而言，不仅需要有基层民生的监测数据，而且需要有高质量的监测数据。要确保社区调查数据的质量，那么，就需要在实施和执行社区调查的过程中，严格控制每一道作业程序，确保调查过程中的误差最小化。通过问卷调查的方式获得数据，一般会有两个方面的误差，就是抽样误差和调查误差。当抽样已经完成后，最关键的是要尽可能控制调查误差，减少调查过程中所产生的各种误差，才能确保调查数据的质量。

目前，实施社区调查的常用方法就是计算机辅助面访（Computer Assisted Personal Interviewing，简称 CAPI）。这种信息化调查系统，可以有效控制调查过程中的各种误差，从而确保调查数据的质量。采用这种社区调查的方法，训练有素的访问员携带专门用于调查的笔记本电脑，进入社区进行问卷调查。因为采用了信息化技术，所以，对于调查全过程可以进行实时监控，就可以确保访问员在社区进行调查过程中始终根据标准调查流程来作业，减少了调查误差，提高了调查质量。

此外，还可以结合计算机辅助电话调查系统（Computer Assisted Telephone Interviewing，简称 CATI）进行社区调查。这种调查方法就是访问员通过给样本社区中的调查对象打电话来实施调查。与 CAPI 相比，这种调查方式的成本更低，更容易操作。但是，相对而言，这种调查容易被受访者拒绝，获得受访者的配合相对比较难。但是，当调查问卷比较简单而短小时，这种调查方式就相对比较占优。

当然，在社区调查中还可以用计算机辅助网络调查方法（Computer Assisted Web Interviewing，简称 CAWI）。这种调查方式的成本更低，而且也很好操作。随着互联网的普及，这种调查方法可以让样本社区受访者只要能接触到网络就可以填答，比较方便。但是，这种调查方式一个局限性是很难对问卷填答者进行身份识别。当然，若预算充足的情况下，这个局限性可以通过摄像等技术进行弥补和解决。

在预算约束的情况下，为了确保高质量地完成社区调查，一般还是会采用混合调查的模式，同时采用 CAPI、CATI 和 CAWI 模式，根据具体需要，搭配组合起来用于社区调查。这种混合调查模式，一方面有助于调查的因地制宜，根据样本社区的具体情况来采取最适合的调查方法，提高调查的可执行性的同时，也能够获得受访者的支持与配合；另一方面，可以有效节省成本，确保在预算约束下完成既定的社区调查的目标。

第四节　建立指数化社区管理系统

一旦建立起一套社区基层民生和社区治理监测体系之后，就可以获得关于社区治理的一手数据。但是，这些一手数据还属于原始信息，因此，还需要通过一定的分析和整理，才能转化为可以进行社区决策的重要依据。为了提高社区治理能力，就需要有一套与社区监测体系对应的数据分析和管理工具，通过结构化的方式来整理、分析采集上来的数据，并及时形成决策所需的报告。这个过程，其实就是指数化管理过程，是社区治理决策的重要支持系统。也就是说，要通过建构相关的指数，把社区调查数据转化为可供决策的信息，才能真正对于社区治理决策产生作用。

一、多元指数体系的建构

由于社区治理的内容是多种多样的，在特定时期的治理重点也会随着社区外部环境和社区内部情况的变化而变化，因此，在建构社区治理相关的指数时，一般是多元的指数，而非单一的指数。比如，建立基于“五大发展理念”的社区民生发展指数体系，那么，这个指数体系至少要包括创新、协调、绿色、开放、共享这五方面的指数，因此，这是一个多元指数。这种多元指数的优势在于可以同时监测社区治理不同方面的进展情况，提供一个多视角、全方位的监测，有助于提供关于社区发展的综合信息，便于社区治理过程中能够实现全面协调发展，而可以避免出现“只见树木，不见森林”的情形出现。可见，关于社区监测的多元指数体系的建构，有助于全面透视社区现状，从而为从根源上解决社区问题提供重要基础。

这些多元指数之间，往往也会存在着一定的关联。根据社区监测的多元指数的得分情况及其走势，可以判断出社区在治理过程中可能存在的问题，并且还具有预警作用。由于社区中存在的问题，往往可以通过一些迹象显现出来。比如多元指数中的某个指数得分先出现接近警戒线的情形，然后，陆续会有其他指数的得分也逐渐逼近警戒线的情况，这说明社区中的某个问题可能在变得越来越严重，再不处理的话，矛盾就可能激化，社区可能因此而受到重创。这是多元指数在社区治理和预警中的一个重要应用。由于多元指数之间在得分上往往存在着某些模式，这些模式背后一般都体现的是某些社区问题具体情况，因此，就可以根据多元指数的具体模式进行推测和预警，及时给社区问题进行“把脉”，可以为解决这些问题提供关键性线索和有效的方案。

当然，在多元指数体系建构上，也需要把握好其中的“度”。指数过于多元了，就会变得很复杂，对于社区治理实践而言，一方面不容易去深入分析和理解这些指数的内涵，另一方面也容易造成因为信息过多而形成误判。这些都不利于社区治理实践，因此，需要尽可能加以避免。从社区监测指数的建构上来说，就是要把握好多元指数的“度”，多元程度要恰到好处，既要把关键性社区信息监测到，并且通过指数化方式给提取出来作为社区治理决策的重要依据，又要能够简单实用，可以比较容易地应用到社区治理实践中。

二、多层级报告系统

社区作为社会的基层组织，来自基层的一手数据，可以通过分层报告的方式，供不同管理层级上的决策者参考或使用。比如城市社区的监测调查数据，可以在社区一级进行汇总和报告，供社区一级的治理者进行参考。这是社区本级的决策支持系统，帮助社区一级掌握和了解本社区的相关情况，从而有针对性地实施各项治理活动，改善和提升本社区基层民生情况。从数据链上来看，这是数据链的最底端，是整个社区治理决策链的起点。所有社区监测数据都起源于这一级，也直接服务于本级的社区治理。

在城市中，社区的上一级是街道。一个街道往往管理着若干社区居民委员会，或有极少数的行政村。因此，社区监测数据可以汇总在街道一级，帮助街道掌握和了解所辖社区的总体情况，并根据具体情况，对所辖相关社区在民生改善和社区治理上提供有针对性支持和指引，帮助所辖社区提升其治理能力，改善其基层民生状况，进而提高整个街道的民生水平。在街道一级的数据报告系统，一方面要能够呈现街道一级汇总的社区民生发展指数的得分情况，便于街道掌握所辖社区在社区民生等相关方面的成绩。得分低的要重视，得分高的要巩固。另一方面，要能够呈现街道所辖社区在民生相关方面的得分情况，便于及时识别和掌握所辖社区在基层民生发展上的优劣情况。对于做得好的社区，要进行奖励。对于做得不够好的社区，要进行重点分析和引导，旨促其将改善社区民生状况作为重要的工作目标。

当然，根据这种模式，社区监测数据还可以汇总到街道以上的层级，比如区县以及更高的层级。一般而言，随着决策层级的不断提高，社区监测数据的汇总程度会越高，社区监测系统所提供数据的汇报重点，也会有所不同。但是，改善和提升社区基层民生状况这一目标，则是共同的。在分级管理的行政体系中，基于社区监测和调查的数据报告系统，其实是关于社区的决策支持系统，有助于让不同行政层级上的决策者能够及时掌握社区基层的具体情况，并通过数字化管理的方式，让数据成为决策的重要依据，从而确保各级行政部门的决策能够接地气，进而提高行政决策能力和社区相关政策的效力。

这种分级报告的社区指数分析与管理系统，有助于不同行政层级上的决策者掌握社区基层的真实情况，及时了解社区治理中的瓶颈，从而可以对症下药，有针对性地加以引导，帮助解决社区中的现实问题，提高社区治理能力，改善基层民生状况。不同层级的报告，一般都是系统自动生成。社区调查的数据一旦导入到这套系统中，那么，就会在各个层级上自动生成相关报告，通过图与表的形式，直观形象地呈现社区民生发展指数的具体情况和发展态势，便于不同行政级别的决策者可以随时掌握所辖社区基层民生情况。

三、群策群力的决策机制

社区治理很重要的一条原则就是参与。在社区一级，社区需要能够把利益相关者都整合起来，共同为社区建设出力。社区要能够发动和团结社区居民，调动社区居民参与社区治理和建设的积极性，为改善社区民生状况献计献策。此外，社区还要能够整合内外部资源，协调好内外部关系，吸引和鼓励社区外部优势资源进入社区，参与社区建设与发展。在这个过程中，社区监测的相关数据的共享，有助于利益相关方对社区给予更大的关注，了解和掌握社区的发展与建设情况，从而可以利用自身优势来帮助社区分析和解决问题。可见，在社区一级各利益相关者之间的信息共享，有助于提高社区内外部资源的整合能力，从而提高社区的治理能力，为改善社区基层民生状况提供重要的支撑。从社区治理上来说，这是一种水平层面上的治理机制。

社区除了整合本级层面上的资源之外，还可以通过信息共享的方式，整合上级资源。通过社区层面的监测和调查，可以获得关于社区情况的一手数据和信息。这些数据通过多层级报告系统，会及时与社区以上的各个行政级别上的决策者进行共享，使其及时掌握和了解社区基层的民生和治理情况，从而在引导社区治理上可以更有针对性，社区民生改善的相关政策的颁布和实施会更有成效。可见，通过对社区民生调查数据进行指数化处理后，可以在不同性质层级上进行及时共享，真正实现社区治理上的上下联动。基层与上级之间的互通与互相支持，对于有效解决社区基层问题，提供了重要的保障。从社区治理上来说，这是一种垂直层面上的治理机制。

社区治理是社会基层治理的重要部分，要提升社区治理能力，就需要从水面层面和垂直层面都要整合好相关资源，才能不断改善社区基层民生状况，才能不断推动社区的发展。一旦实现了这种局面，那么，对于社区而言，就建构了一套群策群力的决策机制和系统。社区不仅可以有效调动社区居民参与社区建设和治理的积极性，而且还可以有效调动上级、社区外部等利益相关方的积极性，为社区建设和治理创造良好的外部环境和制度保障，从而确保有更多的优势资源进入到社区中来，进而不断提升社区基层民生水平。

可见，对于社区治理而言，根据社区调查数据所建立起来的指数化社区管理系统，不仅仅共享了社区监测数据，而且是整合了水平层面和垂直层面上的相关资源来提升社区治理能力，从而改善社区民生状况。这是一项系统工程，也是重大的社区治理上的创新。在这个大数据时代，数据本身就是一种宝贵的资源。社区调查能够提供社会基层的数据，只要对这些基层数据加以有效利用，那么，就能够发挥出重要的作用。社区在整合水面层面和垂直层面上的资源过程中，建立共享的数据链是关键。一旦这样的数据链建立起来，那么，社区内外与社区上下的资源都可以获得有效整合，社区治理能力就会获得很大提升。

附表一：样本省份社区创新指数

样本省份	2010 年	2012 年	2014 年	2016 年
北京	0.55	0.611	0.607	0.675
天津	0.631	0.606	0.601	0.691
河北	0.527	0.51	0.546	0.589
山西	0.519	0.518	0.52	0.616
辽宁	0.507	0.544	0.547	0.614
吉林	0.548	0.494	0.562	0.614
黑龙江	0.498	0.554	0.495	0.596
上海	0.557	0.56	0.582	0.627
江苏	0.536	0.561	0.545	0.621
浙江	0.57	0.577	0.55	0.637
安徽	0.519	0.528	0.574	0.599
福建	0.479	0.545	0.54	0.573
江西	0.465	0.485	0.501	0.567
山东	0.527	0.542	0.563	0.604
河南	0.491	0.537	0.546	0.607
湖北	0.51	0.545	0.588	0.687
湖南	0.526	0.556	0.56	0.609
广东	0.489	0.507	0.524	0.581
广西	0.514	0.53	0.5	0.575
重庆	0.516	0.541	0.571	0.638
四川	0.483	0.491	0.536	0.591
贵州	0.502	0.504	0.481	0.573
云南	0.475	0.491	0.509	0.627
陕西	0.529	0.506	0.523	0.662
甘肃	0.491	0.504	0.515	0.586

附表二：样本省份社区协调指数

样本省份	2010 年	2012 年	2014 年	2016 年
北京	0.617	0.762	0.765	0.74
天津	0.715	0.812	0.756	0.773
河北	0.627	0.685	0.727	0.695
山西	0.628	0.683	0.707	0.656
辽宁	0.63	0.707	0.723	0.684
吉林	0.641	0.675	0.7	0.692
黑龙江	0.621	0.738	0.689	0.682
上海	0.613	0.708	0.74	0.729
江苏	0.642	0.707	0.742	0.722
浙江	0.645	0.704	0.72	0.695
安徽	0.6	0.655	0.708	0.666
福建	0.494	0.599	0.669	0.617
江西	0.542	0.599	0.658	0.606
山东	0.617	0.712	0.748	0.725
河南	0.608	0.701	0.731	0.692
湖北	0.629	0.7	0.732	0.718
湖南	0.596	0.675	0.716	0.663
广东	0.57	0.635	0.685	0.629
广西	0.551	0.663	0.655	0.588
重庆	0.584	0.652	0.673	0.669
四川	0.596	0.652	0.687	0.639
贵州	0.569	0.639	0.614	0.571
云南	0.58	0.676	0.689	0.65
陕西	0.573	0.671	0.695	0.691
甘肃	0.612	0.66	0.691	0.648

附表三：样本省份社区绿色指数

样本省份	2010 年	2012 年	2014 年	2016 年
北京	0.766	0.74	0.716	0.753
天津	0.685	0.707	0.696	0.707
河北	0.544	0.56	0.571	0.597
山西	0.534	0.571	0.547	0.597
辽宁	0.626	0.618	0.627	0.65
吉林	0.57	0.59	0.578	0.584
黑龙江	0.611	0.619	0.631	0.628
上海	0.748	0.748	0.741	0.735
江苏	0.647	0.635	0.671	0.681
浙江	0.65	0.665	0.684	0.67
安徽	0.494	0.527	0.546	0.58
福建	0.567	0.621	0.559	0.626
江西	0.49	0.514	0.499	0.555
山东	0.557	0.579	0.599	0.617
河南	0.531	0.582	0.59	0.641
湖北	0.664	0.697	0.681	0.703
湖南	0.613	0.615	0.617	0.649
广东	0.601	0.634	0.621	0.676
广西	0.434	0.514	0.534	0.554
重庆	0.552	0.612	0.576	0.644
四川	0.47	0.532	0.528	0.575
贵州	0.519	0.559	0.562	0.624
云南	0.535	0.603	0.599	0.634
陕西	0.571	0.588	0.573	0.591
甘肃	0.515	0.531	0.544	0.579

附表四：样本省份社区开放指数

样本省份	2010年	2012年	2014年	2016年
北京	0.703	0.681	0.679	0.708
天津	0.564	0.47	0.523	0.622
河北	0.397	0.36	0.401	0.394
山西	0.433	0.392	0.412	0.43
辽宁	0.544	0.535	0.537	0.543
吉林	0.538	0.468	0.547	0.528
黑龙江	0.577	0.584	0.553	0.601
上海	0.612	0.575	0.604	0.603
江苏	0.43	0.438	0.431	0.465
浙江	0.474	0.427	0.456	0.438
安徽	0.445	0.38	0.427	0.411
福建	0.381	0.366	0.389	0.351
江西	0.367	0.358	0.383	0.377
山东	0.391	0.379	0.399	0.393
河南	0.389	0.356	0.381	0.385
湖北	0.544	0.472	0.517	0.551
湖南	0.482	0.474	0.509	0.496
广东	0.444	0.405	0.425	0.404
广西	0.353	0.387	0.389	0.35
重庆	0.482	0.385	0.41	0.447
四川	0.379	0.356	0.394	0.343
贵州	0.333	0.361	0.361	0.4
云南	0.356	0.35	0.392	0.407
陕西	0.424	0.36	0.439	0.473
甘肃	0.375	0.349	0.412	0.405

附表五：样本省份社区共享指数

样本省份	2010 年	2012 年	2014 年	2016 年
北京	0.497	0.519	0.548	0.511
天津	0.524	0.51	0.507	0.534
河北	0.47	0.489	0.527	0.511
山西	0.45	0.462	0.481	0.473
辽宁	0.462	0.469	0.501	0.502
吉林	0.406	0.459	0.452	0.478
黑龙江	0.416	0.449	0.417	0.466
上海	0.475	0.491	0.496	0.524
江苏	0.437	0.515	0.52	0.502
浙江	0.452	0.478	0.496	0.505
安徽	0.482	0.487	0.487	0.518
福建	0.442	0.439	0.465	0.435
江西	0.429	0.455	0.475	0.45
山东	0.495	0.502	0.537	0.508
河南	0.476	0.489	0.511	0.505
湖北	0.464	0.5	0.52	0.525
湖南	0.471	0.521	0.524	0.502
广东	0.431	0.445	0.452	0.445
广西	0.391	0.417	0.416	0.457
重庆	0.502	0.478	0.53	0.538
四川	0.454	0.459	0.538	0.496
贵州	0.431	0.456	0.447	0.443
云南	0.456	0.474	0.539	0.49
陕西	0.455	0.485	0.496	0.523
甘肃	0.467	0.476	0.488	0.468

附表六：样本省份社区民生发展指数

样本省份	2010年	2012年	2014年	2016年
北京	0.626	0.662	0.663	0.677
天津	0.624	0.621	0.617	0.666
河北	0.513	0.521	0.554	0.557
山西	0.513	0.525	0.533	0.555
辽宁	0.554	0.574	0.587	0.599
吉林	0.541	0.537	0.568	0.579
黑龙江	0.545	0.589	0.557	0.595
上海	0.601	0.616	0.633	0.644
江苏	0.538	0.571	0.582	0.598
浙江	0.558	0.57	0.581	0.589
安徽	0.508	0.515	0.548	0.555
福建	0.473	0.514	0.525	0.52
江西	0.459	0.482	0.503	0.511
山东	0.517	0.543	0.569	0.569
河南	0.499	0.533	0.552	0.566
湖北	0.562	0.583	0.608	0.637
湖南	0.538	0.568	0.585	0.584
广东	0.507	0.525	0.541	0.547
广西	0.449	0.502	0.499	0.504
重庆	0.527	0.534	0.552	0.587
四川	0.477	0.498	0.537	0.529
贵州	0.471	0.504	0.493	0.522
云南	0.48	0.519	0.546	0.561
陕西	0.51	0.522	0.545	0.588
甘肃	0.492	0.504	0.53	0.537

参考文献

[1] AARONS, G. A., WELLS, R. S., ZAGURSKY, K., FETTES, D. L. & PALINKAS, L. A. 2009. Implementing evidence-based practice in community mental health agencies: a multiple stakeholder analysis. American Journal of Public Health, 99, 2087.

[2] ASHBOLT, N. J. 2015. Microbial contamination of drinking water and human health from community water systems. Current environmental health reports, 2, 95–106.

[3] ASHBY, W. R. 2004. Principles of Self-Organizing Systems. Emergence Complexity & Organization, 6, 102 - 126.

[4] ASSCHE, K. V., BEUNEN, R., HOLM, J. & MING, L. 2013. Social learning and innovation. Ice fishing communities on Lake Mille Lacs. Land Use Policy, 34, 233–242.

[5] BACHI, R. 1962. Standard distance measures and related methods for spatial analysis. Papers in Regional Science, 10, 83–132.

[6] BENEDICT, M. A. & MCMAHON, E. 2017. Green Infrastructure: Linking Landscapes and Communities. Natural Areas Journal, 282–283.

[7] BEST, S. 2014. Agency and structure in Zygmunt Bauman's Modernity and the Holocaust. Irish Journal of Sociology, 22, 67–87 (21).

[8] BIROSCAK, B. J., SCHNEIDER, T., PANZERA, A. D., BRYANT, C. A. & MCDERMOTT, R. J. 2014. Applying systems science to evaluate a community-based social marketing innovation: : a case study. Social Marketing Quarterly, 20, 247–267.

[9] BORINS, S. 2001. Encouraging innovation in the public sector. Journal of Intellectual Capital, volume 2, 310–319 (10).

[10] BRONFENBRENNER, U. 1977. Toward an experimental ecology of human development. American psychologist, 32, 513–531.

[11] BROWN, S. W. & SWARTZ, T. A. 1989. A Gap Analysis of Professional Service Quality. Journal of Marketing, 53, 92–98.

[12] CAMAGNI, R. & CAPELLO, R. 2013. Regional Innovation Patterns and the EU Regional Policy Reform: Towards Smart Innovation Policies. Growth & Change, 44, 355–389.

[13] CAMPBELL-HUNT, D. M., FREEMAN, C. & DICKINSON, K. J. M. 2010. Community-based entrepreneurship and wildlife sanctuaries: case studies from New Zealand. International Journal of Innovation & Regional Development, 2, 4–21.

[14] CASTRO-SPILA, J. 2017. Social Innovation Excubator: Developing transformational work-based learning in the Relational University. Higher Education, Skills and Work-Based Learning, 8, 00-00.

[15] CHENET, P., TYNAN, C. & MONEY, A. 2000. The service performance gap: Testing the redeveloped causal model. European Journal of Marketing, 34, 472-497.

[16] CHERTOW, M. & EHRENFELD, J. 2012. Organizing Self-Organizing Systems: Toward a Theory of Industrial Symbiosis. Journal of Industrial Ecology, 16, 13-27.

[17] COASE, R. H. 1990. Accounting and the theory of the firm. Journal of Accounting & Economics, 12, 3-13.

[18] COULTON, C. J. & KORBIN, J. E. 2007. Indicators of child well-being through a neighborhood lens. Social Indicators Research, 84, 349-361.

[19] CURTICE, L. 2003. Developing Local Area Co - ordination in Scotland - Supporting Individuals and Families in their own Communities. Tizard Learning Disability Review, 8, 38-44.

[20] DIEHL, C., YIN, S., MARKELL, H., GALLOP, R., MBC, G. & CRITS-CHRISTOPH, P. 2017. The Measurement of Cognitive Schemas: Validation of the Psychological Distance Scaling Task in a Community Mental Health Sample. International Journal of Cognitive Therapy, 10, 17.

[21] DUBY, J. C. & LANGKAMP, D. L. 2015. Another Reason to Avoid Second-Hand Smoke. Journal of Pediatrics, 167, 224-225.

[22] EASTERLIN, R. A., MORGAN, R., SWITEK, M. & WANG, F. 2012. China's life satisfaction, 1990-2010. Proceedings of the National Academy of Sciences of the United States of America, 109, 9775-9780.

[23] ESTES, R. J. 2014a. Physical Quality of Life Index (PQLI). Dordrecht, Springer.

[24] ESTES, R. J. 2014b. Pioneer in International and Comparative Social Indicators Research. Applied Research in Quality of Life, 9, 775-777.

[25] ESTES, R. J. & MORGAN, J. S. 1976. World social welfare analysis: A theoretical model. International Social Work,, 19, 29-41.

[26] FARZIN, F. 2017. Localising the impact of techno-entrepreneurship in Eastern Iran: Birjand's Science and Technology Park as a local innovation community. Local Economy, 32, 692-710.

[27] FELSON, M. & SPAETH, J. L. 1986. Community structure and collaborative consumption. American Behavioral Scientist, 21, 614-624.

[28] FIRTH, C., MAYE, D. & PEARSON, D. 2011. Developing "community" in community gardens. Local Environment, 16, 555-568.

[29] FREEMAN, D., AQUINO, K. & MCFERRAN, B. 2009. Overcoming beneficiary race as an

impediment to charitable donations: social dominance orientation, the experience of moral elevation, and donation behavior. Personality & Social Psychology Bulletin, 35, 72.

[30] GILABERT, P. 2012. Cohen on Socialism, Equality and Community. Socialist Studies, 8.

[31] GROOT, W. & VAN DEN BRINK, H. M. 2007. The health effects of education. Economics of Education Review, 26, 186–200.

[32] GU, J. 2015. Spatial Diffusion of Social Policy in China: Spatial Convergence and Neighborhood Interaction of Vocational Education. Applied Spatial Analysis & Policy, 9, 1–25.

[33] GUO, Y. & CHENG, W. 2012. Developing a City Governance Index: Based on Surveys in Five Major Chinese Cities. Social Indicators Research, 109, 305–316.

[34] HAWLEY, A. H. 1944. Ecology and Human Ecology. Social Forces, 22, 398–405.

[35] HAWLEY, A. H. 1950. Human Ecology: A Theory of Community Structure. Quarterly Review of Biology.

[36] HILLERY, G. 1955. Definitions of community: areas of agreement. Rural Sociology, 20, 111–123.

[37] HOWELL, E. M., PETTIT, K. L., ORMOND, B. A. & KINGSLEY, G. T. 2003. Using the National Neighborhood Indicators Partnership to improve public health. J Public Health Manag Pract, 9, 235–242.

[38] HUXLEY, P. J., CHAN, K., CHIU, M., MA, Y., GAZE, S. & EVANS, S. 2016. The social and community opportunities profile social inclusion measure: Structural equivalence and differential item functioning in community mental health residents in Hong Kong and the United Kingdom. International Journal of Social Psychiatry, 62, 133–140.

[39] JEROME, G. 2017. Defining community–scale green infrastructure. Landscape Research, 42, 1–7.

[40] JOHANNISSON, B. 1990. Community entrepreneurship – cases and conceptualization entrepreneurship & regional development, 2, 71–88.

[41] JOHNSON, S. 2012. Reconceptualising gardening to promote inclusive education for sustainable development. International Journal of Inclusive Education, 16, 581–596.

[42] JONES–SMITH, J. C. & POPKIN, B. M. 2010. Understanding community context and adult health changes in China: development of an urbanicity scale. Social science & medicine, 71, 1436–1446.

[43] KAPLAN, R. S. & NORTON, D. P. 1996. strategic learning & the balanced scorecard. Strategy & Leadership, 24, 18–24.

[44] KAYHAN, V. O. 2015. The nature, dimensionality, and effects of perceptions of community governance. Information & Management, 52, 18–29.

[45] KELLY & PATRICIA, J. 2013. Health Program Planning and Evaluation: A Practical,

Systematic Approach for Community Health. Family & Community Health, 29, 72–73.

[46] KIRBY, S. & MCPHERSON, I. 2009. From reducing fear to improving community confidence — a change of emphasis for practitioners. Safer Communities, 8, 21–27.

[47] KOK, M. C., KANE, S. S., TULLOCH, O., ORMEL, H., THEOBALD, S., DIELEMAN, M., TAEGTMEYER, M., BROERSE, J. E. & DE KONING, K. A. 2015. How does context influence performance of community health workers in low–and middle–income countries? Evidence from the literature. Health Research Policy and Systems, 13, 13.

[48] KOOIMAN, J. 1999. Social–Political Governance. Public Management An International Journal of Research & Theory, 1, 67–92.

[49] KRYKEWYCZ, G. R., PUCHALSKY, C. M., ROCKS, J., BONNETTE, B. & JASKIEWICZ, F. 2010. Defining a Primary Market and Estimating Demand for Major Bicycle–Sharing Program in Philadelphia, Pennsylvania. Transportation Research Record Journal of the Transportation Research Board, 2143, 117–124.

[50] KULLDORFF, M. 1999. Geographic information systems (GIS) and community health: some statistical issues. Journal of Public Health Management and Practice, 5, 100–106.

[51] LEFEVER, D. W. 1926. Measuring Geographic Concentration by Means of the Standard Deviational Ellipse. American Journal of Sociology, 32, 88–94.

[52] LEWER, J. J. & BERG, H. V. D. 2008. A gravity model of immigration. Economics Letters, 99, 0–167.

[53] LI, L. & FU, H. 2017. China's health care system reform: Progress and prospects. The International journal of health planning and management, 32, 240–253.

[54] LINDBERG, M. & HYLANDER, J. P. 2016. Boundary dimensions of social innovation: negotiating conflicts and compatibilities when developing a national agenda. Innovation the European Journal of Social Science Research, 1–14.

[55] LIU, S., ZHANG, M., YANG, L., LI, Y., WANG, L., HUANG, Z., WANG, L., CHEN, Z. & ZHOU, M. 2017. Prevalence and patterns of tobacco smoking among Chinese adult men and women: findings of the 2010 national smoking survey. J Epidemiol Community Health, 71, 154–161.

[56] MA, L., TANG, Z., ZHANG, L., SUN, F., LI, Y. & CHAN, P. 2018. Prevalence of frailty and associated factors in the community - dwelling population of China. Journal of the American Geriatrics Society, 66, 559–564.

[57] MAIBACH, E. & MURPHY, D. A. 1995. Self–efficacy in health promotion research and practice: conceptualization and measurement. Health education research, 10, 37–50.

[58] MATHER, M., RIVERS, K. L. & JACOBSEN, L. A. 2005. The American Community Survey. Population Today, 28, 3–20.

[59] MAYA JARIEGO, I. 2016. Ecological settings and theory of community action: "There

is nothing more practical than a good theory" in Community Psychology. Global Journal of Community Psychology Practice, 7 (2), 1-6.

[60] MCLEROY, K. R., BIBEAU, D., STECKLER, A. & GLANZ, K. 1988. An ecological perspective on health promotion programs. Health education quarterly, 15, 351-377.

[61] MCMILLAN, D. W. 1996. Sense of community. Journal of Community Psychology, 24, 315-325.

[62] MEHMOOD, A. 2016. Institutional forms of social innovation. International Journal of Innovation & Sustainable Development, 10.

[63] MONITOR, U. T. 2008. Syracuse, NY, implements community-based car-sharing. Urban Transportation Monitor, 22.

[64] MORRIS, M. D. 1978. A physical quality of life index. Urban Ecology, 3, 225-240.

[65] MOULAERT, F., MARTINELLI, F., SWYNGEDOUW, E. & GONZALEZ, S. 2016. Towards Alternative Model (s) of Local Innovation. Urban Studies, 42, 1969—1990.

[66] MUKHERJEE, M., RAY, A. K. & RAJYALAKSHMI, C. 1979. Physical quality of life index: Some international and Indian applications. Social Indicators Research, 6, 283-292.

[67] MURDOCH, J. & ABRAM, S. 1998. Defining the limits of community governance. Journal of Rural Studies, 14, 41-50.

[68] MURILLO, L., SHIH, A., ROSANOFF, M., DANIELS, A. M. & REAGON, K. 2016. The Role of Multi-Stakeholder Collaboration and Community Consensus Building in Improving Identification and Early Diagnosis of Autism in Low-Resource Settings. Australian Psychologist, 51, 280 - 286.

[69] NOORBAKHSH, F. 1998. A Modified Human Development Index. World Development, 26, 517-528.

[70] NORTH, D. C. & ALT, J. 1990. Institutions, Institutional Change, and Economic Performance. Social Science Electronic Publishing, 18, 142-144.

[71] OLSON, M. 1965. The logic of collective action: public goods and the theory of groups, Harvard University Press.

[72] PARK, R. E. 1974. The collected papers of Robert Ezra Park, Arno Press.

[73] PARRIS, T. M. & KATES, R. W. 2003. Characterizing and measuring sustainable development. Annual Review of Environment & Resources, 28, 559-586.

[74] PENNEY, T., RAINHAM, D., DUMMER, T. & KIRK, S. 2014. A spatial analysis of community level overweight and obesity. Journal of Human Nutrition and Dietetics, 27, 65-74.

[75] PFEFFER, J. & SALANCIK, G. 1978. The External Control of Organizations: A Resource Dependence Perspective, Harper & Row.

[76] PLÜMER, K. D., KENNEDY, L. & TROJAN, A. 2010. Evaluating the implementation of

the WHO Healthy Cities Programme across Germany (1999—2002). Health Promotion International, 25, 342–354.

[77] RABIN, M. 1993. Incorporating Fairness into Game Theory and Economics. American Economic Review, 83, 1281–1302.

[78] RAPPORT, N. & OVERING, J. 2000. Social and cultural anthropology. The key concepts, London, Routledge.

[79] RICE, E., PETERING, R., STRINGFELLOW, E. & CRADDOCK, J. B. 2017. Innovations in Community–Based and Interdisciplinary Research: A Network Perspective on Innovation in Social Work Science. Research on Social Work Practice, 27, 189–193.

[80] RITSON, E. B. & O' BRIEN, G. 1969. The influence of social and geographic distance on the perception of community problems. Social Psychiatry, 4, 59–62.

[81] ROBERTS, A. 2001. Community Car Share Network: A Practical Alternative to Car Dependency. Local Economy, 16, 166–168.

[82] SALETH, R. M. & SWAMINATHAN, M. S. Sustainable livelihood security at the house–hold level: concept and evaluation methodology. Proceedings of An Interdisciplinary Dialogue on Ecotechnology and Rural Employment, April 12–15 1993 Madras, India.

[83] SCHUMPETER, J. A., BECKER, M. C., KNUDSEN, T. & SWEDBERG, R. 2011. The entrepreneur: classic texts by Joseph A. Schumpeter, Stanford Business Books, an imprint of Stanford University Press.

[84] SINGH, K. K. 2010. Russell Sage Foundation, New York Russell Sage.

[85] SINGH, P. K. & HIREMATH, B. N. 2010. Sustainable livelihood security index in a developing country: A tool for development planning. Ecological Indicators, 10, 442–451.

[86] SLATER & B, P. 1985. Point–to–point migration functions and gravity model renormalization: approaches to aggregation in spatial interaction modelling. 17, 1025–1044.

[87] SOMERVILLE, P. & MCELWEE, G. 2011. Situating community enterprise: A theoretical exploration. Entrepreneurship & Regional Development, 23, p.317–330.

[88] STOKOLS, D. 1996. Translating social ecological theory into guidelines for community health promotion. American journal of health promotion, 10, 282–298.

[89] SULLIVAN, H. 2001. Modernisation, Democratisation and Community Governance. Local Government Studies, 27, 1–24.

[90] SWAMINATHAN, M. S. 1991a. From Stockholm to Rio de Janeiro: the road to sustainable agriculture. Monograph No. 4, MS Swaminathan Research Foundation. Madras.

[91] SWAMINATHAN, M. S. 1991b. From Stockholm to Rio de Janeiro: the road to sustainable agriculture, Madras, MS Swaminathan Research Foundation.

[92] TÖNNIES, F. & LOOMIS, C. P. 1959. Community and society: Gemeinschaft und Gesellschaft, Dover Publications.

[93] TORRES, I. & SIMOVSKA, V. 2017. Community participation in rural Ecuador's school feeding programme: A health promoting school perspective. Health Education, 117, 176–192.

[94] UNCETA, A., CASTROSPILA, J. & FRONTI, J. G. 2016. Social innovation indicators. Innovation the European Journal of Social Science Research.

[95] VENKATESH, G. 2014. A critique of the European Green City Index. Journal of Environmental Planning & Management, 57, 317–328.

[96] WALDER, A. G. 1986. Communist Neo-Traditionalism: Work and Authority in Chinese Industry, Berkeley, University of California Press.

[97] WALLERSTEIN, N. & DURAN, B. 2010. Community-based participatory research contributions to intervention research: the intersection of science and practice to improve health equity. American journal of public health, 100, S40–S46.

[98] WANG, H., GUSMANO, M. K. & CAO, Q. 2011. An evaluation of the policy on community health organizations in China: will the priority of new healthcare reform in China be a success? Health Policy, 99, 37–43.

[99] WEN, M. & GU, D. 2011. The effects of childhood, adult, and community socioeconomic conditions on health and mortality among older adults in China. Demography, 48, 153–181.

[100] XIAOBO, L. & ELIZABETH, P. 1997. Danwei: the changing Chinese workplace in historical and comparative perspective, NY, M. E. Sharpe.

[101] YANG, Y. F., YEH, H. C. & WONG, W. K. 2010. The influence of social interaction on meaning construction in a virtual community. British Journal of Educational Technology, 41, 287–306.

[102] YATES, F. E., GARFINKEL, A., WALTER, D. O. & YATES, G. B. 2012. Self-Organizing Systems. Journal of Industrial Ecology, 16, 13–27.

[103] YATES, M. & YOUNISS, J. 2010. Community Service and Political Identity Development in Adolescence. Journal of Social Issues, 54, 495–512.

[104] YOUNG, H. P. 2011. The dynamics of social innovation. Proc Natl Acad Sci U S A, 108 Suppl 4, 21285–21291.

[105] YZER, M. 2017. Theory of Reasoned Action and Theory of Planned Behavior, John Wiley & Sons, Inc.

[106] ZHANG, J. & SMITH, K. R. 2007. Household air pollution from coal and biomass fuels in China: measurements, health impacts, and interventions. Environmental health perspectives, 115, 848–855.

[107] ZHONG, B.-L., LIU, T.-B., CHAN, S., JIN, D., HU, C.-Y., DAI, J. & CHIU, H. 2018. Common mental health problems in rural-to-urban migrant workers in Shenzhen, China: prevalence and risk factors. Epidemiology and psychiatric sciences, 27, 256–265.

[108] 丁建军 2014. 中国 11 个集中连片特困区贫困程度比较研究——基于综合发展指数计算的视角. 地理科学, 34, 1418–1427.
[109] 万海远 & 李实 2013. 户籍歧视对城乡收入差距的影响. 经济研究, 43–55.
[110] 严陆根 2013. 社区经济学, 中国发展出版社.
[111] 伍风兰 & 郭启华 2004. 深圳社区股份合作公司治理结构缺陷的原因分析. 特区经济, 122–123.
[112] 刁海洋 2018. 基于五大发展理念的呈贡新区经济可持续发展研究. 改革与开放, 23–24.
[113] 刘铎 2009. 开放式社区治理: 社区治理的演化趋势——基于四个社区治理案例的分析. 甘肃行政学院学报, 96–101.
[114] 叶青, 赵强 & 宋昆 2014. 中外绿色社区评价体系比较研究. 城市问题, 74–81.
[115] 向书坚 & 郑瑞坤 2013. 中国绿色经济发展指数研究. 统计研究, 30, 72–77.
[116] 吕宣玲 2017. 社会治理创新对社区教育发展的影响研究. 成才之路, 20–21.
[117] 吕萍 2017. 抽样信息在复杂调查数据中的应用研究. 统计研究, 34, 108–118.
[118] 吴晓林 & 郝丽娜 2015. “社区复兴运动”以来国外社区治理研究的理论考察. 政治学研究, 47–58.
[119] 吴海红 & 郭圣莉 2018. 从社区建设到社区营造: 十八大以来社区治理创新的制度逻辑和话语变迁. 深圳大学学报（人文社会科学版）, 35, 107–115.
[120] 周昌祥 2014. 创新基层社会治理的有效方式: 以服务为本的社区社会工作. 社会工作, 26–32.
[121] 唐钧 1992. 关于城市社区服务的理论思考. 中国社会科学, 123–136.
[122] 国家发展改革委国际合作中心课题组 2013. 中国区域对外开放指数的构建与分析. 全球化, 83–95.
[123] 夏建中 2010. 治理理论的特点与社区治理研究. 黑龙江社会科学, 125–130.
[124] 姜芃 2001. 西方的社区发展. 北京行政学院学报, 16–18.
[125] 孙丽冬 & 陈耀辉 2008. 经济对外开放度指数的测算模型. 统计与决策, 35–36.
[126] 孙九霞 2009. 旅游人类学的社区旅游与社区参与, 商务印刷馆.
[127] 孙金富; 冯贵山 1992. 上海市社区服务与发展指标体系研究, 上海社会科学院出版社.
[128] 尤尔根・哈贝马斯 2004. 交往行为理论, 上海人民出版社.
[129] 左莉 2018. 十八大以来社区治理精细化的理论、政策演进及实践研究. 齐齐哈尔大学学报（哲学社会科学版）, 6, 72–75.
[130] 张再云 2008. 和谐社区测量指标体系的初步建构——概念界定与基本维度. 江汉大学学报（社会科学版）, 25, 30–33.
[131] 张艳国 & 刘小钧 2015. 十八大以来我国社区治理的新常态. 社会主义研究, 103–109.
[132] 徐朝晖 & 赵伟 2005. 中国区域经济国际开放指数探讨. 统计与决策, 6–8.

[133] 徐道稳 2001. 城市社区服务反思 . 城市问题，50–53.
[134] 晋源军 2003. 论 “单位制” 的社会功能对社区建设的负影响 . 山西青年职业学院学报，16，42–44.
[135] 李勇，徐延辉 & 兰林火 2014. 社会质量测量维度与城市社区创新——基于深圳市的实证分析 . 中国社会科学，142–164.
[136] 李新建 & 赵瑞美 1999. 性别歧视与女性就业 . 妇女研究论丛，4–8.
[137] 李王鸣，叶信岳 & 祁巍锋 2000. 中外人居环境理论与实践发展述评 . 浙江大学学报：理学版，27，205–211.
[138] 李祚泳，沈仕伦 & 邓新民 2000. 社会、经济与环境协调发展指数评价模型 . 上海环境科学，201–204.
[139] 李萍 & 谌新民 2011. 迁入地就业容量与就业风险对劳动力流动的影响——以广东省为例 . 中国人口科学，000，57–65.
[140] 杨涛 & 吴国清 2007. 我国城市社区和谐社区指标体系研究 . 华中农业大学学报（社会科学版），114–118.
[141] 林闽钢 & 尹航 2017. 走向共治共享的中国社区建设——基于社区治理类型的分析 . 社会科学研究，91–97.
[142] 王义，王永奎 & 姜继红 2010. 以社区组织联动实现社区治理模式创新——基于青岛李沧社区协调理事会的案例分析 . 中国社会组织，37–39.
[143] 王军 & 李萍 2017. 新常态下中国经济增长动力新解——基于 “创新、协调、绿色、开放、共享” 的测算与对比 . 经济与管理研究，38，3–13.
[144] 王婉晶，赵荣钦，揣小伟 & 高珊 2012. 绿色南京城市建设评价指标体系研究 . 地域研究与开发，31，62–66.
[145] 王志平 2007. “人类发展指数”（HDI）：含义、方法及改进 . 上海行政学院学报，8，47–57.
[146] 王志芳，蔡扬，张辰 & 寇森 2017. 基于景观偏好分析的社区农园公众接受度研究——以北京为例 . 风景园林，86–94.
[147] 王美琴 2011. 后单位时代传统单位制社区重建问题新解——基于山东济南某国有企业单位社区的考察 . 学术论坛，34，134–138.
[148] 米兰 · 德鲁西 & 尼古拉斯 · 斯沃兹 2012. 理论知识与政策的衔接：美国社区指标的前景 . 国际城市规划，28–34.
[149] 罗成翼，代艳丽 & 黄秋生 2015. 创新 协调 绿色 开放 共享——中国共产党对发展规律的新认识 . 南华大学学报（社科版），1–7.
[150] 耿金花 & 高齐圣 2007. 基于联立方程的社区满意度模型 . 系统工程，25，111–114.
[151] 艾侠 & 韩珊珊 2016. 社区开放度提升的五种设计策略 . 城市建筑，62–65.
[152] 袁方成 & 王泽 2019. 中国城市社区治理现代化之路——一项历时性的多维度考察 . 争鸣，1，119–126.

[153] 谢宇，胡婧炜 & 张春泥 2014. 中国家庭追踪调查：理念与实践. 社会，34，1–32.
[154] 谢颖 2007. 论和谐社区指标体系. 理论月刊，25–28.
[155] 费孝通 2000. 当前城市社区建设一些思考. 群言，23–24.
[156] 费孝通 2002. 江村经济：中国农民的生活，商务印书馆.
[157] 赫扬扬 & 李红勋 2009. 基于 AHP 的和谐社区绩效评估指标体系的构建. 管理观察，30–31.
[158] 赵三英 2006. 中国对外开放度指数的构建与测度. 统计与决策，83–84.
[159] 赵函 2016. 五大发展理念引领社区建设实践. 中国民政，31–31.
[160] 赵同民 2009. 对社区股份合作公司发展的思考. 特区实践与理论，89–91.
[161] 赵承，刘刚 & 万一 2008. 政府工作报告的民生“清单”. 实践：思想理论版，23–23.
[162] 邹凯，张华 & 苏鹏 2008. 基于模糊综合评价的社区服务评估指标体系研究. 海南大学学报（人文社会科学版），26，173–179.
[163] 郭慧文 & 严力蛟 2016. 城市发展指数和生态足迹在直辖市可持续发展评估中的应用. 生态学报，36，4288–4297.
[164] 陈渊博 & 冯娴慧 2018. 城市居民对社区宜居性的满意度评价研究——以广东省宜居社区评价为例. 特区经济.
[165] 陈荣卓 & 刘亚楠 2016. 共建共享：十八大以来农村社区治理机制的优化路径. 社会主义研究，106–113.
[166] 顾佳峰 2016. 全数据时代的炼金师，人民邮电出版社.
[167] 顾佳峰 2020. 时空社会科学：理论与方法，经济日报出版社.
[168] 颜慧娟 2016. 民生法治：十八大以来农村社区治理创新的法治保障研究. 社会主义研究，129–135.
[169] 马玉娜 & 顾佳峰 2018. “空间 – 制度”互动与公共福利资源配置：以机构养老为例. 北京大学学报（哲学社会科学版），Vol.55，124–132.
[170] 高春凤 2011. 城市流动人口的参与式社区管理. 理论导刊，41–42.
[171] 黄美娟 2016. 基于“绿色发展”理念的南宁市社区教育发展新思考. 社区教育，10，1–5.

后　记

每一部著作完稿时，心中都会充满着谢意，因为很多人都曾为此在默默地做出贡献。感谢哈佛大学社会学系的马丁·K·怀特（Martin King Whyte）教授，他的中文名字就是怀默霆，是已故美国著名社会学家威廉·F·怀特（William Foote Whyte）之子。2014—2015 年，我曾到哈佛大学费正清中国研究中心做高级访问学者，就选他的课去听。怀默霆讲课非常精彩，社会理论信手拈来，对于社会现象的解释也是娓娓道来。在他的启发下，我对社会学研究产生了浓厚的兴趣。怀默霆对中国社会不平等进行长期的研究，提出了著名的“社会火山（Social Volcano）”理论。根据这个理论，当老百姓认为社会不平等很严重时，就会产生社会动荡，甚至以形成“社会火山”的方式而爆发出来。当时，我就曾和他反复讨论过这个问题。我的观点是社区是社会的基础，若能够在社区层面及时消除和舒缓社会矛盾，那么，“社会火山”就不会爆发。对此，怀默霆也颇为认同。正是通过与怀默霆的交流和探讨，让我开始非常认真地思考社区的角色和作用，开始了开展社区研究的冲动。后来，我还在《东方早报》上发文章《贫富分化会引起“社会火山”爆发吗》来继续与怀默霆的讨论。所以，本研究的成果，与当时怀默霆的启发是密不可分的。在此，对于怀默霆教授表示由衷的感谢。

在新冠疫情暴发后，我也报名参加了社区志愿者，投身到社区的抗疫活动中去。这样的经历，使得我可以零距离观察社区治理的情况和动员能力，对于我而言，不仅仅是参加了社区志愿活动，而同时也是在社区扎根研究。在参与社区抗疫的志愿活动过程中，我发现创新、协调、绿色、开放和共享这些方面在社区治理上都是重点考量的关键点，会对社区治理成效产生重要的影响。比如为了抗疫，社区采用了无人机巡航的方法，这是社区治理的一个创新。由于社区需要封锁，社区居民出入都需要及时协调，社区协调就是社区抗疫的一个工作重点。社区全面消杀，确保社区安全的环境，这是社区绿色建设的一部分。为了加强社交距离，就需要降低社区开放程度，实现社区封闭，这是在调解社区开放的重要举措。在社区共享上，通过社区工作人员的宣导，在社区成员中分享正能量，提高社区成员战胜疫情的信心，这是社区共享的内容。可以说，在社区抗疫中，社区在上述五个方面的治理，都发挥了积极的作用。在我参加社区抗疫志愿者的时候，街道、社区干部、社区工作人员、社区志愿者以及社区居民等，都给予我很多帮助和支持，加深了我对社区治理的了解，为本书的写作提供了重要的素材。对此，我向这些人员表示感谢，不仅感谢大家对我的研究的支持，更是感谢在疫情面前，大家不畏艰险、勇敢战斗在社区一线，为抗疫取得阶段性胜利贡献出各自的力量。

此外，还要特别感谢国家民政部政策研究中心王杰秀主任、付长良副主任以及研究二室江治强主任。其实是从 2014 年开始，政策研究中心开始委托北京大学中国社会科学调查中心开展和实施一系列社区调查，这些社区调查活动为掌握我国社区民生状况和社区治理现状提供了重要的数据。感谢中国青年政治学院社会工作学院的马玉娜老师，她在社区访谈上给予我非常大的支持和帮助。感谢孙华东、朱睿宇、王倩、明星等同学，参与了本研究的数据分析等工作。感谢中国科学院地理科学与资源研究所王卷乐研究员以及王晓洁同学在地图制作上所给予的帮助。感谢在社区访谈中所给予无私帮助和热心支持的所有人。

还要感谢北京大学中国社会科学调查中心李强主任以及美国科学院院士、普林斯顿大学社会学系谢宇教授，感谢调查中心的每一位同事。此外，本研究部分成果也曾被 2019 年中国社会学年会录用并在会上汇报，得到了与会专家的肯定，也感谢与会专家所提出的各项意见。本研究成果也曾入选北美人口学会（Population Association of America，PAA）2020 年会的论文，但是，由于新冠肺炎疫情，这次会议最后取消了，失去了一次与国际专家交流和探讨的机会。

本书是国家社科基金项目《社区民生监测与社区治理研究》（17BSH122）的研究成果。如果没有国家社科资金的资助，就不可能完成这项研究，更不可出版本书。因此，要特别感谢国家社科基金。

此外，感谢经济日报出版社的大力支持。感谢所有关心和支持我的人。